6.5.94   J. Kumia
(van der „Welle")

H. Graf von Arnim · Ein Fürst unter den Gärtnern

Hermann Graf von Arnim

Ein Fürst
unter den Gärtnern

Pückler als Landschaftskünstler
und der Muskauer Park

Ullstein

© 1981 Verlag Ullstein GmbH, Frankfurt am Main · Berlin · Wien
Alle Rechte vorbehalten
Satz und Druck: Poeschel & Schulz-Schomburgk, Eschwege
Einband: May & Co, Darmstadt
Printed in Germany 1981
ISBN 3-550-07492-1

Alexandra Gräfin von Arnim,
meiner Frau, gewidmet,
die mich zum Schreiben dieses
Buches ermutigte.

Inhalt

Vorwort

In den letzten Jahren sind an den Staat und die Gemeinden, bedingt durch das Entstehen neuer Siedlungen und Trabantenstädte mit den dazugehörigen Grünflächen für Erholung und Sport, Anforderungen der Landschaftsgestaltung herangetragen worden wie nie zuvor.

Neue zeitbeeinflußte Grundsätze für die Lösung dieser Aufgaben sind entwickelt worden. Die zu gestaltende Landschaft sei »machbar..., ein Gebrauchsgegenstand..., für Nutzungen eingerichtet, die weitgehend vom Besucher selbst bestimmt werden« (Grzimek). Auf der anderen Seite ist das Interesse an der facettenreichen Gestalt des Fürsten Pückler gewachsen. Sein Gartenwerk und die Reisetagebücher wurden wiederentdeckt und nachgedruckt, Bücher und Artikel über ihn geschrieben. Die Darstellung der Entstehung des Muskauer Parks und des Schaffens von Pückler an anderen Orten kann in Verbindung mit dem Bericht über die Muskauer Parkpflege in der Zeit nach Pückler und Petzold manche Anregung vermitteln.

Dieses Buch ist nicht eine weitere Pückler-Biographie; der Fürst ist gewissermaßen nur der eine Brennpunkt einer Ellipse, deren anderer der Muskauer Park ist. Angedeutet werden die geistigen Grundlagen, auf denen Pücklers Landschaftschaffen beruht, mit einem Blick in den Fernen Osten. Dort hatte sich schon früher als in Europa jene enge Bezie-

9

hung zwischen Malerei und Gartenkunst entwickelt, die für Pücklers Landschaftskunstwerke bezeichnend ist.

Das Buch hätte nicht in der Weise, in der es vorliegt, geschrieben werden können, wenn ich nicht von vielen Seiten Hinweise und Hilfe aller Art erhalten hätte. Allen, die so dazu beigetragen haben, möchte ich herzlich danken. Hierin schließe ich die in der Aufstellung genannten Archive und Bibliotheken ein. Ganz besonders gilt mein Dank dem Verlag Ullstein für seine vielseitige Unterstützung, Professor Dr. Lars Clausen in Kiel, Ursula Gräfin zu Dohna in Freising, Johannes Graf Moy in Anif, Dr. Hans Günther, Wolf-Werner Graf von Arnim-Arnimshain, Walter Irrgang in Prien, Luise-Henriette Keller-Pückler in Küßnacht bei Zürich, Margot Fuss und Werner Niepenberg in Baden-Baden, Dr. Joachim-Friedrich Ritter, Erich Ackermann und Joachim von Heinz für kritisches Lesen, Renate Krüger für das Schreiben des Manuskripts und Irene Freifrau von Lützelburg für Mitarbeit beim Korrekturlesen.

München im März   Hermann Graf von Arnim-Muskau

10

Einleitung

»Nur wer die ganze Stimme der Natur heraushört,
dem wird sie zur Harmonie.«

Leopold Schefer

»Die Natur fordert Menschen, die sie fühlen. Das Schöne, Große und
die Natur schildert, schildert nur sich und die Freiheit und Stärke seines
Erhabene ist nur für den da, der die Form dazu in seiner Seele trägt. Wer
Gefühls.«[1]

Ist Natur, ist Landschaft schlechthin schön? Die Antwort auf
diese Frage haben Dichter, Philosophen und Maler je auf
ihre Weise gegeben. Die ersten, indem sie ihre Gefühle beim
Anblick schöner Landschaften in Worte kleideten, die letzten,
indem sie mit Stift und Pinsel, was sie sahen, anschaulich
machten.

Wir in Europa meinen, daß bei der Schilderung einer
Landschaft das Niederschreiben von Poesie oder Philosophie
und das Malen verschiedene Dinge seien. Dabei übersehen
wir vielleicht, daß es vor über tausendfünfhundert Jahren in
China möglich gewesen ist, beides zugleich zu tun. In der chinesischen Kunst sind malen und schreiben das gleiche, weil
beides mit dem Pinsel geschieht. Dem Chinesen gilt daher das
Schreiben selbst als ein schöpferischer Akt, die Schreibkunst
mehr als die Malerei.[2] So »schreibt« er seine Landschaftsbilder, indem er ihre Komponenten, die er nach alter Überlieferung durch kopieren gelernt hat, aus innerer Schau zu-
sammenfügt, wie der Abendländer die Worte zu einem
Gedicht.[3]

Wir meinen, daß die Worte des Malers Tsung (375 bis 443)
»Landschaften bestehen in der Materie, aber steigen zum
Gebiet des Geistes auf« in diese Richtung deuten. Sein etwas älterer Zeitgenosse Ku K'ai-Chih (344 bis 406) hat eins
der frühesten Landschaftsbilder gemalt, das durch eine sehr
gute Kopie aus der Tang-Zeit (618 bis 906) bekannt ist. Je-

11

doch tritt trotz der erstaunlichen Meisterschaft in der Darstellung von Figuren in dieser Frühzeit erst mit dem 8. Jahrhundert das Landschaftsbild in den Vordergrund, um mit Beginn des 10. Jahrhunderts in raschem Aufstieg eine Vollendung zu erreichen, die den größten Leistungen der Malerei in der Welt ebenbürtig ist. Hierbei spielte die Verbindung von Taoismus und Konfuzianismus[4] eine Rolle. »Die Natur ist weit und tief, hoch, intelligent, unendlich und ewig.«[5] Man erkannte die Natur als eine »Manifestation kosmischer Kräfte«. Sie war mit »Fluidum« erfüllt. Der mit der Natur verbundene Künstler konnte dieses Fluidum erfühlen und, indem er die uralte erste Grundregel der Malerei befolgte, seinem Bild das Ch'i-Yün, den Geist oder Atem des Lebens, geben.[6]

Es ist bezeichnend, daß in den Bildern der Epoche der Sung-Dynastie (960 bis 1280) meist einer oder mehrere Menschen in den Landschaften erscheinen, die betrachtend, meditierend, wandernd, tätig oder ruhend – aber keineswegs als Staffage – in inniger Beziehung zu ihr stehen. Die chinesischen Künstler haben von ihrem Standpunkt aus die eingangs aufgeworfene Frage in dem Sinne beantwortet, daß es der Mensch ist, der, die Landschaft wahrnehmend, in sie den naturreligiösen oder ästhetischen Charakter hineinprojiziert.

Malerei und Gartenkunst gehören in China zusammen. Diese kann man nur von jener aus begreifen.

»In keinem Land können wir weniger darauf hoffen, irgendwelche Spuren alter historischer Gärten anzutreffen«, weil die Etikette es verbot, das Haus des Vorgängers zu bewohnen. Deshalb waren mit wenigen Ausnahmen Kaiserpaläste und Gärten dem Verfall preisgegeben, sobald ihr Erbauer gestorben war.[7]

Ebenso wie bei der Malerei, von der nur wenige Originale aus frühen Zeiten erhalten sind, ist auch bei den Gärten und großen Landschaftsgestaltungen die schriftliche Überlieferung Quelle unseres Wissens. So besitzen wir aus dem 11. Jahrhundert die Beschreibung des Parkes des Hsi-Ma-Kuang, eines großen Staatsmannes. Die Zeit der Sung-Dynastie war der Höhepunkt der chinesischen Kultur, in Europa vergleichbar mit der Renaissance-Epoche.

Um die »Manifestation kosmischer Kräfte« im positiven Sinne zu beeinflussen, entwickelten die Chinesen komplizierte geomantische Regeln, Feng-Hui genannt. Diese wurden bei großen Anlagen, insbesondere Grabanlagen, streng beachtet. Das großartigste Beispiel ist das Tal der Ming-Gräber.[8]

Zur Zeit der Mandschu-Dynastie (1644 bis 1911) wurde China für Reisende aus dem Abendland geöffnet. Besonders die Jesuiten nützten dies aus. Einer von ihnen, Martini, berichtet erstaunt: »Sie erforschen die Psychologie eines Berges, seine Formation, seine Adern, wie sonst die Astrologen den Himmel oder die Chiromanten die Hand.«[9]

Interessant ist, daß Marco Polo, der China schon 1273 bis 1293 bereiste, berichtet, daß der Mongolenkaiser Kublai Khan besonders schöne Bäume aus seinem ganzen Reich mit den Wurzeln und der sie umgebenden Erde ausgraben ließ und durch Elefanten nach dem heutigen Peking, das er gegründet hat, transportieren ließ. So entstand das erste Arboretum, von dem wir wissen.[10]

Die Chinesen haben ihr starkes Gefühl für Naturschönheit in einer Weise, die uns Europäern schwer zugänglich ist, ins Geistige sublimiert. Buddhistische Einflüsse von Indien her gingen in die bodenständigen, zur Magie tendierenden Lehren des Taoismus und in die Naturphilosophie des Neukonfuzianismus ein. Dadurch war die Landschaft nicht etwas Totes, lediglich Materie, sondern von einem geheimnisvollen Leben erfüllt: Sie atmete.

In Europa andererseits hat es nach der kurzen »frühhellenistischen Blüte der Landschaftsmalerei« (Schefold) lange gedauert, bis das anthropozentrische Bewußtsein so weit überwunden war, daß die Landschaft wieder als bedeutungsvoll und ästhetisch wertvoll erkannt wurde. Seit dem 15. Jahrhundert taucht die Landschaft in den Hintergründen von Bildern wieder auf, um seit der Aufklärung zugleich mit der Umkehr von der theozentrischen zur geozentrischen Weltsicht eines der Hauptthemen der Malerei zu werden. Der gleichzeitige »fundamentale Wandel des abendländischen Naturgefühls« (Buttlar) veränderte im selben Maße die Gartenkunst. Vorläufer war England, während der Kontinent sich ebenso wie in der Philosophie und der Staatsverfassung noch nicht so schnell von dem Geiste des Absolutismus lösen konnte. In England hatten schon John Milton (1608 bis 1674) und der dritte Earl of Shaftesbury (1671 bis 1713) die Natur als höchste sittlich-religiöse Instanz von begeisternder Schönheit besungen. Sein Hymnus: »O glorious Nature! Supremely Fair, and sovereignly Good! All-loving and all-lovely, all-divine! ...«[11] faßt dies in Worte. Natur – das war die Landschaft. Folgerichtig wurde in der Gartenkunst ihre Nachahmung unter Ablehnung des architektonischen Barockgartens als das ideale Ziel bezeichnet.

In den Worten dieser Dichter verbanden sich Naturgefühl, Persönlichkeitsbewußtsein und Gesellschaftskritik mit dem Widerspruch gegen erstarrte Formen von Gartenanlagen. Es war zunächst Literatur, die nicht mehr als den Anstoß zu einem neuen künstlerischen Gartenideal geben konnte. Jedoch, poetische Gefühle und philosophische Abstraktionen allein hätten wohl kaum die praktisch denkenden Engländer zu einer geradezu revolutionären Wendung in der Gartenkunst veranlaßt. Wie kam es dann, daß sich der natürliche Stil durchsetzte? Folgt man Christopher Hussey in seiner Beschreibung englischer Gärten und Landschaften zwischen 1700 und 1750, so trug zur Zeit des spanischen Erbfolgekrieges und der außereuropäischen Kriege Englands gegen Frankreich der Wunsch, die Kosten der königlichen Gärten auf ein Drittel herabzusetzen, nachweislich zur Umstellung auf den landschaftlichen Gartenstil bei. Zugleich machte sich das Bedürfnis geltend, anstatt der unveränderlichen Aussicht von einem Fenster oder der Terrasse sich die abwechslungsreichen Bilder zu verschaffen, die man beim Reiten oder Spazierenfahren genießen konnte.[12] Hussey sieht auch einen Zusammenhang zwischen dem Entstehen liberaler Ideen in der Partei der Whigs und dem Verlangen nach Freiheit in der Gestaltung der Landschaft. Freiheit bedeutete hier Entwicklung des Einzelbaums zu einem Individuum. Es war die Einbeziehung der Gartenkunst in die große geistige Strömung des Liberalismus.

Der geometrische Garten, bis dahin als repräsentative und elegante Erweiterung der Architektur des Hauses ins Freie hinaus betrachtet, wurde jetzt als Vergewaltigung der Natur begriffen, als Symbol der absolutistischen Königsherrschaft aufgefaßt und zusammen mit ihr abgelehnt. Prägnant hat dies Louis de Rouvroy, Herzog von Saint Simon (1675 bis 1755), die Versailler Anlagen Le Nôtres kritisierend, in seinem geheimen Tagebuch ausgedrückt: »Es war dort dem König ein Vergnügen, die Natur zu tyrannisieren und sie mit dem Aufwand von Kunst und Geld zu bändigen. Man fühlt sich durch den Zwang, der überall der Natur angetan ist, angewidert.«[13]

Die barocken Anlagen Le Nôtres waren in Versailles die Bühne, auf der die höfische Gesellschaft sich darstellte, das Auge des Königs suchend und von ihm beobachtet. Anders der Park: hier erging sich das Individuum im Gefühl der Einbezogenheit in die Schöpfung Gottes. Man suchte den ästhetischen Genuß von Landschaftsbildern, wie sie sie ein William Kent, inspiriert von der Kunst Claude Lorrains, Poussins und Salvador Rosas, geschaffen hatte.

In England hatte keine Diktatur des Geschmacks durch den Königshof bestanden. Deshalb hatte die Oberschicht einen freieren Spielraum für die Verwirklichung ihrer Ideen bei der Gartengestaltung. Vor allem Lancelot Brown, dem der Spitzname »Capability« gegeben worden war, weil er immer von der »Fähigkeit« von Landschaften sprach, verbessert zu werden, erlangte durch die Anlage sehr weiträumiger Landschaftsgärten Berühmtheit. Seine Spezialität waren große

Wiesenflächen mit Einzelbäumen in leicht hügeligem Gelände, auf dessen Höhen er Gruppen von Bäumen verteilte, und das Anstauen von Wasserläufen zu Seen mit natürlich geschwungenen Ufern.

Wenn man in England Parks führender Männer aus jener Zeit nachdenklich durchwandert, wie Marlboroughs Blenheim oder Petworth, dann drängt sich eine zweite, auf Englands politische Entwicklung bezügliche Überlegung auf. In den imposanten Dimensionen dieser Schöpfungen Lancelot Browns kommt unbewußt die Entschlossenheit einer Oligarchie mit großen Männern zum Ausdruck, ein Weltreich zu schaffen. Hier manifestiert sich der im Entstehen begriffene Imperialismus als Drang zur Ausdehnung in der Landschaftskunst. In die Zeit der Begründung der bedeutendsten Werke dieser Kunstgattung fallen die Siege über Frankreichs Ludwig XIV., die Eroberung der nordamerikanischen Kolonien und das Fußfassen in Indien, Südafrika und Australien. Gedanken, die gerade in Blenheim sich einfinden.

Pückler hat diesen Park nur bei Nebel gesehen, war aber so beeindruckt, daß er Brown zum »Garten-Shakespeare Englands« erklärte. Die graue Stimmung dieses Tages ließ ihn andererseits an seine »Schnucke« schreiben: »Ich dachte mit Kummer, wie vergeblich es ist, etwas Dauerndes gründen zu wollen...«[14]

Heute, nach zweihundert Jahren, zeigt sich, wie bewundernswert die Kunst Browns im Pflanzen war. Zwar sind die aus einer Baumart bestehenden Gruppen (clumps) in Blenheim jetzt zu massiv geworden. Aber seine locker gepflanzten, gemischten Gruppen, die in Petworth aus Edelkastanien mit Eichen, Buchen oder Linden bestehen, haben sich herrlich entwickelt. Auch die von ihm einzeln gepflanzten Atlaszedern sind jetzt eindrucksvolle Individuen.

Als Grenzen der Parks pflanzte er schmale Gehölzgürtel, durch die sich ein Weg wand, von dem man verschiedene, abwechslungsreiche Blicke auf das Haus und die umgebende

Landschaft hatte. Pückler hat sich von diesen Pflanzungen zu ähnlichen, »Pücklerstreifen« genannten, anregen lassen. Browns Größe besteht in der Einfachheit der Mittel, mit denen er seine Wirkungen erreicht hat. Die großen Flächen und die Pflanzungen, die den Schwung der Bodenbewegung aufnehmen, die Wasserflächen, in denen sich der Himmel spiegelt, atmen harmonische Ruhe. Die Anlagen, die er geschaffen hat, entsprachen der englischen Landschaft und haben als Vorbilder für viele andere Parks den Charakter dieses Landes geprägt.[15]

Horace Walpole schrieb über ihn in einem Nachruf: »Sein Genie war solcher Art, daß man sich dort, wo er am erfolgreichsten gewirkt hat, seiner am wenigsten erinnern wird; Natur hat er so getreu nachgeschaffen, daß seine Werke nicht als solche erkannt werden.«[16]

Humphry Repton, der nicht nur ein großer Praktiker, sondern zugleich auch ein Theoretiker der Gartenkunst war, schreibt sehr ähnlich: »Without absolutely copying any particular scene in Nature, we must endeavour to imitate the causes by which she produces her effects, and the effects will be natural.«[17]

In Deutschland drückt sich Hirschfeld (1742 bis 1792) in seiner »Theorie der Gartenkunst« über Versailles ähnlich aus wie Saint Simon: »Erstaunen und Bewunderung im Anfang, bald darauf Langeweile, und dann Ekel, dies ist die Wirkung, die selbst die berühmten Gärten von Versailles haben, denen übrigens schon mehr als ein Vorwurf gemacht worden ist.«[18] Und die Grundsätze der neuen Richtung in der Gartenkunst beschreibt er so: »Kunst bedeutet hier, dasjenige, was die Natur Angenehmes und Interessantes hat, auf eben die Art, durch eben die Mittel, deren sie sich bedient, vereinigen, und die Schönheiten, die sie in ihren Landschaften verstreut, auf einen Platz sammeln zu wissen; ein neues Ganzes, dem weder Harmonie noch Einheit fehlt, hervorzubringen.«[19] Hirschfeld hat in Deutschland die große Wendung im Geschmack an der kultivierten Natur vorausgefühlt und in das Bewußtsein der Öffentlichkeit gebracht.

Goethe hat sich in den »Wahlverwandtschaften« zu der Wendung im Gartengeschmack geäußert: »Niemand glaubt sich in einem Garten behaglich, der nicht einem freien Lande ähnlich sieht; an Kunst, an Zwang soll nichts erinnern, wir wollen völlig frei und unbedingt Atem schöpfen.«[20] Er hat sich auf diesem Gebiet auch praktisch betätigt. An der Gestaltung des Weimarer Parks war er zwischen 1776 und 1797 beteiligt. Ihm ist auch der Übergang vom sentimentalen zum klassischen Stil großzügiger Naturgestaltung zu verdanken, worin er mit dem Großherzog Karl August übereinstimmte. Pückler äußert sich im Sinne von Goethe und Walpole: »Der höchste Grad der landschaftlichen Gartenkunst ist nur da erreicht, wo sie wieder freie Natur, jedoch in ihrer edelsten Form zu seyn scheint.«[21]

Noch einmal: Ist Natur, ist Landschaft schlechthin schön? In den höchsten Kulturen, im Fernen Osten und im Westen, wird die gleiche Antwort gegeben: es ist der Mensch, der in den jeweiligen Formen, in denen sie sich seiner Anschauung darbietet, das Geistige erkennt, das ihr Wesen ausmacht. Die alten Chinesen nannten es das »fluidum«; wir würden es mit Plato ihre »Idee« nennen. Der Künstler, sei er Maler oder Gärtner, der die Idee der Landschaft in besonderer Weise anschaulich macht, vermittelt uns damit das Gefühl für ihre immanente Schönheit.

Pückler und seine Anlagen

Gründung des Muskauer Parks

Vorgeschichte

Ein Wanderer, der im Jahr 1770 bei Muskau in der Oberlausitz auf der das Tal der Görlitzer Neiße im Osten begrenzenden Höhe des Herrenberges stand, sah vor sich einen den
Hang bedeckenden jungen Kiefernwald, im Tal Felder mit
spärlich wachsendem Korn und blühende Wiesen. Zwischen
diesen blitzte hier und da wie ein silberner Streifen die Neiße
auf, deren Ufer mit Erlen, Weiden und Pappeln gesäumt
waren. Auf den Feldrainen standen einige starke Eichen, die
von der wendischen Bevölkerung nach altem Brauch bei Hoch-
zeiten gepflanzt waren.

Jenseits der Neiße erhob sich hinter einer parallel zu ihr
sich hinziehenden Lindenallee das doppeltürmige Schloß mit
seinen Wirtschaftsgebäuden. Dahinter sah man die nach dem
Brand von 1766 noch lückenhafte Stadt mit den beiden Kirchen und darüber auf der das Tal begrenzenden Höhe das
Dorf Berg mit der uralten Kirchenruine. Diese Höhe war mit
Buchen, Aspen und Birken bewachsen, zwischen denen sich
Wiesen und kleine Felder ausbreiteten. Weiter westlich
schlossen sich die kahlen, von Erosion zerfurchten Sandhalden
des Alaunbergwerks an. Wenn auch die Gegend besonderer
Reize entbehrte, für die Muskauer war sie Heimat und darum
schön. Diesem Gefühl gibt ein Schriftchen Ausdruck, das sie
mit sentimentalem Überschwang beschreibt. Anlaß hierzu
hatte die Hochzeit des damaligen Standesherrn, George Alex-

21

ander Heinrich Hermann Reichsgraf von Callenberg (1744 bis 1795) mit Olympe Gräfin de la Tour du Pin gegeben. Dem musischen und naturliebenden Kirchenpatron und Besitzer der bedeutendsten Herrschaft der Oberlausitz huldigte der Rektor der Stadtschule, Johann George Vogel[1], auf diese Weise.

Die liebenswürdige, im pietistischen Stil der Zeit verfaßte Schrift ist allein schon interessant, weil sie eine genaue und poetische Beschreibung des damaligen Zustandes der Gegend bietet. Sie ist vor allem Ausdruck des gewandelten Zeitgeschmacks, der sich von den formalen Anlagen nach französischer Art abwandte, um sich ganz dem Gefühl für die unverfälschte, mit sentimentalen Empfindungen erlebte Natur hinzugeben.[2]

Diese Gefühle teilt der Verfasser mit seinem ehemaligen Schüler, von dem er den folgenden, im Geist des Rokoko gedichteten Vers zitiert:

> »Pan und die Faunen wurden rege,
> Verließen ihr düstre Ruh,
> Begleiteten uns auf dem Wege,
> Und horchten dem Gespräche zu,
> Das Muskaus Lage prieß. Dann sahen wir sie eilen,
> Um das erlauschte Wort den Wäldern mitzutheilen.«

Konnte der gute Vogel, Schullehrer und Mitglied der physikalischen Klasse der Oberlausitzischen physikalisch-ökonomischen Bienengesellschaft damals, im Jahre 1769, ahnen, daß der Enkel des von ihm im barocken Kurialstil gefeierten jungen Mannes nach weniger als einem halben Jahrhundert damit beginnen würde, ein mit allen heimischen Laubhölzern bewaldetes Hügelland, das eine abwechslungsreiche Auenlandschaft im Tal einfaßte, dort zu schaffen, wo jetzt noch eher ärmliche Felder waren?

Der Enkel, der diese Veränderung wie durch Zauberei herbeiführen sollte, war vierzig Jahre später mittellos dabei, Süddeutschland, die Schweiz, Italien und Südfrankreich zu durchwandern. Seine wilde Jugend als Offizier im exklusivsten sächsischen Kavallerieregiment hatte vor kurzem mit einem völligen finanziellen Zusammenbruch geendet.

Ludwig Heinrich Hermann Graf von Pückler wurde am 30. Oktober 1785 als erstes Kind des Grafen Ludwig Hermann von Pückler und der Gräfin Clementine von Callenberg, der Erbin der Standesherrschaft Muskau, geboren. Seine Reise hatte ihn seit 1806 über Wien und München, Ulm und Stuttgart im Mai 1808 nach Konstanz geführt. Wir sind über diese Reise und die Gefühle und Erlebnisse, die ihn bewegten, ausführlich durch seine Aufzeichnungen in der Form langer Briefe an einen imaginären Freund informiert. Da zeigten sich schon bei dem damals Einundzwanzigjährigen die scharfe Beobachtungsgabe, das Interesse für alle Zeugnisse der Kultur, ein geschliffener, oft ironischer Stil und nicht zuletzt sein »lebhafter Enthusiasmus für die Herrlichkeit der Natur«.[3]

Wie äußerte sich der zukünftige Parkschöpfer über die Parks, die er während seiner Reise besichtigte? An dem zu Laxenburg bei Wien gefallen ihm die Anlage der Wasserflächen und die üppige Vegetation. Die als Staffage hineingesetzten Gebäude verstießen seiner Ansicht nach gegen den guten Geschmack und entstellten den Park.[4] Auf die beiden Parks, die heute München zieren, scheint er nur einen flüchtigen Blick geworfen zu haben. Über den Englischen Garten schreibt er: »Mehrere Parthien sind mit Geschmack erdacht und ausgeführt, und im Ganzen hat man der Natur mehr nachgeholfen, als sie durch verkehrte Zierrathen entstellt.«[5] Friedrich Ludwig von Sckell (1750 bis 1823), den er nicht gekannt und daher nie erwähnt hat, arbeitete seit 1804 an ihm. Der Umgestaltung des Nymphenburger Parks durch Sckell bescheinigt er, daß sie mit Geschmack vorgenommen wurde, bedauerte aber den durch den kiesigen Boden geminderten Wuchs der Bäume. So äußerte Pückler zwar schon grundsätzliche Gedanken, die später in seinem Parkwerk wiederkehren sollten. Aber die wenigen Sätze lassen ein tieferes

Eingehen auf die Regeln, nach denen er selbst einmal wirken sollte, nicht erkennen.

Welche schöpferische Phantasie in ihm nach Verwirklichung drängte, bricht bei der Beschreibung der Aussicht von der Schloßruine Oberkastell bei Konstanz hervor. Hier werden schon die Elemente der Landschaft genannt, mit denen er in Muskau seine künstlerischen Wirkungen hervorbringen wird. Es lohnt sich, sie im Wortlaut wiederzugeben: »Welch ein Elysium könnte mit geringer Beihülfe der Kunst auf der Höhe dieses Berges geschaffen werden! Der schönste Wald aller Arten von Bäumen und Gesträuchen, ein wilder Bach, der schäumend hindurchrauschend bei jedem Absatz eine malerische Kaskade bildet, duftende Wiesen, Anhöhen und Thäler, die prächtigen mit Epheu überzogenen Ruinen – alles hat die Natur in einen nicht allzu großen Raum gedrängt und durch die herrlichsten Aussichten verschönert, schon hergegeben; nur eine geringe Unterstützung durch Menschenhände, und der schönste englische Garten wäre geschaffen, den zu sehen man vielleicht nachher hunderte von Meilen zurücklegen würde, da jetzt wenig Menschen nur die Existenz dieser herrlichen Gegend kennen. Habe ich je den Mangel eines großen Vermögens bedauert, so war es hier; glücklich der Sterbliche, der in philosophischer Ruhe auf einem solchen Eigenthum seine Tage beschließen kann!«[6]

Könnte dies nicht eine Beschreibung des Muskauer Parks sein? Der artenreiche Laubwald, der Wasserlauf mit seinen Kaskaden, die großen Wiesen und die Blicke von den Höhen ins Tal – alles ist dort wiederzufinden. Sollte es sich nicht hier um das Schlüsselerlebnis für den jungen Mann gehandelt haben, durch das er seine eigentliche große Lebensaufgabe gefunden hat, der er trotz aller Umwege und Abschweifungen, trotz seines schillernden Wesens bis an sein Lebensende treu geblieben ist – der Gestaltung von künstlerisch überhöhter Natur im Landschaftsgarten?

Bei der Entwicklung des Gefühls kindlicher Liebe vom Elternhaus im Stich gelassen, gescheitert bei seinen hektischen Bemühungen, sich vor einer oberflächlichen und engherzigen Gesellschaft selbst zu bestätigen, war er auf der Flucht vor den Zwängen des ihm vorgegebenen Lebens in Krankheit und materielle Not geraten. Und nun wurde in ihm beim Empfinden der Schönheit der Natur die Idee geboren, wie befriedigend es sein müsse, schöne Natur selbst im großen Maßstab zu erschaffen. Der Same war gelegt, es sollte nicht mehr lange dauern, bis er üppig aufging.

Auf dieser Reise, auf der Pückler die großen Anstrengungen und Gefahren auf sich nahm, die damals eine Überquerung hoher Alpenpässe wie Simplon und Grimsel zu Fuß mit sich brachte, fand er zu sich selbst.

Die so errungene Selbstsicherheit sollte er schon bald in Muskau zeigen können. Am 16. Januar 1811 starb sein Vater, dem er keine Sohnesliebe schuldig zu sein glaubte.[7] Der Intendant Wolff berichtet in seinem vertraulichen Tagebuch, daß der junge Standesherr und Erbe in seiner kurzen Antwort auf die im schwülstigen Stil der Zeit gehaltene Huldigungsrede des Hofgerichtsdirektors recht kühl an seinen Vater erinnerte und in scharfem Ton treulosen oder nachlässigen Angestellten Entlassung androhte.[8] Pückler hat schon damals daran gedacht, das »unvermutete und hinderliche« Erbe zu verkaufen, um frei zu sein.[9]

Das erste Jahr der Regierung in der vom Hofgerichtsdirektor als »kleiner Staat« bezeichneten Standesherrschaft verging mit der Bestandsaufnahme, die unerfreuliche Versäumnisse des geizigen Vaters ans Licht, und mehrfachen Personalwechsel auf wichtigen Posten mit sich brachte. Schon bald begann mit Napoleons russischem Feldzug eine unruhige Zeit. Muskau hatte seit 1812 unter dem Hin und Her der Preußen und Russen einerseits und der Franzosen andererseits zu leiden. Pückler fühlte, obwohl sächsischer Untertan, mit Preußen und befand sich daher je nach der Einquartierung in Gefahr. Endlich konnte er nach der Niederlage Napoleons in der

Schlacht bei Leipzig sich offen zur deutschen Sache bekennen und als Generaladjutant des Großherzogs von Weimar und Verbindungsoffizier zum Zaren am weiteren Feldzug teilnehmen. In den Kämpfen in Belgien tat er sich in vorderster Linie hervor und nahm, mit dem russischen Wladimir-Orden geschmückt, im Frühjahr 1814 am Einzug in Paris teil.[10]

Nach dem Ende des Feldzugs kehrte Pückler nicht nach Muskau zurück, sondern reiste auf ein Jahr nach England. Dies Land, damals das reichste in Europa, zog ihn aus mehreren Gründen an. Die englische Gesellschaft war wegen ihrer Eleganz und des Aufwands, den sie trieb, für ihn ein gern befolgtes Vorbild. In erster Linie bestimmte ihn wohl der immer wiederkehrende Gedanke zu der Reise, Muskau durch die Heirat mit einer reichen Erbin zu sanieren. Wolff notiert: »Heyraths-Negoce mit Lady Lansdowne.«[11] Auch hat ihn gewiß der Wunsch, die vielgerühmten englischen Parks kennenzulernen, beherrscht.

Die berühmten Anlagen von Kent (1685 bis 1748) waren damals etwa hundert Jahre alt, die von Brown (1715 bis 1783) etwa dreißig bis sechzig Jahre, und Repton (1752 bis 1818) befand sich auf der Höhe seines Ruhmes. Sein grundsätzliches Werk »The Theory and Practice of Landscape Gardening« war 1803 erschienen. Pückler ließ seinen Günstling, den von ihm zum General-Inspektor ernannten Heimatdichter Leopold Schefer, im Herbst 1814 nach England kommen, um mit ihm aufkeimende Pläne zu besprechen.[11]

Bei Pückler kamen zu dem allgemeinen Streben der Zeit – fort vom Formalen, hin zu der Freiheit in natürlicher Landschaft – in seiner Person liegende Motive hinzu. Starkes Naturgefühl verband sich mit einem ebenso starken künstlerischen Gestaltungswillen, der schon in seiner Jugend in Uhyst bewiesenen Freude am Gärtnern, dem Erlebnis der Landschaft in Oberkastell und den Eindrücken in den englischen Parks.[12] Pückler, der Romantiker, hatte 1815 mit dem Übergang aus dem sächsischen Staatsverband in den preußischen wesentliche verfassungsmäßige Rechte verloren. Die Standeserhöhung zum Fürsten konnte seine Klagen darüber nicht beenden. Auch sah er die Stellung des Adels durch die vom bürokratisch-konstitutionellen Staat durchgeführte Agrarreform erheblich abgewertet. Boelcke beschreibt ausführlich seine ständigen, erfolglosen Versuche, eine Rolle im Staat zu spielen.[13] Seine hieraus resultierende melancholische Stimmung läßt ihn dem emporstrebenden, liberalen Bürgertum zurufen: »Suum cuique. Euer ist jetzt das Geld und die Macht – laßt dem armen ausgedienten Adel seine Poesie, das Einzige, was ihm übrigbleibt.«[14] Seine »soziale Verankerung« und die Begeisterung für die Landschaft, die in Dichtung und Malerei für die Romantik in Deutschland kennzeichnend war, halfen ihm, Melancholie durch Aktion zu verdrängen. Positiv geschah dies durch seine Parkschöpfungen. Andererseits können seine jahrelangen Reisen in nahe und ferne Länder als Eskapismus gedeutet werden. In dem Riesenprojekt des Parks, das er in Muskau in Angriff nahm, suchte und fand er die Selbstbestätigung und die zeitlebens für ihn unentbehrliche Anerkennung.

Die Anfänge des Parks

Nach der Entstehung des Parks befragt, schrieb Pückler 1855 an Petzold: »Von Kindheit an hatte ich den Plan, die Gegend und das Schloß zu verschönern; die Ausdehnung wuchs mit dem Fortschritt.«[1]

Hatte er vorher mehr mit dem Gedanken gespielt, so ist der endgültige Entschluß, um das Städtchen Muskau herum einen großen Park anzulegen, während des ersten Aufenthalts in England gefaßt worden. Die Muskauer Bürger waren vermutlich erstaunt, als sie am 1. Mai 1815 auf der Anschlagtafel am Rathaus folgenden Brief ihres Standesherrn lasen:

27

»Da ich von nun an entschlossen bin, für mein ganzes zukünftiges Leben meinen festen Wohnsitz in Muskau zu nehmen, um selbst für die Wohlfahrt meiner guten Bürger und Untertanen mit väterlicher Obhut wachen zu können und meine Einkünfte lieber ihnen, als fremden Menschen zufließen lassen will, so zweifle ich nicht, daß jeder Einwohner dieser Stadt es mir gern gönnen wird, bei ernster Beschäftigung auch eine Lieblingsneigung zu befriedigen, deren Ausführung jedem von ihnen gleichfalls zum Vergnügen und jetzt sowohl als mehr noch in der Folge zum wahren Nutzen gereichen muß. Ich meine die Anlegung eines Parkes. Zu dem ist notwendig, wenn etwas Ganzes daraus entstehen soll, daß ich den ganzen Distrikt zwischen der Straße nach Sorau und dem Dorfe Köbeln, der Neiße auf der einen und den Braunsdorfer Feldern auf der anderen Seite eigentümlich besitzen muß. Ich bitte demnach sämtliche Bürger der Stadt und Bewohner der Schmelze [des Stadtteils, der dem Bade am nächsten liegt] welche einzelne Felder oder Wiesen oder Holz in dem genannten Bezirk haben, mir dieselben gegen vernünftige Bedingungen abzulassen. Um hierbei so billig als möglich zu verfahren, schlage ich der Bürgerschaft vor, in allen Fällen, wo ich mich mit einzelnen nicht werde vergleichen können, zwei Mitglieder aus sich selbst zu wählen, welche in Verbindung mit zwei anderen, die ich ernennen werde, besagte Grundstücke nach Recht und Gewissen taxieren sollen. Nach dieser von ihnen bestimmten Taxation erbiete ich mich, jedem den Wert auf meine Herrschaft umschreiben und bis zur etwaigen Kündigung mit 5 % verzinsen zu lassen oder das Grundstück zu vertauschen und dies zwar auf den Quoten von gleichem Wert auf den entfernteren Braunsdorfer- oder Bergischen Feldern aber gegen halbfach größeren auch wohl nach Befinden der Umstände doppelten Wert. Erfüllt die Bürgerschaft hierin meine Wünsche, so mache ich mich außerdem noch anheischig, von dem Augenblick an gerechnet, wo ich mich in dem Besitz sämtlicher bezeichneter Grundstücke befinde, binnen 6 Jahren das Rathaus, das Köbler Tor und Schießhaus auf meine Kosten für die Stadt zu bauen. Im Falle aber binnen einem Jahr vom Datum der Ankauf dieser Grundstücke nicht zustande gekommen ist, gebe ich auch hiermit den Einwohnern Muskaus mein Wort, daß ich unabänderlich entschlossen bin, dann Muskau, weil es meinen guten Willen nicht hat annehmen und erkennen wollen, auf immer zu verlassen und alles und jedes daselbst mir Zugehörige, bis aufs Schloß selbst, zu verpachten.

Ich überlasse es nun Muskaus Bewohnern selbst, zu ermessen, ob es wünschenswert sei, ihre öffentlichen Gebäude, die so lange in Ruinen liegen, wieder aufgebaut, ihre Stadt durch einen herrlichen großen Garten verschönert und meine sämtlichen Einkünfte ihr wieder zufließen zu sehen oder auf der anderen Seite jeden dieser Vorteile zu entbehren und mich und mein Vermögen für immer aus den Augen zu verlieren. Da ich kein Opfer von der Stadt verlange, sondern alles für den höchsten Wert bezahlen will und höchstens nur um eine Gefälligkeit bitte, so hoffe ich mit Zuversicht, daß meine guten Muskauer Bürger schon aus der alten mir stets gezeigten Liebe und treuen Anhänglichkeit meinen Wunsch und meine Bitte ohne Anstand erfüllen und mich nicht zwingen werden, sie, deren Liebe ich herzlich erwidere, auf immer zu verlassen.

Muskau, den 1. Mai 1815
Hermann Graf von Pückler-Muskau.«[2]

Über die Vor- und Nachteile seines Plans war sich Pückler völlig klar. Die Vorteile bestanden in einer wellig bewegten Ausbildung des Geländes, weil hier die Neiße einen Höhenzug, den Muskauer Faltenbogen, durchbricht und daher malerische Niveauunterschiede vorhanden waren, der Fluß eine fruchtbare, wenn auch schmale Aue bewässerte und weil schließlich hunderte der schönsten alten Bäume schon vorhanden waren. Außerdem muß man bedenken, daß damals die

Löhne recht niedrig waren, weil nach den Freiheitskriegen in den Jahren 1816 und 1817 katastrophale Mißernten angefallen waren. Nach der fürchterlichen Not war Pückler überzeugt, daß die Arbeit ... das beste, nützlichste und würdigste Mittel den Armen zu helfen sei, beschäftigte zweihundert Menschen im Park und schaffte damit für sie Arbeit und Verdienst.[3]

So wird seine Leidenschaft zur Landschaftsgestaltung zugleich zur sozialen, auch in dieser Hinsicht ganz bewußt ausgeführten Tat. Nicht zu vergessen wäre auch der Vorteil, der darin bestand, daß die große Herrschaft aus eigener Produktion alle möglichen Baumaterialien und Holz zur Verfügung stellen konnte. In seinen »Andeutungen über Landschaftsgärtnerei« äußerte sich Pückler über den Grundgedanken seiner Anlage. Dieses Buch erschien im Jahre 1834. Es war daher durch die inzwischen gemachten Erfahrungen und Beobachtungen beeinflußt. Er schreibt, daß die Idee, die der Gartenlandschaftskunst im allgemeinen zu Grunde liegt, die sei, aus dem Ganzen der landschaftlichen Natur ein konzentriertes Bild, eine solche Natur im Kleinen als poetisches Ideal zu schaffen. Von dieser allgemeinen Idee ausgehend, verlangt er, daß jedem Park eine beherrschende Idee zu Grunde liegen sollte. Als solche beschreibt er die von ihm für den Muskauer Park konzipierte, nämlich »ein sinniges Bild des Lebens unserer Familie oder vaterländischer Aristokratie, wie sie sich eben hier vorzugsweise ausgebildet, auf eine solche Weise darzustellen, daß sich diese Idee im Gemüt des Beschauers so zu sagen von selbst entwickeln müsse.«[4]

Mit diesen Worten enthüllt sich Pückler als ein Kind zweier Zeiten. Einerseits gehört er noch ganz dem 18. Jahrhundert an mit dem Hang zur Repräsentation und andererseits ist er ein Mensch der Romantik, für den die Landschaft und die Natur eine beinahe metaphysische Bedeutung hatten.

Pücklers Grundidee forderte Größe der Anlage. Daher plante er, das ganze Flußgebiet mit den angrenzenden Hochebenen und Hügelreihen, Fasanerie, Feldflur mit Vorwerk, Alaunbergwerk und Neißemühle, von den Schluchten im Süden des Berghangs westlich der Stadt bis zu den Dörfern Köbeln und Braunsdorf im Norden und Osten (zusammen rund eintausend Hektar) in einen Park zu verwandeln. Die Stadt beabsichtigte er »durch den Park so [zu] umschließen, daß sie künftig mit ihrer Flur n u r e i n e n T e i l d e s - s e l b e n ausmachen sollte«.[5]

Er plante also den Park als Werk dynastischer Herrschaftsmacht über die Stadt! Damit war zugleich gegeben die Einbeziehung der Stadt in die künstlerische Konzeption eines landschaftsgärtnerischen Gesamtkunstwerks. Es war ein Akt absolutistischer Selbstherrlichkeit zu einer Zeit, als diese anderswo schon beseitigt war. Pückler spricht dies selbst aus: »Da sie eine mir bisher untertänige und noch immer abhängige Mediatstadt ist ...«.[6] Sein Wille setzte sich bedenkenlos über den der Bürger hinweg, ja, er beachtete nicht einmal die eigene Finanzkraft.

Heute können wir feststellen, daß der künstlerische Rang des von ihm geschaffenen Landschaftsensembles von so starker Wirkung war, daß es einer politischen Katastrophe wie der von 1945 bedurfte, um es zu zerstören. Bis dahin war es den Bemühungen von Pücklers Besitznachfolgern gelungen, es zu erhalten.[7]

Aus England hatte er die Idee des »Gesamtkunstwerks, an dessen Gestaltung viele Künste mitwirken: Architektur, Plastik, Malerei, Dichtung«, mitgebracht.[8] Doch hat er dieser Idee eine originelle, auf den Gegebenheiten von Landschaft und Nation beruhende Ausprägung verliehen.

Pücklers bedeutender Helfer bei der Durchführung dieser Konzeption war Karl Friedrich Schinkel (1781 bis 1841). Mit ihm hatte er wahrscheinlich seit 1817, sicher seit 1819, Kontakt. Aus der gemeinsamen Planung des Schloßumbaus entwickelte sich eine Freundschaft, die bis zu Schinkels Tod 1841 dauerte.[9] Schinkel machte drei Entwürfe, von denen der erste

»eine eigenartige Mischung von Formen großartigen, italienischen Villenbaus und sizilianisch-normannischer Bauglieder«
war.[10] Der zweite Entwurf war ebenfalls im italienischen
Villenstil, aber eleganter, vollkommen symmetrisch und von
»klassischer Geschlossenheit des Baukörpers«. Beide entsprachen nicht den Vorstellungen Pücklers, der diese folgender-
maßen beschreibt: »Im hohen Grade wichtig ist es, daß Gebäude immer im Charakter der Landschaft erscheinen, mit
der sie verwebt sind.« Sie sind in einem Park »nur ein
wesentlicher Bestandteil des Ganzen und müssen von ihm die
malerische Wirkung erhalten, die sie ihm ihrerseits wieder
teilweise zurückgeben«.[11]

»Im allgemeinen wird bei Parkgebäuden eine gewisse Unregelmäßigkeit derselben als mehr konform mit der Natur,
als mehr pittoresk, vorzuziehen sein.«

Der dritte Entwurf entsprach völlig der grundsätzlichen
Einstellung Pücklers. In ihm war verwirklicht »... eine großartige, aber keineswegs unharmonische Unregelmäßigkeit,
welche die Phantasie anspricht, weil das Motiv für jede Ab-
weichung von der Regelmäßigkeit zugleich sich mit aus-
spricht oder doch geahnt werden kann ...«.[12]

Wenn es ausgeführt worden wäre, wäre dieser majestäti-
sche Gebäudekomplex, der das Amtshaus, Schloß und Theater
umfassen sollte, die Krönung der Muskauer Parkgestaltung
geworden. Jedoch allein die Rampe, die von dem Niveau der
Umgebung zu dem erhöhten Schloßhof hinaufführt, ist von
dieser Planung verwirklicht worden.[13]

Leider ist das Reisen nach Mitteldeutschland sehr erschwert.
Dadurch haben viele im Westen lebende Menschen keine
Kenntnis von dem aktuellen Zustand mancher der bedeutendsten Landschaftsgärten. In Bezug auf Muskau ist dies besonders auffallend. Schon Hoffmann hat in seinem Werk über
den Landschaftsgarten erklärt, daß er bewußt von den im
Gartenwerk Pücklers beschriebenen Plänen und Baulichkeiten
ausgehen würde. Angaben über den gegenwärtigen Zustand

fehlen daher. Auch Kruse-Rodenacker läßt in der Einleitung zum Neudruck der »Andeutungen über Landschaftsgärtnerei« erkennen, daß er nicht an Ort und Stelle gewesen ist. Zuletzt hat offensichtlich auch Buttlar in seinem kürzlich erschienenen Werk »Der Landschaftsgarten« irrtümlich vorausgesetzt, daß die von Pückler beschriebenen Gebäude wenigstens zum großen Teil errichtet worden sind.

Daher liegt der beklagenswerte Schluß nahe, daß durch den erwähnten Umstand eine gewisse Unkenntnis über die großen mitteldeutschen Landschaftsgärten im westlichen Deutschland verbreitet ist. Dem soll auch an dieser Stelle entgegengewirkt werden.

Die Schloßrampe war von Schinkel und Pückler als ein ganz wichtiger Teil des Übergangs und zugleich Zusammenklangs zwischen dem großartigen Baukörper des Schlosses und der ebenso großartigen Landschaft des Parks gedacht. Ihre Gestaltung hat daher besonders gründliche Überlegungen erfordert. Briefe und Zeichnungen gingen zwischen Berlin und Muskau hin und her. Grundmann beschreibt zwei Entwürfe, auf denen Schinkel Verbesserungen und Erläuterungen angebracht hat. Der Briefwechsel begann im Januar 1825 mit einem Schreiben Schinkels. Pückler schrieb seinem Baudirektor über Besprechungen mit Schinkel, dieser im Februar wieder an Pückler. Am Anfang des Sommers lagen Schinkels endgültige und genaue Anweisungen vor, und es konnte mit dem Bau der Rampe begonnen werden. Im September schickte Schinkel wieder eine Zeichnung über Details, die ihm nicht gut genug ausgeführt worden waren. Erhebliche Erdarbeiten waren nötig gewesen, um den Raum zwischen den Seitenmauern auszufüllen.

Ihre Funktion als Übergang vom Schloß zum Park erhielt die Rampe durch die Treppe in ihrer Mitte, die von der Höhe des Schloßhofes zum Niveau des Pleasureground[14] hinabführte. Im Schloßhof und auf der Terrasse der Rampe plante Pückler die Aufstellung von Orangenbäumen und Vasen.

Diese »Orangerie«, wie er es bezeichnete, sollte auch um den Schloßhof herumgestellt sein und Zugang von den Gesellschaftszimmern erhalten. Bei günstigem Wetter wäre also eine Bewegung vom Innern des Schlosses durch die »Orangerie« und über Rampe und Treppe hinab in den gärtnerisch schmuckvoll gehaltenen Teil des Parkes möglich gewesen, Haus und Garten zu einer Einheit von festlicher Heiterkeit verbindend.[15] Man kann davon ausgehen, daß schon vor Pücklers Zeit Orangenbäume[16] und das zu ihrer Überwinterung notwendige Haus vorhanden waren. Eine Orangerie war in einer Zeit, als diese Früchte noch nicht in Massen auf die Märkte des Nordens gebracht werden konnten, eine Art fürstliches Statussymbol.

Betrachtet man die von Wilhelm August Schirmer (1802 bis 1866) gezeichneten Ansichten des Schlosses von Osten, Süden und Westen und vergegenwärtigt man sich die Ausdehnung des Parks, dessen Mittelpunkt diese Anlage bilden sollte, so drängt sich das Gefühl der Bewunderung für das Genie Schinkels auf. Er hat es verstanden, durch die großen Öffnungen mit den Durchblicken nach beiden Seiten eine Trennung der Parkhälften durch einen zu massiven Baukörper zu vermeiden. Zugleich erreichte er durch den malerischen Wechsel der Bauachsen und -höhen in Verbindung mit den von Pückler geschaffenen Baumgruppen, Wiesen und Wasserflächen eine »Verschmelzung« von Architektur und Landschaft von einzigartiger Wirkung. Grundmann stellt fest, daß »... Schinkels Entwürfe für das Schloß in Muskau schlechthin ein Idealbild der Zeit ...« darstellten.[17]

Dem von Pückler und Schinkel konzipierten Gesamtkunstwerk hätte die Errichtung weiterer, im Park verstreuter Bauten entsprochen. Über diese äußert sich Pückler: »Gebäude ... sollen mit ihrer Umgebung in sinniger Berührung stehen und immer einen bestimmten Zweck haben.«[18] Diese Planung war ein ebenso wichtiger Bestandteil der Zusammenarbeit der beiden Freunde, wie die des Schlosses. Wenn diese

Pläne im wesentlichen nur Phantasie geblieben sind, so ist es doch nötig, wenigstens die wichtigeren zu beschreiben, um ein richtiges Bild jener Zusammenarbeit zu geben.

Es gibt Briefe von Schinkel aus den Jahren 1826 bis 1833 über ein Torhaus. Weder ist dies ausgeführt worden, noch sind seine Zeichnungen für eine Abbildung im Atlas verwandt worden. Persius hinterließ eine Zeichnung, die es darstellen könnte; er arbeitete ja eng mit Schinkel zusammen. Auch von den in Schinkels Briefen erwähnten Entwürfen für Brücken ist nichts erhalten.

Dem Muskauer Schloß fehlte ein Festsaal für größere Veranstaltungen. Schinkel schlug Pückler im November 1822 vor, Abhilfe durch Umbau des Orangeriegebäudes zu schaffen. Seine Idee war, an dessen dem Park zugekehrter Längsseite einen halbkreisförmigen Anbau anzufügen, der zusammen mit dem vorhandenen rechteckigen Raum einen Tanzsaal mit einer im ersten Stock umlaufenden Galerie bilden sollte. Auch dieser Plan, an dem Schinkel noch im Sommer 1823 gearbeitet hatte, »blieb in den Entwürfen stecken«, die Grundmann zu den »reifsten und künstlerisch ausgeglichensten« rechnet, die Schinkel für den Muskauer Standesherrn gemacht hat.[19]

Wir werden später sehen, daß Pückler 1830 nach seiner Rückkehr aus England sich wieder intensiver der Arbeit am Park zugewandt hat. Im Laufe dieses Jahres scheint er den Wunsch empfunden zu haben, auf der Höhe des Oberparks als Blickpunkt in der großen Achse von der Schloßrampe nach Osten eine Grabkapelle errichten zu lassen. Für diese hat Schinkel 1831 einen ausgeführten Entwurf geschaffen, der Schirmer als Vorlage für das Bild im Atlas zu den Andeutungen gedient hat. In einem Brief vom 31. Dezember erläutert Schinkel dem Fürsten seinen Plan. Das Hauptgebäude, die Kapelle im »italienisierend-romanischen Stil«, sollte auf einem Plateau mit »zu Berceaux verschnittenen Linden« stehen und neben den Trauerfeierlichkeiten für die Familie des Standesherrn der katholischen Bevölkerung als Gottes-

haus dienen. Daneben war ein im Stil angeglichenes Küster-
haus vorgesehen. Pückler ließ hier seinem eklektizistischen
Glauben volle Freiheit. Vor der Kapelle sollten ein heidni-
scher Altar aufgestellt, in ihr die Sinnbilder alt- und neu-
testamentlichen Glaubens angebracht und in einem Anbau an
der Rückseite gar der Apollo von Belvedere aufgestellt werden. Zur Verehrung des allen Religionen gemeinsamen
Göttlichen![20]

Die auf dem Herrenberg von Pückler und Schinkel geplante
Ritterburg, die nach dem heutigen Wissensstand mehr einer
fixen Idee Pücklers als historischen Tatbeständen entsprang,
blieb auch nur ein Luftschloß.[21]

Ein Bauwerk, das an seinem Ort sehr reizvoll gewirkt und
– eine Grundbedingung in Pücklers Augen – in sinnvoller
Beziehung zur gesamten Parkanlage gestanden hätte, wäre
der »Tempel der Beharrlichkeit« gewesen.

Er hätte auf einer Anhöhe in der Mitte des Parkes, wo
später der Pücklerstein sich befand, stehen sollen. Die im Atlas gezeigte Zeichnung von Schirmer, die sicher auf einen
Entwurf von Schinkel zurückgeht, zeigt eine offene, viereckige
Halle auf drei Stufen, an deren Rückseite vor einer Nische
auf einer viereckigen Säule die Bronzebüste Friedrich Wilhelms III. stehen sollte. Die Ovation für den verehrten Herrscher verband sich für Pückler mit dem Hinweis auf die Beharrlichkeit, mit der er sein großes Werk, »dessen Vollendung eigentlich nie abzusehen war« (Grundmann), geschaffen hatte. In Friedrich Wilhelm III., der, vom Schicksal
ungebrochen, durch Tiefen und auf Höhen geführt worden
war, hat Pückler, so muß man diesen Tempel wohl deuten,
eine Persönlichkeit gesehen, der er sich innerlich verwandt
fühlte. Und nicht nur das: Dieses Gefühl der Anhänglichkeit
hat er auf die anderen Mitglieder des Hauses Preußen übertragen, denen er in seinem Leben begegnete: mit Ausnahme
des »Romantikers auf dem Thron«, Friedrich Wilhelm IV.,
dem er in seinem Wesen vielleicht zu ähnlich war.

36

Als Letztes im Hauptpark wäre die Gloriette zu erwähnen, ein achteckiger, leichter Bau aus Eisengerüsten mit einem Zeltdach, von dem man weite Blicke über die große Wiese bis zum Schloß und in der Längsrichtung des Schloßparks über die Hermannsneiße hinweg hat. Daß dieser kleine Bau auf einen Entwurf Schinkels zurückgehen könnte, ist eine Vermutung Grundmanns.

Auf der Suche nach Verbesserung seiner Einkünfte befolgte Pückler 1822 eine Anregung des Kreisphysikus, Dr. Klemann, die auf dem Gelände des Alaunbergwerks entspringenden heilwirksamen Eisenwasser zu einem Kurbad auszunützen.

1823 kam Moor aus den Revieren südlich von Muskau hinzu, das sich an wirksamen Bestandteilen reicher als das von Marienbad erwies. Das Bad erhielt nun den Namen »Hermannsbad«.[22]

Wegen des Baus der notwendigen Gebäude wandte sich Pückler an Schinkel. Dieser entwarf ein Quellen- und ein Moorbadehaus. Nach seinem Brief vom 22. April 1825 waren es einfache, leicht konstruierte Bauten. Die Bauten der Pücklerschen Zeit nach den Entwürfen Schinkels waren nicht dauerhaft. Das Badehaus mußte nach 1857 durch ein neues ersetzt werden. Ob und wie das Quellengebäude ausgeführt worden ist, läßt sich auch nicht feststellen, da weder eine Zeichnung noch ein Bild von ihm erhalten ist.

Zu Pücklers Konzeption des Gesamtkunstwerks gehörte die Architektur als ein sinnvoller Bestandteil. Es war für inn ein Glücksfall, daß er an dem großen, preußischen Baukünstler Schinkel einen kongenialen Partner für seine Pläne fand. Architektur und Gartenkunst sind immer »ein Spiegel des Weltbildes ihrer Zeit« (Sühnel).

Dem entspricht der von ihm und Schinkel angewandte Stilpluralismus. Allerdings lehnt er die Häufung verschiedener Stile mit der Absicht, Stimmungen zu erzeugen, ab. Ironisch schreibt er mit Anspielung auf Wörlitz: »... Doch kann es der Einbildungskraft nie gelingen, ... einen chinesischen

Turm, eine gotische Kirche, zwei bis drei griechische Tempel, ein russisches Blockhaus, eine Burgruine, eine holländische Meierei und etwa noch einen Vulkan zur Zugabe, alles in einem Bilde zusammengefaßt, mit Befriedigung zu über-blicken . . .«[23]

In Muskau waren die von ihm geplanten Bauten so auf die riesige Fläche des Parks verteilt, daß keine Disharmonie der Stile entstehen konnte. Auch in Branitz hat er mit der Pyramide ein fremdartiges Stilelement in den Park gebracht.

In seinen Andeutungen hat Pückler seinem »hochverehrten Freund Schinkel« schon bei dessen Lebzeiten ein Denkmal zu setzen unternommen; . . . »ohne dessen unerschöpflichem Talent und ebenso unerschöpflicher Gefälligkeit ich vielleicht nie zu einer genügenden Vollendung meiner Ideen hätte kommen können«.[24] Hier spricht Pückler die Idee des Gesamtkunstwerks selbst an.

Es war aber noch mehr, als die Zusammenarbeit an dem großen Muskauer Werk, das die beiden Männer verband. Eine der sympathischsten Seiten Pücklers ist seine Fähigkeit, über wirtschaftliche und gesellschaftliche Unterschiede hinweg mit geistig und künstlerisch Gleichgerichteten auf rein menschlicher Basis Freundschaft zu pflegen. Aus dem Briefwechsel mit Schinkel ist leider von seiner Seite nur weniges veröffentlicht worden, während von Schinkels Hand mehr bekannt ist. Nach dem ersten Besuch in Muskau schrieb er 1822 in seiner großen Bescheidenheit: ». . . Meine geringe Hilfe bei den herrlichen Unternehmungen Euerer Durchlaucht für die Verschönerungen von Muskau ganz zur Disposition zu stellen, verstand sich von selbst, indem es mich unglücklich machen würde, für einen Gegenstand nicht mehr wirksam sein zu sollen, der mir lieb geworden ist . . .«[25]

Jahre vergingen, in denen der vielbeschäftigte Geheime Oberbaurat wegen seiner dienstlichen Inanspruchnahme den wiederholten Einladungen Pücklers nicht folgen konnte. So schrieb dieser am 7. September 1830: »Mein verehrtester

Freund! Ich bin bloß Ihretwegen, das heißt, um Ihnen eine Menge Dinge vorzutragen, nach Berlin gereist... Sie verbänden mich mehr, als ich sagen kann, wenn Sie die Freundschaft für mich hätten, Ihren Weg über Muskau zu nehmen... Vielleicht würde auch Ihre Frau Gemahlin, der ich mich herzlich empfehle, nicht ohne Interesse die Anordnungen in Muskau sehen, die noch immer einem schönen Ganzen entgegenschreiten, dem die Krone (der Schloßbau nach Ihren Plänen) aufgesetzt werden soll.«[26]

Der Besuch Schinkels mit seiner Familie konnte trotz der Dringlichkeit dieser Einladung erst ein Jahr später stattfinden. In seinem Dankbrief bat er: »... daß Sie meine angenehmen Beschäftigungen in Muskau als Beweis wahrhafter Freundschaft und wahrhafter Verehrung vor Ihren schönen Bestrebungen ansehen möchten und mir erlaubten, von der sehr gütig beigefügten Anweisung einmal keinen Gebrauch zu machen.«

Ahnungsvoll gab Pückler dieser Freundschaft Ausdruck, indem er seine Würdigung Schinkels mit dem Satz krönte: »Auch Schinkel ist nicht unsterblich, aber seine Werke werden es sein, wenn ihnen nur die freie, vollständige Entfaltung gegönnt wird...«[27]

Hiermit meinte er damals die Entwürfe zu den Wandgemälden in der Säulenhalle des Nationalmuseums. Um eine Steigerung über seine eigenen Worte hinaus zu erreichen, druckte er »als beste Würze dieses Buches« noch einen Artikel Bettina von Arnims mit einer überschwenglichen Huldigung an Schinkel ab. In dieser Zeit schwärmten sich beide in temperamentvollen Briefen gegenseitig an und entdeckten den Gleichklang ihres künstlerischen Empfindens.

Mehr als fünfhundert Hektar fremdes Land mußten erworben werden. Dabei wurde Pückler manchmal Opfer von Gaunereien. Der »Pastor a. D. und Literat« Mörbe berichtet die Geschichte vom Bauern Wolfermann. Dieser, ein listiger Vogel, besaß eine schwer verschuldete kleine Landwirtschaft in dem von Pückler anzukaufenden Gebiet, wollte sie aber absolut nicht hergeben. Pückler kaufte seine Schulden auf, um ihn exmittieren zu können. Um dem zu entgehen, stopfte Wolfermann seine Geldkatze voll Topfscherben, erschien auf dem Rentamt und erklärte, auf den Geldsack klopfend, er wolle einen Teil der Schuld heute, den Rest morgen bezahlen. Man wies ihn ab. Pückler tauschte aber unter dem Eindruck, daß er nach Begleichung seiner Schuld nicht mehr von seinem Hof fortzubringen sein würde, ihm eine Wirtschaft in Köbeln und – da er sich mit dieser nicht zufrieden erklärte – noch eine in Gablenz ein.[28]

Schefer bestätigt, daß Pücklers Versessenheit auf den Erwerb der benötigten Grundstücke von manchen schamlos ausgenützt wurde und schließt die Bemerkung an, daß die Einwohner Muskaus von der Anlage des Parks einen erheblichen Nutzen gehabt hätten, der »völlig anerkannt« worden sei.[29]

Die umständlichen und schwierigen Kaufverhandlungen waren im Jahre 1817 beendet, und von da ab hat sich Pückler mit aller Macht der Verwirklichung seiner Pläne gewidmet. Sehr kostspielige Vorarbeiten waren zu leisten, ehe Pückler mit der eigentlichen Anlage beginnen konnte. Betrachtet man die Ansicht Muskaus aus dem Jahr 1742, so sieht man links vom Schloß eine Straße, die zur Neiße-Mühle führt. Die Häuser entlang dieser Straße waren Wirtschaftsgebäude und Wohnungen von Angestellten. Pückler kaufte die Grundstücke und Gebäude (soweit sie noch nicht in seinem Besitz waren) und ließ alle abreißen, desgleichen die Gebäude auf der anderen Seite des Schlosses. Mit großen Kosten wurden auch die Mauern beseitigt, die den Wassergraben um das Schloß einfaßten und zu der früheren Befestigung gehört hatten (hierbei archäologische Untersuchungen über die Geschichte des Schlosses verhindernd).

Wie ist Pückler bei der Anlage des Parks zu Werk gegangen? Heinrich Laube schreibt darüber: »Seine tägliche Arbeit begann: es wurde Park gemacht. Wir ritten an die Endpunkte

40

des bereits fertigen, wohl eine Meile umfänglichen Parks, und da ordnete er an, was neu angelegt werden sollte. Der Garteninspektor und Arbeiter mit Stäben standen schon bereit, die Anordnungen zu bezeichnen. Die Stäbe nämlich wurden so eingesteckt, wie die Gruppen und Schrubber[30] angelegt werden sollten. Er hatte an seiner Reitgerte ein kleines Fernglas, durch welches er die Gegend weithin beherrschte.«[31]

In Pücklers Arbeitszimmer befand sich ein Plan des Parks, in dem die bereits ausgeführten Teile eingezeichnet waren. Wenn er einen neuen Einfall hatte, den er für besser als das Vorhandene hielt, dann zeichnete er diesen sofort ein und gestaltete die entsprechende Partie um.

Wie die Arbeiten während seiner jahrelangen Reisen in ferne Länder nach seinen Ideen fortgeführt werden konnten, beschreibt Eduard Petzold (1815 bis 1891):

»Die verschiedenen Momente der Anlage waren durch specielle Absteckungen festgestellt worden und hierdurch auf Jahre voraus die praktische Ausführung angeordnet. Hierdurch war es möglich, daß die Anlage-Arbeiten während der oft jahrelangen Reisen des Fürsten ihren geordneten, planmäßigen Fortgang behielten, zumal der Fürst in ununterbrochenem Briefwechsel mit seinem Garteninspector war und das ihm vorschwebende Bild seiner Anlagen so klar vor seiner Seele stand, daß er auf die gesendeten Berichte – gleichviel, ob er sich in Europa, Asien oder Afrika aufhielt, und obgleich die Briefe damals oft länger als drei Monate unterwegs waren – ebenso sicher seine Entscheidungen traf, als wenn er auf acht Tage nach Berlin gereist wäre.«[32]

Nachdem Pückler sich über den Plan für die Gesamtanlage klar geworden war (Einzelnes zu ändern, hat er sich stets frei gefühlt), wurde mit den Arbeiten auf der gesamten vorgesehenen Fläche begonnen. Er begründet diese Methode damit, daß es »im Kunstinteresse des Ganzen« nötig sei, »um Zeit und Geld zu sparen«, von allen Seiten her schaffend, nicht stückweise, sondern zusammengefaßt auf die Vollendung hinzustreben. Vom Jahr 1819 ab wissen wir über das Entstehen des Parks im Einzelnen bescheid. In diesem Jahre wurden die Deckpflanzungen gegen die Stadt zwischen der Postbrücke und dem Kirchdammtor angelegt. Außerdem wurde der Boden auf den Höhen jenseits der Neiße für die geplanten Pflanzungen vorbereitet.

1820 wurden große Bäume mit Ballen auf der Berg- und Tränenwiese gepflanzt und die Grenzpflanzungen gegen die Stadt verändert. Die Baumschule wurde erweitert und das englische Haus errichtet. 1821 wurde damit begonnen, die Umgebung des englischen Hauses zu gestalten. Im Herbst wurde begonnen, die Hermannsneiße durch Bergleute des Alaunbergwerks auskarren zu lassen. Die für Anpflanzungen an der Schilfwiese vorgesehenen Flächen wurden rigolt.

1822 wurden die ersten Linden der schönen Allee, die man auf dem Bild aus dem Jahr 1742 parallel zur Neiße sieht, entfernt, weil sie die Aussicht auf die Höhen jenseits der Neiße verdeckten. Pückler ging mit größter Vorsicht bei der Entfernung alter Bäume vor. Er mahnte: »Jedenfalls überlege man es also Jahr und Tag, ehe man das Hinrichtungsbeil wirklich anlegen läßt.«

Moderne Gedanken des Naturschutzes!

Jedoch, da die Lindenallee die Blickrichtung nach der Höhe, auf der Pückler ein Mausoleum plante, durchschnitt, mußten fast alle Linden fallen. Übrig geblieben sind, da Linden sehr alt werden können, nur einige wenige, die sich zu prachtvollen Individuen entwickelt haben. Vermutlich war sich Pückler damals seiner Sache noch nicht ganz sicher. Darum ließ er den Sohn Humphry Reptons, John Adey Repton, nach Muskau kommen, um sich bei diesem Eingriff beraten zu lassen. In diesem Jahre wurde an vielen Stellen der Boden durch Rigolen zum Pflanzen vorbereitet, vor allem an den Berglehnen jenseits der Neiße und im Eichbusch an der Brücke zum englischen Haus. Diese und die Doppelbrücke weiter oberhalb, die aus zwei Brücken bestehend den Mühlgraben

42

der Neiße-Mühle (später Papierfabrik) zu einer Flußinsel und von ihr aus den Fluß selbst überspannten, wurden in jener Zeit errichtet.

1823 wurde intensiv Wegebau betrieben. Fahrwege beim englischen Haus, von der Doppelbrücke am blauen Garten vorbei zum Schloß und vom englischen Haus über die Höhe zum Mausoleum. Ferner Fußwege am Eichbusch und in dem späteren Rhododendrontal. Diese Wege wurden, obwohl ohne Packlager, so gut befestigt, daß sie bis heute gehalten haben. Nur die Deckschicht von Kies mußte gelegentlich erneuert werden. In diesem und dem folgenden Jahr wurde damit fortgefahren, die Lindenallee zu beseitigen. Wie im Vorjahre wurden über den ganzen Park hin Bodenvorarbeiten für das Pflanzen gemacht. Die Schloßwiese wurde angesät.

Diese Arbeiten wurden 1824 fortgesetzt. An neuen kamen dazu die Anlagen am Hermannsbad, die Entwässerung der Schilfwiese, die Anlage einer neuen Baumschule auf dem Gelände, auf dem sie bis 1945 bestanden hat, und das Ausgraben des Luciensees (später Schloßteichs). Auf dem in diesem Jahr gezeichneten Plan ist zu erkennen, daß die Hermannsneiße von ihrer Einmündung in die Neiße aufwärts ausgegraben worden ist. Das Stück zwischen dem Schloß und ihrem Beginn bei der Postbrücke fehlt noch.

Die Anlage des Schloßteichs war wohl die kostspieligste und im Effekt radikalste Änderung der Umgebung des Schlosses. Wo vorher die stattlichen Gebäude des Schloßvorwerks gestanden hatten, wurde eine Wasserfläche geschaffen. Der Schutt von den Gebäuden wurde verwandt, um den alten Wallgraben an der Ostseite zuzuschütten und daneben die Rampe aufzuschütten.

Gespeist wurde der Schloßteich mit Neißewasser, das, bei der Postbrücke abgeleitet, durch einen Kanal, der als natürlicher Wasserlauf gestaltet war, in den Schloßteich, von dort als ein anmutiges Flüßchen durch den Unterpark in den Eichsee und schließlich wieder in die Neiße floß.

1825 wurden der Badepark gestaltet, dabei sogleich große Bäume gepflanzt.

1817 hatte Pückler Lucie Reichsgräfin von Pappenheim (1776 bis 1854), geborene Gräfin von Hardenberg, die Tochter des Staatskanzlers Karl August Fürst von Hardenberg (1750 bis 1822), geheiratet. 1826 ließen sich die Eheleute, nachdem Lucie ihr Vermögen in Muskau zugesetzt hatte, pro forma scheiden, um Pückler zu ermöglichen, sich durch eine reiche Heirat in England zu sanieren.

Während Pückler in den Jahren 1826 bis 1829 auf Brautsuche in England und Irland war, Land und Leute kennenlernte und beschrieb, wurden die Arbeiten am Park fortgesetzt. Damals entstanden zuerst die Wege in der Umgebung des Schlosses, die Karpfenbrücke, die Brücke im blauen Garten, eine Brücke über die Schlucht östlich der Neiße, durch die der Fahrweg zur Baumschule führt, und eine kleine Brücke über die Schlucht bei der späteren Burglehnschule. Aus Groß-Tschacksdorf wurde die große Blutbuche geholt, die noch heute an der Schloßrampe steht. Sie kostete 34 Taler, 17 Silbergroschen und 6 Pfennige. Die große Pflanzung, die in der Nachbarschaft des Mausoleums sich von der Höhe auf die Schilfwiese hinabzieht, entstand. Die Wiese unterhalb des Pücklersteins wurde 1827 angelegt, desgleichen die unter der Berglehne beim englischen Haus und der Weg von der Doppelbrücke zur Gitterbrücke. Die Schloßrampe und ihre Freitreppe erhielten die Steinplatten auf ihren Rändern.

Und immer wieder wurde an vielen Stellen des Parks rigolt.

Obwohl Pücklers Tage in England durch Reisen und Begegnungen mit Menschen ausgefüllt waren, beschäftigte ihn der Muskauer Park in seinen Gedanken. Am 5. September 1827 schrieb er an Lucie: »Er [sein Diener] bringt Dir einen großen Gartenplan von mir, auf dem ich vor dem Zubettgehen noch eine Stunde in meiner Schlafstube ausgestreckt lag, ehe ich damit fertig wurde ... Eine lange Liste erklärt

44

Dir den Plan, führe fleißig aus, was ich Dir vorschreibe, und erfreue mich bei meiner Rückkunft mit der Realisierung aller Gartenträume, die Deinen Beifall haben.«[33]

Die Wege auf der ersten Terrasse jenseits der Neiße wurden gebaut, einer davon war der »Helminenweg«, genannt nach der Pflegetochter Lucies, die ein uneheliches Kind ihres ersten Mannes gewesen sein soll. Noch hatte Pückler den Schmerz nicht verwunden, daß Lucie ihn gehindert hatte, sie zu seiner Geliebten zu machen. Am großen Weg über die Höhe nach Braunsdorf wurde in dem Jahr 1828 gearbeitet. Vor allem wurden in diesem und dem folgenden Jahr die größten Wiesen, die Eichwiese, die Wiese jenseits der Doppelbrücke, Fasanenwiese, Quellwiese (unterhalb des englischen Hauses) und die Tränenwiese angelegt. Umfangreiche und schwierige Arbeiten wurden im Badepark vorgenommen. Es wurde viel gepflanzt und Wege als Chausseen befestigt. Besonders schwierig war die Faschinierung der sandigen Berglehne, die Voraussetzung für ihre Bepflanzung mit Sträuchern und Bäumen – die auch später immer wieder von Abschwemmungen bedroht waren. Mit den Pflanzungen auf dem Kapellenberg[34] wurde begonnen und zum ersten Mal wurden die größeren Pflanzungen durchforstet.

1830 hat sich Pückler offenbar wieder intensiv dem Park gewidmet. Unter seiner Leitung wurde eine der spektakulärsten Maßnahmen durchgeführt, die Pflanzung dreier großer kanadischer Pappeln auf dem Pleasureground vor dem Schloß. Die Bäume mußten auf einer Insel in der Neiße ausgegraben und über eine ad hoc errichtete Brücke zum Festland transportiert werden. Dann wurden sie mit einer speziell dafür gebauten Verpflanzmaschine weiter an das vorbereitete Pflanzloch gebracht und dort eingesetzt. Sie dienten als Senkrechte zur perspektivischen Verdeutlichung der Tiefe des Blicks von der Schloßrampe zum Mausoleum. Von den drei Bäumen hat einer noch 1945 gestanden. Nimmt man an, daß er zur Zeit seiner Verpflanzung etwa zwanzig Jahre alt war, so hat er ein Alter von rund einhundertfünfunddreißig Jahren erreicht. Die Vielzahl der Bauten in diesem Jahr – steinerne Brücke am Eichbusch, Brücke über »Saras Walk« und Mauer um den Orangeriehof –, die Anlage von Inseln im Schloßteich und größere Pflanzungen im Ober- und Bergpark sprechen für das persönliche Eingreifen des Parkschöpfers, der ungeduldig seine in England empfangenen Anregungen in die Tat umsetzen wollte.

Aber schon 1831 wurden die Arbeiten eingeschränkt, wahrscheinlich infolge der sich im Verlauf der Agrarreform entwickelnden Finanzmisere.[35] Es wurden im wesentlichen die üblichen, tiefreichenden Bodenvorbereitungen für Pflanzungen an der Kesselwiese, Schilfwiese und bei der Brücke über »Saras Walk«[36] gemacht.

Wie es Pückler fertigbrachte, schöne, schon größere Bäume für seinen Park zu erwerben, beleuchtet ein Schriftwechsel mit dem Dichter Ernst Freiherr von Houwald auf Neuhaus in der Niederlausitz.

Er schreibt am 19. Oktober 1831: »Verehrter Dichter! Mein Gärtner steht, wie ich höre, mit Ihnen in Unterhandlungen wegen einer Blutbuche, und ich wünsche sehr, daß er darin reüssieren möge. Entäußern Sie sich dieses übelklingenden, prosaischen Baumes, Ihnen gebührt in Ihrem Garten nur der Lorbeer, von dem ein schöner Kranz schon lange Ihre Schläfe beschattet . . .«

Houwald antwortete am 30. Oktober: »Mein Fürst! Die Blutbuche, welche die edelsten Säfte aus der Erde saugt, um sich in die Fürstenfarbe zu kleiden, gehört recht eigentlich dahin, wo sie einen Mann aus echtem Vollblut entsprossen findet. Deshalb reiße sie sich aus dem Garten des armen Dichters los und schlage ihre Wurzeln tief und fröhlich in den Park des geistreichen Fürsten. Diese Deutung gebe ich dem seltenen Baume mit auf den Weg, dies und nichts anderes soll er Ihnen, mein Fürst, sagen, wenn Sie ihm vorübergehen und Sie dabei freundlich an mich erinnern.«

Schon 1832 ließ er wieder mehr tun. Im Unterpark (auch Schloßpark genannt) wurden der Eichsee ausgegraben, der Herrengarten gänzlich umgestaltet, das Plateau an der späteren Burglehnschule hergerichtet und bepflanzt, der Fußweg von dort an das »böse Ufer« über der Neiße angelegt und die Terrasse für das geplante Mausoleum gemacht. Beim Rigolen für Anpflanzungen wurde in der Nähe ein wohlerhaltenes Skelett eines jungen Mannes gefunden. Dort, wo er gefunden worden war, wurde er begraben, ein Steinkreuz zur Erinnerung an den »Unbekannten« gesetzt und eine Bank aufgestellt, um dem Wanderer Gelegenheit zu geben, über das Schicksal des Toten sich romantischen Überlegungen hinzugeben. Aber dies war noch nicht alles. Den ökonomischen Notwendigkeiten zu dienen, wurde der südlichere große Fahrweg von der Höhe herab durch die Schlucht nach der Doppelbrücke vollendet. Auch auf der Höhe westlich der Stadt, im Bergpark, wurden umfangreiche Pflanzungen ausgeführt.

Wir haben eine Mitteilung Pücklers über seinen Anteil an den Arbeiten des Jahres 1832. Am 5. November schreibt er an Varnhagen von Ense: »Ich bin so in Anlagen von allen Seiten vertieft, daß ich mich nicht losreißen kann, um Sie in Berlin zu besuchen, und ehe die Pflanzzeit nicht vorbei ist, werde ich mich schwerlich in Bewegung setzen. Es ist diesmal meine Bestimmung, und nur in diesen Bestrebungen fühle ich mich ganz vollständig, in allen übrigen bin ich nur ein Embryo, das woanders einmal anwachsen muß.« Die geschilderten Arbeiten wurden im nächsten Jahre fortgesetzt. Im Bergpark wurden umfangreiche Arbeiten im Bezirk um den Weinberg ausgeführt, der im Vorjahr gebaute Fahrweg durch die große Schlucht im Oberpark mit einer festeren Decke versehen; die Kesselwiese ganz und die Schilfwiese, die größte im Park, zur Hälfte angesät.

1834 wurden die offenen Gräben zur Entwässerung der Schilfwiese angelegt. Pückler ließ sie in Windungen herstellen, die natürlich entstandenen Bachläufen glichen. Der Fahrweg von der Doppelbrücke durch die Schlucht nach Braunsdorf erhielt eine feste Packlage von Steinen, eine Arbeit, die erst 1839 vollendet wurde. Sie hat dafür auch bis 1945 bei gelegentlichen Ausbesserungen nach schweren Regenfluten gehalten.

Im wesentlichen war jetzt die Planung, wie die Karte von Kalbitz im Jahre 1833 zeigt, abgeschlossen. Doch war es nicht dieser Umstand, der Pückler plötzlich wieder in die Ferne trieb. Zuviel wäre noch im Park zu tun gewesen. Seine Reise nach Karlsbad und die Weiterreise von dort nach Paris waren wohl zunächst durch die Absicht bestimmt, den hohen, bei einem Aufenthalt in Muskau erforderlichen Repräsentationskosten zu entgehen.[37] Nicht weniger haben ihn Abenteuerlust und die Spekulation auf neue hohe Honorare für ein Buch über ferne Länder gelockt. Schon für seine bisherigen Bücher, insbesondere die »Briefe eines Verstorbenen«, hatte er Beträge erhalten, die nur mit den Einnahmen Goethes zu vergleichen waren. In Paris wurde er durch eine Duell-Affäre aufgehalten und änderte deshalb seine Absicht, nach Amerika zu reisen, ab in eine Reise nach Nordafrika, Griechenland und den Vorderen Orient. Die Reise dauerte sieben Jahre.

1835 wurden das Bett der Hermannsneiße zwischen dem steinernen Wehr im Herrengarten und der Mündung in die Neiße unterhalb des Eichsees vertieft und das Stromwehr zwischen Eichsee und Neiße gebaut. Auch wurde begonnen, den Fahrweg zwischen der Stadt und dem Dorf Berg zu bauen.

Auch 1836 wurde hauptsächlich im Bergpark gearbeitet, indem neue Wiesen und Rasenflächen angelegt und die üblichen Vorbereitungen für Pflanzungen gemacht wurden. Ein erwähnenswerter Bau dieses Jahres ist die Rote Brücke über das Berggäßchen. Der bereits erwähnte Fahrweg zwischen Dorf Berg und der Stadt wurde in den Jahren 1837 bis 1839 fertiggebaut. Dieser besonders schöne Fahrweg, der, zunächst durch

48

einen schmalen, locker bepflanzten Parkstreifen führend, sich von der Kapellenruine ab an der Bergkante entlangwindet und sich später teilt, um in westlicher Richtung zum Weinberg oder südlich zum Badepark und an ihm vorbei in die Stadt hinabzuführen, war nach Schefer ein Werk Rehders.[38] Pückler soll die Führung dieser Wege nach seiner Rückkehr voll anerkannt haben.

Die Abwesenheit des Standesherrn brachte unvermeidlicherweise eine gewisse Umstellung bei den Arbeiten in den Jahren 1835 bis 1840 mit sich. Dreierlei wurde zur Ausfüllung des geplanten Rahmens getan: Wiesen wurden angesät, Wege wurden gebaut und die Flächen für Anpflanzungen wurden rigolt. Die Art der Arbeiten läßt darauf schließen, daß die Fürstin die Kosten im Rahmen der vorhandenen Geldmittel zu halten versucht hat. Petzold erwähnt als außer den Rahmen fallende Ausgabe: 1838 wurde ein großer Findling von den Braunsdorfer Feldern nach dem Wehr am Eichsee transportiert und dort aufgestellt, wo er noch steht. Die Kosten betrugen einhundertzweiunddreißig Taler, vierzehn Silbergroschen und drei Pfennige. Es war das Vierfache dessen, was Pückler für die Blutbuche an der Rampe ausgegeben hatte.

Nach seiner langen Reise hielt sich Pückler von Herbst 1840 bis zum Frühjahr 1842 meistens in Muskau auf und traf neue, grundsätzliche Dispositionen. Die Köbelner und Braunsdorfer Felder wurden in den Park einbezogen. Während bis dahin die Parkgrenze am englischen Haus verlaufen war, wurde sie nun um fünfhundert Meter nordwärts verlegt und ein Tor gebaut, das »Tor terrible«. Das Dorf Köbeln wurde größtenteils abgerissen und westlich der Neiße wieder aufgebaut. Nur wenige Häuser blieben für Parkarbeiter erhalten. Konsequenterweise mußte auch die Neißebrücke flußabwärts verlegt werden, damit der Verkehr vom Park ferngehalten würde. Auch wurde das Areal nach Süden bis in das Dorf Lugknitz ausgedehnt, Vorhaben, die in der Karte von Kalbitz schon berücksichtigt waren. Jetzt wurde auch energisch daran gegangen, die Grenzen des Parks durch Gräben zu markieren.

In diesen Jahren hat auch das Orangeriegebäude eine neue Fassade erhalten. Leopold Schefer hat überliefert, daß der nunmehr nach der Dreizahl gegliederte Bau nach einer Zeichnung von Gottfried Semper (1803 bis 1879), dem damals noch in Dresden wirkenden bedeutenden Architekten, geändert worden ist.[39] Dieser gehörte zu dem Kreis von Baumeistern, die Pückler im freudigen Bewußtsein, dank der Sparsamkeit Lucies wieder über größere Mittel verfügen zu können, mit seinen Bauplänen beschäftigte. Bezeichnend für Pücklers Vorurteilslosigkeit ist daß jener auch zu den Männern Beziehungen unterhielt, die in Dresden 1849 die Revolution anführten. Semper mußte emigrieren, zuerst nach Paris, dann nach Zürich.

Der klare, auf Zweckmäßigkeit berechnete Baublock mutet mit den großen Glasflächen der Fenster geradezu modern an.

1842 und 1843 wurden die Arbeiten zur Verschönerung der Braunsdorfer Felder im Sinne einer »ornamental farm« fortgesetzt. Neue Fahrwege mit teilweise graswachsenen Seitenflächen wurden angelegt. Auf diesen wurden sparsam lockere Gruppen von Bäumen gepflanzt. Um Wegekreuzungen herum wurden diese zu kleinen Hainen erweitert. Mergelgruben, in denen sich Wasser gesammelt hatte, wurden zu kleinen Teichen verwandelt, von denen einer, der vorher Glimmerglassee genannt worden war, aus Sympathie für den zu einer langen Festungshaft verurteilen plattdeutschen Dichter nun »Reutersee« hieß. Hier, wie in der Einladung an Heinrich Laube, die Zeit seiner Festungshaft in Muskau zu verbringen, bewiesen die Pücklers jene »geistige Liberalität«, die auch bei der Erhaltung von Einzelbäumen im Park zum Ausdruck kam, das Verständnis für das Recht des Individuums auf freie Entfaltung.

Der Ausbau des Parks erforderte mit der Zeit immer mehr Pflanzenmaterial, so daß 1842 die am Rande des Oberparks

50

zu den Braunsdorfer Feldern gelegene Baumschule vergrößert werden mußte. Seit 1828 wurden keine größeren Bäume und Sträucher mehr angekauft, weil die Baumschule sie liefern konnte. Nur besondere, fremdartige Pflanzen wurden noch von auswärts bezogen.

Noch kurz vor dem Verkauf, 1844, wurden sogar Anlagen am Hammerwerk Keula begonnen und im Park neue Wiesen, Pflanzungen und Fahrwege geschaffen. Pückler war viel zu sehr von der »Parkomanie« beherrscht, um während der Verkaufsverhandlungen mit den Arbeiten an seinem noch unvollendeten Werk zurückzuhalten. 1855 schrieb er darüber an Petzold: »Charakteristisch mag sein, daß ich während der langen Unterhandlung wegen des Verkaufs mit verschiedenen Käufern noch über einhunderttausend Thaler auf die Anlagen und Bauten baar verwendete...«[40] Zahlenangaben aus Pücklers Feder sind nicht immer unbedingt zuverlässig, aber der Sache nach wird seine Aussage durch die von Petzold vorgefundenen Abrechnungen bestätigt. Ebenso durch eine im Jahr 1845 von einem jungen Offizier gezeichnete Landkarte, auf der man die Hermannsneiße mit den beiden Teichen in ganzer Länge, die wesentlichen Teile des Wegenetzes und die Pflanzungen im Unterpark, auf der Höhe des Oberparks zwischen Baumschule und Tor »terrible« sowie im Bergpark erkennen kann. Ganz unerschlossen ist noch die Fläche des späteren Arboretums. Dagegen läßt das auf den Braunsdorfer Feldern gezeichnete Wegenetz darauf schließen, daß damals die Einbeziehung dieser Flur in den Park noch geplant war. Dieser Gedanke ist später aufgegeben worden.

Die Kosten des Parks

Was kostete der Park? Das ist nicht nur schwer, sondern gar nicht zu beantworten. Die Angaben von denen, die den Dingen am nächsten standen, sind ungenau. Petzold führt den Verkauf der Herrschaft auf die planlose Geldwirtschaft zurück, mit der Pückler ohne Rücksicht auf seine bei vernünftiger Einteilung ausreichenden Einkünfte seiner Passion nachgab. Er mußte eigentlich wissen, was die Anlagen von 1819 bis 1844 gekostet haben, denn auf Grund der Rechnungen hat er ja über die jährlichen Arbeiten berichtet. Da in diesen die Kosten für die Landkäufe und Tauschverträge nicht enthalten waren, stellte er Pückler 1855 unsere Frage. Der antwortete mit der Überlegenheit des Grandseigneurs, der von Geld nicht sprechen mag, daß in die Rechnungen »tausend Ausgaben nicht hereingekommen seien«, desgleichen nicht alle »in natura gelieferten Baumaterialien«. Im ganzen seien in den etwas über dreißig Jahren »gewiß nahe an eine Million darauf verwendet worden«.[1]

Natürlich handelte es sich um Taler. Pückler muß eine schöne Buchhaltung gehabt haben!

Schefer führt den Verkauf darauf zurück, daß Pückler allen seinen Passionen zugleich nachgegangen ist.

Die heroische Legende, daß sich Pückler für seine großartige Parkschöpfung ruiniert und deshalb Muskau blutenden Herzens aufgegeben habe, wird von Willi A. Boelcke zerstört, der nachweist, daß ihn das Unvermögen, sich von der abgeschafften Fronarbeit auf Geldentlohnung umzustellen, zum Verkauf der Standesherrschaft veranlaßte.[2]

Es ist bereits erwähnt worden, daß Pückler jahrelang abwesend war und daß die Arbeiten während dieser Zeit weitergingen. Zwei Menschen haben das möglich gemacht: seine Frau und sein Garteninspektor Jakob Heinrich Rehder. Fürstin Lucie hat ihm nicht allein durch Opferung ihres Vermögens geholfen. Petzold berichtet von »geistiger Anregung« und ihrem »großen Antheil an dem Entstehen dieser klassischen Schöpfung«.

Es war ihre Idee, am Schloß einen »natürlichen See« anzulegen. Schefer deutet an, daß sie die hierfür benötigten

Gelder hergab. Der See erhielt deshalb den Namen »Lucien-See«. Später hieß er prosaischer »Schloßteich«.

Lucies Anteil am Park ging über diese Maßnahme weit hinaus. Schon 1823 und 1824, als Pückler lange Zeit in Berlin weilte, um zu versuchen, seine finanzielle Lage, sei es durch Kreditaufnahme oder eine reiche Heirat, zu verbessern, gründete sie das Hermannsbad, von dem sie sich dringend benötigte Einkünfte erwartete.

Der von ihr zur Propagierung des Bades eingeladene Schriftsteller Nürnberger beschreibt auch Schloß und Park und erwähnt dabei eine auf ihre Anweisung erbaute Treppe mit Holzstufen, die auf einen Aussichtspunkt führte, von dem man die Landeskrone bei Görlitz sehen konnte. Die Fürstin ist es, die wie eine »wohltätige Fee waltet«. Der Fürst wird nicht erwähnt.[3]

Boelcke weist darauf hin, daß Pückler in der älteren Frau die Mutter ebensosehr wie die Geliebte suchte.[4] Beide trafen sich im Hang zur Verschwendung und in der Passion für die Gartenkunst. Lucies Talent hierfür erwies sich in den landschaftlichen Anlagen um das Hermannsbad, dem Badepark. In der Arbeit am Park fanden sie die ideale Welt, in die sie sich vor den Sorgen und Ärgerlichkeiten des Weltlebens zurückzogen. Lucie lernte von ihrem Mann, die Pläne wurden besprochen, und er empfing von ihr manchen guten Rat.

In den Jahren seiner Abwesenheit mußte sie nicht nur seine brieflichen Anordnungen weitergeben, sondern hatte auch Gelegenheit, eigene Entscheidungen zu treffen. So verwuchs sie durch diese Zeiten der Alleinherrschaft immer enger mit Muskau, insbesondere mit dem Park, viel enger als er, dessen Schöpfer. Um so härter mußte es sie treffen, als sie, während er sich noch in Konstantinopel aufhielt, 1839 von dritter Seite erfuhr, daß er Muskau verkaufen wollte.[5]

Mit Recht fühlte sich Lucie hintergangen. Die alternde, dreiundsechzigjährige Schloßherrin schrieb an einem Tage vier Briefe, in denen sie ihn leidenschaftlich beschwor, seine

Absicht aufzugeben. Sie konnte gewichtige Argumente gegen den Verkauf anführen: Einen so herrlichen Besitz dürfe er nicht ohne weiteres aufgeben, da er nach einer mehr als fünfjährigen Abwesenheit die Sachlage nicht überblicke. Pücklers Einkünfte hätten während seiner Abwesenheit bedeutend zugenommen; Muskaus Wert wäre – wenn auch vielleicht nicht um die Hälfte, wie sie schrieb – erheblich gestiegen. Auch spräche der Umstand, daß der Interessent ihm seinen Beauftragten nach Konstantinopel entgegengeschickt hätte, dafür, daß man ihn übervorteilen wolle. Schließlich – und darin müssen wir ihr recht geben – war es eine ungeheure Rücksichtslosigkeit gegen sie, seine ihm stets ergebene Lebensgefährtin, einen so einschneidenden Entschluß ohne vorherige Beratung mit ihr zu fassen.

Pückler reagierte wie ein verzogenes Kind, wies auf seine nun endlich in greifbare Nähe gerückte Freiheit hin und erwiderte mit dem Vorwurf, daß sie ihn dabei hindere. »Du hängst zu sehr an der Scholle.« Er gab sich als Dandy, indem er behauptete, »daß etwas Großartiges darin liegt, ein halbes Leben an einer Sache sich geplagt zu haben und sie dann mit der vollkommensten Gleichgültigkeit hinzugeben und zu verlassen«. Seine Erwartung, daß dies sein Ansehen »mehr steigen als fallen« lassen werde, hat sich nicht bestätigt. Und sein Ausspruch: »Mein Ansehen habe ich selbst begründet und nicht Muskau hat mich, sondern ich habe Muskau bekanntgemacht« ist zwar bis zu einem gewissen Grad richtig, zeigt aber zugleich seine ausgesprochene Egozentrik.[6]

Die Tochter Hardenbergs ließ es nicht bei Briefen bewenden; sie handelte auch. Sie reiste nach Teplitz, wo sie König Friedrich Wilhelm III. und den Staatsminister Fürst Wittgenstein wußte. Den letzteren, einen alten Freund, bat sie, alles zu tun, um den Beauftragten des Grafen Renard, einen Herrn von Muschwitz, bei seiner Reise aufzuhalten. Den König flehte sie ebenfalls um Hilfe an. Er kam ihr entgegen, indem er für sie einen Brief an Metternich, den sie ebenfalls bat, Muschwitz aufzuhalten, durch einen Feldjäger nach Wien befördern ließ.

Aber sie tat noch mehr. Sie ließ durch Pücklers Generalbevollmächtigten, den Oberregierungsrat Grävell, ohne vorher zu fragen, in ihrem Namen gerichtlich Protest gegen den Verkauf einlegen. Sie begründete diesen Antrag damit, daß Pückler sich bei seiner Erhebung in den Fürstenstand verpflichtet habe, ein Majorat zu stiften.[7]

Durch einen Zufall erfuhr Pückler dies, als sie sich in Budapest trafen, wo ihre Aussprache durch die Anwesenheit von Machbuba[8] sowieso belastet war. Pückler war tief beleidigt, zeigte aber menschliche Größe, indem er ihr verzieh und die Unterhandlungen mit dem Grafen Renard abbrach. Lucie nahm ihren Antrag zurück. Die Liebenden, nicht mehr verheiratete Eheleute, schieden versöhnt. Muskau schien gerettet.

Für die Nachwelt steht Pücklers Gestalt als führender und beherrschender Geist bei der Begründung des Muskauer Parks im Vordergrund. Aber man sollte darüber das stille und engagierte Wirken Lucies neben ihm nicht übersehen.[9]

Pücklers erster Gartenmeister war der alte Hofgärtner Hahnemann, der noch zur Zeit Friedrichs des Großen in Sanssouci gelernt hatte. Ihm fiel es schwer, sich an die in der Anfangszeit häufig geforderten Abänderungen der Anpflanzungen zu gewöhnen.

Seufzend vertraute er sich Schefer an: »Es ist offenbar – es wird alles besser, und wir – wir werden klüger! Wenn das nur nicht so viel Mühe und Geld kostete.«[10]

Der redliche Mann scheint nur kurze Zeit in Muskau gewirkt zu haben. Sein Nachfolger war Jakob Heinrich Rehder (1790 bis 1852).

Pücklers »rechte Hand« bei der Anlage des Parks stammte aus einer holsteinischen Bauernfamilie. Sein Großvater war nach Eutin gezogen, wo er das Bürgerrecht erhielt und betrieb dort den Handel, so auch sein Vater. Jakob Heinrich zog es wieder zur Erde, und er erlernte 1806 bis 1809 in Ludwigslust, in der damals noch herzoglich mecklenburgischen Gärtnerei das Gärtnerhandwerk. Mit dem Lehrbrief im Ranzen ging er auf die übliche Wanderschaft. Sie führte ihn in die Niederlausitz nach Pförten. Dort arbeitete er mehrere Jahre in der Gärtnerei des Grafen Brühl. Man kann sich vorstellen, daß Pücklers Brief vom 1. Mai 1815 sich in der ganzen Gegend, gerade auch unter den Gärtnern, herumgesprochen hat. Jakob Heinrich zögerte nicht, 1817 in das nahegelegene Muskau umzuziehen, als ihn der Ruf erreichte, als Obergärtner an dem großen Plan mitzuwirken. Welche Schwierigkeiten die Umwandlung des sumpfigen und sandigen Geländes bieten würde, kann ihm nicht verborgen gewesen sein. Aber gerade diese Herausforderung muß den jungen, nun siebenundzwanzigjährigen, in der Vollkraft seiner Jahre stehenden Mann gereizt haben.[11]

Hinzu kam mit der Zeit die Erkenntnis der Genialität seines Brotherrn als Landschaftsgestalter. Der Elan, mit dem Pückler seinen Plan verfolgte, weckte in Rehder die Begeisterung für das Werk, das unter seiner technischen Leitung entstand. Diese Begeisterung verband die beiden Männer mit den Jahren mehr und mehr, so daß Pückler Jakob Heinrich im Dezember 1826 nach England nachkommen ließ, um mit ihm englische Parks zu studieren. Er schreibt darüber: »... einen guten Gärtner bringt ein kurzer Aufenthalt hier weiter in seinem Fach als ein zehnjähriges Studium zu Hause.«[12]

Fünf Wochen lang bereisten die beiden Parkenthusiasten Südengland und besichtigten Parks zu einer Zeit, in der die Struktur der Pflanzungen wegen des Fehlens des Laubes klar hervortrat. Daneben führte Pückler, ein Mann von Standesbewußtsein aber ohne Standesdünkel, seinen Reisegefährten in London ins Theater oder sie saßen abends beisammen, Pückler Briefe schreibend, Rehder über seinem Tagebuch.[13]

Ohne Rehder hätte Pückler den Muskauer Park nicht anlegen können. Beide haben sich ergänzt, indem der eine die Idee gab, der andere die Ausführung. In dieser Zusammenarbeit und in der Befriedigung über ihr Ergebnis entwickelte sich zwischen ihnen eine Freundschaft. Zwar bei dem Standesunterschied der Zeit entsprechend ohne Intimität, aber – wie bei dem Kammersekretär Wolff und dem letzten Callenberg – auf gegenseitiger Zuneigung und Vertrauen beruhend.[14] Hierfür spricht, daß Pückler in seinem Mausoleum allein zusammen mit seinem treuen, geschickten Gärtner beigesetzt werden wollte. Er soll gesagt haben: »Wenn die Leute hier vorübergehen, werden sie sagen: ›Hier liegt der Fürst und der alte Rehder.‹«[15]

Rehder hatte ein weiteres Verdienst. Er steht am Anfang der Muskauer Gärtnerschule. Außer anderen haben seine beiden Nachfolger als Parkinspektoren, Petzold und Schrefeld, bei ihm gelernt. Von ihnen war Petzold der bedeutendere. Leider sind uns keine schriftlichen Aufzeichnungen von Rehder erhalten geblieben, so hat er in der Literatur über die Gartenkunst nicht die Würdigung gefunden, die er verdient hätte.

Bekannt geworden als Schüler Rehders ist auch sein jüngster Sohn Paul Julius. Er wurde 1833 geboren, trat seine Lehre 1849 an und arbeitete nach deren Ende bis 1859 als Gehilfe weiter in Muskau. In diesem Jahr wurde ihm die Neuanlage der Parks von Waldenburg und Grünfeld des Fürsten von Schönburg-Waldenburg übertragen. Er entledigte sich dieser Aufgaben mit Erfolg. 1893 trat er in den Ruhestand. Sein Sohn Alfred wurde ein bekannter Botaniker und durch seinen Anteil an der Schaffung des Arnold-Arboretums bei Boston berühmt.[16]

Weitere Schüler Rehders waren die Gärtner Leubner und Arlt, die auf Empfehlung Petzolds Anstellungen in Thüringen fanden.

Es ist bereits erwähnt worden, daß Pückler die Arbeiten am Park bis zum Verkauf ohne Einschränkung der Ausgaben fortgesetzt hat. Am Anfang des Jahres 1845 war er endgültig entschlossen, sich von Muskau zu trennen, um Ordnung in seine finanziellen Verhältnisse zu bringen. Graf Redern hatte zu wenig geboten. Jetzt erschienen der General Graf August von Nostitz, Herr auf Zobten (Schlesien), mit seinen angeheirateten Verwandten, den Grafen Edmund und Maximilian von Hatzfeld. Mit ihnen wurde Pückler für eine Million und einhundertsiebzigtausend Taler handelseinig.[1]

Leichtsinnig ließ sich Pückler darauf ein, das Rittergut Waldstein bei Reinerz in der Grafschaft Glatz unter Anrechnung von einhunderttausend Talern auf den Kaufpreis in Zahlung zu nehmen. Nachträglich stellte sich bei der Besichtigung heraus, daß das Schloß, eine alte Burg, praktisch unbewohnbar war. Außerdem hatte Nostitz, der Verkäufer, noch vor kurzem für einhunderttausend Taler Holz zusätzlich schlagen lassen. Das entsprach nicht der vornehmen Einstellung Pücklers, der es unterlassen hatte, im Tiergarten beim Jagdschloß überständiges Holz einzuschlagen, »um das urwaldliche Ansehen des Ganzen nicht zu stören«.[2]

Pückler, froh, die Last, die ihm Muskau bedeutete, losgeworden zu sein, äußerte lachend, mit Waldstein sei er in den April geschickt, und ... die romantische Narrheit, alle Leute für ehrlich zu halten, bis man nicht von ihnen betrogen worden, koste ihn diesmal hunderttausend Taler![3]

Immerhin blieb ihm ein ansehnliches Vermögen. Am letzten Märztag 1845, das Wetter war trüb und stürmisch, verließ er Muskau. Noch einmal ritt er durch den Park und beschaute die schön entwickelten Pflanzungen, die er angelegt hatte. Es muß ein schwerer Abschied gewesen sein. Das Bild der Gegend muß vor seinem inneren Auge erschienen sein, wie er sie 1811 übernommen hatte, die Erinnerung an die vielen jungen Bäume, die er pflanzen ließ und der Anblick der sich füllenden Baumgruppen und der sich weithin erstreckenden Wiesenflächen müssen ihm ans Herz gegriffen haben. Kein Mensch, der solches geschaffen hat, kann unbewegt bleiben, wenn er es aufgeben muß! Als er sich wieder dem Schloß näherte, sah er die Menschen, die sich dort voll Trauer über den Abschied und Sorge vor einer ungewissen Zukunft aufgestellt hatten. In dieser Stimmung war es ihm nicht möglich, freundliche Worte zu sagen, zu lächeln und in weinende Augen zu blicken. Um seine eigene Bewegtheit nicht zu verraten, wandte er plötzlich sein Pferd und galoppierte davon.

In Dresden angekommen, schrieb er am 2. April an Lucie: »... Ich dankte Gott, als ich aus dem Bereich allen sandigen Eigentums war, ohne auch nur den geringsten Schimmer von regret...«[4]

Wir können nicht recht an die Wahrheit von Pücklers wiederholten Erklärungen, daß er sich mit Leichtigkeit von Muskau trennen würde, glauben. Wir halten sie zum größten Teil für Literatur, für das Bestreben, sich den Anschein einer inneren Unabhängigkeit und Unverletzbarkeit zu geben. Der Romantiker macht hier den Versuch, sich als Übermensch darzustellen. Er nimmt damit eine Figur vorweg, deren Zeit noch kommen sollte. In dieser Vermutung fühlen wir uns durch die Art bestätigt, in der Pückler nach einigem Widerstreben in Branitz aufs neue mit der Anlage eines Landschaftsgartens begann.

Andeutungen über Landschaftsgärtnerei[1a]

Pückler war beides: ein Mann der Feder ebenso wie ein Mann des Spatens. So lag es für ihn nahe, ja, es war geradezu selbstverständlich, daß er die Gedanken, die ihm bei seiner Arbeit als Gärtner kamen, schriftlich niederzulegen beschloß.

Diese Absicht hat er Lucie schon 1825 in einem Brief angekündigt, doch dann blieb der Plan während der Reise nach England liegen. Nach der Rückkehr mußten zunächst die »Briefe eines Verstorbenen« veröffentlicht werden. 1832 kam Pückler erst dazu, sich wieder mit dem Gartenwerk zu beschäftigen.

Im Herbst 1831 hatte Prinz Carl von Preußen zusammen mit seinem ältesten Bruder Friedrich Wilhelm Muskau besucht und den Park bewundert. Daran hatte sich ein Briefwechsel über seine Pläne zur Erweiterung des Glienicker Parks angeschlossen. Das Interesse Carls bewog Pückler, ihn zu fragen, ob er ihm seine im Entstehen begriffenen »Andeutungen über Landschaftsgärtnerei verbunden mit der Beschreibung ihrer praktischen Anwendung in Muskau« widmen dürfe.

Ein halbes Jahr später schreibt Prinz Carl in einem Postscriptum zu einem aus anderem Anlaß geschriebenen Brief, gewissermaßen nebenbei: »Sollten Sie noch bei der Idee beharren, mir Ihr Werk über Gartenkunst dedizieren zu wollen, so würde ich mit wahrer Freude dareinwilligen, ja, es schmeichelt nicht wenig meiner Eigenliebe, mir ein so gehaltvolles Werk (wofür der Verfasser bürgt) gewidmet zu sehen, über eine Kunst, in der ich seit einigen Jahren pfuschte und der ich von Herzen zugetan.«[1]

Als nun das Gartenwerk 1834 bei Hallberger in Stuttgart erschien, war es dem Prinzen Carl von Preußen als einem »Beschützer und Kenner des Schönen« – der Gartenkunst »in höherem Sinne« – gewidmet.

Das Textbuch in kleinem Format enthielt zweihundertzweiundachtzig Seiten. Dazu gehörte ein Atlas mit vierundvierzig Ansichten und vier Grundplänen. Das Buch hat zwei Abteilungen, eine allgemeine und die Beschreibung des Parks zu Muskau und seine Entstehung. Entsprechend ist auch der Atlas eingeteilt, von dem eine kolorierte und eine unkolorierte Ausgabe gemacht wurden. Die Auflage des kolorierten

Atlas ist, weil dessen Anfertigung recht kostspielig war, nur klein gewesen.

Die Abteilung des Werkes, die die Entstehung des Parks illustrieren soll, umfaßt die Tafeln VIII bis XXXIX. Bei dem damaligen Stand der Arbeiten konnte nur der zukünftige Zustand, wie Pückler ihn sich vorstellte, gezeigt werden unter Einbeziehung der von ihm und Schinkel geplanten Bauten. Als Schinkel im Juni 1832 zur Beratung über diese Pläne in Muskau weilte, wurde auch die Frage besprochen, welcher Künstler die dazugehörigen Abbildungen schaffen sollte. Die Wahl fiel schließlich auf August Wilhelm Schirmer (1802 bis 1866), einen Schüler von Schinkel.[2]

Dieser hatte hierüber am 1. Mai an Pückler geschrieben: »Der Zeichner [ein Zeichner und ein Lithograph waren zu beschäftigen] ist vor allen Dingen aus den geschicktesten Landschaftsmalern auszuwählen... Einen solchen Zeichner habe ich nun in unserem vortrefflichen Landschaftsmaler Schirmer gefunden, welcher mir sehr billige und annehmbare Bedingungen für den vorliegenden Zweck gemacht hat. Nachdem... wir übereingekommen waren, daß er seine Zeichnungen an Ort und Stelle reinlich in Konturen aufzeichnen, mit farbiger Tusche anlegen und größtenteils dann zuhause mit crayon über dieser Anlage ausführen soll, forderte er für jedes auf diese Weise ausgeführte Blatt zwei Friedrichs-d'Or cirka.« Schirmer, der Frau und Mutter zu ernähren hatte, forderte außerdem einen Vorschuß von zwanzig Friedrichs-d'Or, Erstattung der Reisekosten und Barzahlung bei Ablieferung seiner Zeichnungen.[3]

Schinkel fügte hinzu, daß es ausschlaggebend wichtig sei, daß die Abbildungen von einem »sicheren und geschickten« Künstler gemacht würden. Nachdem eine Einigung mit Pückler erreicht war, meldete Schinkel, daß Schirmer ihn bei seinem bevorstehenden Besuch begleiten würde. Er schreibt Anfang Juni über Schirmer und die anzuwendende Arbeitsmethode: »Seine ganze Lebensexistenz und die seiner Familie hängt ›von seiner unausgesetzten Tätigkeit‹ ab, er muß daher seine Zeit auf das genaueste zusammenhalten und bittet in dieser Beziehung, daß Euer Durchlaucht bis zu seiner Hinkunft die ganze Reihe der Standpunkte im Park, von wo aus die Aufnahmen stattfinden sollen, ausmitteln möge, damit er, ohne große Zeit mit Umhergehen zu verlieren, hintereinanderfort Zeichnungen und Skizzen entwerfen könne und sich alles Material für das gesamte Werk in einem Zeitraum von ca. 14 Tagen zu sammeln imstande wäre. Er kann längere Zeit von Berlin nicht abwesend bleiben. Dann würde er ein komplizierteres Blatt mit Klappe in Muskau selbst fertigmachen, um Eurer Durchlaucht die Art und Weise der leichten, aber effektvollen Behandlung der Blätter zu zeigen und so die erforderliche Menge der Zeichnungen in Berlin vollenden.«[4]

Schinkel war von den Entwürfen zu den Abbildungstafeln, als er sie gesehen hatte, begeistert. Besonders lobte er die Darstellung der in die Landschaften hineinkomponierten Bauten und die Ausführung der Blicke in die Ferne. Er beurteilte die Arbeit als weit über seine Erwartung gut ausgefallen, beglückwünschte Pückler, diesen Künstler gefunden zu haben und regte ein zusätzliches Honorar von einhundert Talern an.

Schirmers zart kolorierte Landschaftsbilder sind schöne Beispiele des romantischen Stils. Sie machen den Atlas zu einer bibliophilen Kostbarkeit.[5] Darüber hinaus ist der Atlas wertvoll als die beste Quelle für die Baupläne von Pückler und Schinkel.

Das Gartenwerk hat sogleich Aufsehen erregt. Mit Unterstützung von Heinrich Laube und Heinrich Heine wurde es 1847 ins Französische übersetzt.

1910 ist in Nordamerika bei Pearsons eine Ausgabe in englischer Sprache erschienen.

Weil die Erstausgabe in sehr geringer Zahl erschienen war, wurde schon um die Jahrhundertwende bei Friedrich in Leipzig eine billige Neuausgabe gedruckt, dann 1933, von der Fürst-Pückler-Gesellschaft herausgegeben, ein Faksimile-Druck im Deutschen Kunstverlag und zuletzt 1978 ein Neudruck von der Deutschen Verlagsanstalt in Stuttgart.

Die »Andeutungen über Landschaftsgärtnerei« gehören durch Ausstattung und Inhalt zu den klassischen deutschen Gartenwerken. Sie spiegeln in besonderer Weise Pücklers Wesen. Hier zeigt er sich, anders als in den meisten seiner sonstigen Werke, nicht von seiner phantastischen, schauspielerischen oder ironischen Seite, sondern als Gärtner, dem es bei seiner Sache Ernst ist. Und doch kann er auch hier den Kontrast zwischen romantischer Phantasie und klassischem Wollen nicht ganz vermeiden. »Er wendet sich gegen die Burgenromantik und die oft damit verbundenen Maskeraden, er wendet sich gegen die Überladung der Parks mit Gebäuden verschiedener Stile, wodurch man an ›künstlerischer Indigestion‹ leidet.«[6] Doch die Bilder in dem Atlas zeigen solche »romantische Vielfältigkeit der Stile[7] und Unruhe«. Nach unserem Geschmack war es zum Besten des Parks, daß das Abgebildete mit Ausnahme des englischen Hauses nicht ausgeführt wurde.

Setzen wir uns im Geiste einen Augenblick auf eine der Bänke im Muskauer Park, um uns vom Anblick der kulissenartig vor- und zurücktretenden Baumgruppen und großartigen, sich zwischen ihnen in die Ferne erstreckenden Wiesen zum Nachsinnen anregen zu lassen.

Wir erinnern uns des alten Tsung, der vor anderthalb Jahrtausenden in China sagte, daß Landschaften zum Gebiete des Geistes aufsteigen. Zugleich denken wir an Pücklers Ausspruch, daß sie »vegetierende Musik« seien, die mit ihren Melodien das Gemüt mit »unbestimmten und gewaltigen Gefühlen ergreift«.[8] Spüren wir nicht in der uns umgebenden Ruhe, daß über die zeitliche und räumliche Ferne zwischen diesen beiden Menschen hinweg von ihnen etwas Gemeinsames über das Verständnis der Natur und zugleich über die Landschaftskunst ausgesagt ist? Daß nämlich der geistige Gehalt, nennen wir ihn »Fluidum« oder »Musik«, entscheidend für die innere Erhebung ist, die das Kunstwerk des Landschaftsgartens bei der Betrachtung der Natur vermitteln soll. Pücklers Größe besteht darin, daß er aus dieser allgemein-menschlichen Tiefe schöpfend originell, nicht erlernbare Regeln befolgend, seine Anlagen geschaffen hat.

Immer wieder spricht er von seiner »Naturmalerei«. Die Affinität der von ihm geschaffenen Landschaftsbilder zu den Landschaftsmalern des 17. und 18. Jahrhunderts ist ein Hauptmotiv in dem theoretischen Teil seines Parkbuchs.

Eine geistreiche Dame (leider erwähnt er ihren Namen nicht), die er durch den Park führte, bemerkte über den Aufbau seiner Bilder, daß ihr »die imposante Ruhe, die in dem Ganzen herrsche«, wohltuend auffalle. »Nie hätte mir ein Lobspruch schmeichelhafter seyn können...«, sagt Pückler dazu, und wir fügen hinzu, daß die Dame, wenn sie hundert Jahre später zurückgekehrt wäre, ihren Ausspruch wiederholt hätte.[9]

Diese imposante Ruhe war das Ergebnis einer ausgewogenen Komposition von Baumbeständen, Einzelbäumen und großen Wiesenflächen. Pückler hatte zum Baum ein persönliches, ja naturreligiöses Verhältnis. »Ein alter Baum sey dir, freundlicher Leser, der du die Natur mit frommer Liebe umfassest, ein hohes Heiligthum...«

Und er preist den glücklich, dessen Vorfahren ihm uralte Eichen, Buchen und Linden »unangetastet von der mörderischen Axt« hinterlassen haben. »Alles beinahe schafft Geld und Macht, aber kein Crösus und kein Alexander vermögen die tausendjährige Eiche in ihrer Majestät wiederherzustellen, wenn der arme Tagelöhner sie einmal gefällt hat.«[10]

Ein ernster Hinweis auf die Verantwortung gegenüber diesen unschätzbaren, ehrfurchtgebietenden Naturdenkmälern. Die Aussage eines Naturschützers!

Aber Pückler hat auch andere, sinnliche Vorstellungsassoziationen. So, wenn er die Wiese in ihrer Blüte beschreibt, »mit ihrem hohen, dunklen, nur von wilden Blumen einfach durchwirkten, weit hinflutenden Grase – so schön, wenn der Wind wollüstig darin wühlt wie der Jüngling in wallenden Haarlocken seiner Geliebten oder wenn lustige Mäher dort unter duftenden Heuhaufen scherzen . . .«.[11]

Zum Thema des Ansäens von Wiesen hat Pückler seinen hochgeschätzten Mitarbeiter Rehder in seinem Parkbuch zu Worte kommen lassen. Es ist ein gartentechnisches Rezept.

Darin empfiehlt Rehder, wenn im nächsten Sommer nach der Aussaat ein großer Teil des Samens reif ist, ihn mit großen Stangen oder Rechen vor der Mahd abschlagen zu lassen. Von dem dadurch ausgefallenen Samen ginge ein großer Teil bei günstiger Witterung auf, die Grasnarbe würde dichter und an Kosten für den Samen gespart; soviel wir wissen, ist dies die einzige überlieferte schriftliche Äußerung Rehders.[12] Daß Pückler sie im Originalwortlaut in sein Buch aufgenommen hat, tat er sicher, um Rehder zu ehren.

Pückler unterscheidet drei Abteilungen dessen, was wir zusammenfassend »Park« zu nennen gewöhnt sind:[13] die freie, durch Kunst verschönte, neugeschaffene Landschaft, den Pleasureground, und die eigentlichen Gärten.[14]

Die Landschaft, die er auch den »äußeren« Park nennt, bildet unsere einheimische Natur nach. In ihr wandte Pückler ganz überwiegend einheimische Bäume an und gestattete höchstens eine Ausnahme bei solchen, welche sich bei uns vollständig eingebürgert haben, wie Kastanien, amerikanische Eichen, Akazien, Weymouthskiefern und dergleichen. Es hat von Anfang an die Aufmerksamkeit und die Bewunderung der fremden Besucher erregt, welche Effekte er mit unseren gewöhnlichen Bäumen im Muskauer Park erzielt hat, wobei allerdings die vorzügliche Anordnung, namentlich die richtige Verteilung von Licht und Schatten, von hell- und dunkellaubigen Bäumen, nicht zuletzt aber auch das gute Gedeihen und die malerische Ausbildung derselben bei richtiger Bodenvorbereitung wesentliche Umstände waren. Feinfühlig paßte Pückler seine Schöpfungen stets den Eigentümlichkeiten der Gegend an, weshalb er verhältnismäßig sehr wenig Nadelhölzer im Muskauer Park gepflanzt hat. Aus diesem Grund herrschen Laubhölzer vor. Pückler hat jedoch auch, der feineren Nuancierung in der Nähe wegen, Gruppen von Nadelhölzern gepflanzt. Im Frühjahr und Herbst bei der erwachenden und absterbenden Natur sind die Kontraste zwischen Laub- und Nadelholz sehr wirkungsvoll.[15]

Der Landschaftsgarten ist um so schöner, je mehr er vergessen läßt, daß er von Menschen gestaltete Natur ist.[16] Dies bedeutet, daß sowohl der Schöpfer des Kunstwerks, als auch der Pfleger mit Gefühl und Wissen sich die Gesetze, nach der die Natur sich entwickelt, zu eigen machen und befolgen muß. Pücklers Genie hat nicht allein darin bestanden, durch die Anordnung von Bäumen, Wiesen und Wasser einmalig schöne Landschaftsbilder zu schaffen. Heute erkennen wir, daß es sich auch darin gezeigt hat, daß er durch Bodenlockerung und -durchlüftung sowie durch die Mischung der Baumarten die Voraussetzung für eine Bodenverbesserung von zwei Bonitätsklassen geschaffen hat. In einer Zeit, in der die Forstwirtschaft dazu überging, Monokulturen anzulegen, um einen möglichst hohen Geldertrag aus dem Wald zu erwirtschaften, hat er, ohne die Kosten zu beachten, durch großzügige Anlage von Laubholzbeständen auf armen Böden, die vorher nur Kiefern trugen, ein Schulbeispiel für einen gesunden Mischwald gegeben.[17]

Wissenschaftliche Erkenntnisse, die erst ein Jahrhundert später gewonnen worden sind, hat er, von seinem feinen Gefühl für die Gesetze der Natur geleitet, in der Praxis vorweggenommen. Bodenkunde und Pflanzensoziologie hat er erahnt. Die Entwicklung seiner Pflanzungen hat dies bewiesen. So war der Muskauer Park bis 1945 für die Wissenschaft ein interessantes Studienfeld. Er wäre es noch, wenn er weiter im Sinne Pücklers gepflegt worden wäre.[18]

66

Gerade die seit Ende des 18. Jahrhunderts ungemein erweiterte Kenntnis der Pflanzen bringt die Gefahr mit sich, daß versucht wird, so viele seltene und schöne Pflanzen als möglich in einer alten Anlage unterzubringen. Damit werden aber nur die Raumproportionen derselben verdorben. Es entsteht schließlich eine Vermischung von Park und botanischem Garten, die weder das eine noch das andere ist.

Schlimmer noch: wenn die teuer bezahlten Exoten sich nicht nach Wunsch entwickeln, läßt man sie stehen, denn sie sind »botanisch interessant«. Es entsteht dadurch anstatt einer ästhetisch vollendeten Landschaft ein Baummuseum. Dem Betrachter geht das Erlebnis des »Ursprünglichen, allhaft Empfundenen«, im Sinne Shaftesburys Religiösen verloren. Es ist der Beginn des Verfalls.[19]

In einem großen Park wie in Muskau fallen wenige, später hinzugekommene Gehölze aus fremden Erdteilen nicht auf. Pückler hat sich ja auch nicht grundsätzlich gegen sie ausgesprochen, sondern kritisiert, daß kümmerliche Exemplare erhalten werden. Er selbst hat neben dem Schloß den herrlichen Tulpenbaum und die mächtigen Sumpfzypressen gepflanzt. Ferner eine Gleditschie am Eingang zum Bauhof, einen wundervollen Silberahorn auf der Tränenwiese und wahrscheinlich die berühmte Strauchkastanie am Ende des Blauen Gartens, die Ende Juli den Betrachter mit ihren einem weißen Spitzenschleier vergleichbaren Blüten entzückt. Diese Gruppe hatte schon 1936 einen Umfang von 50 Metern. Heute ist sie noch wesentlich größer. Sie wird als einmalig in Deutschland bezeichnet.[20]

Man sieht, Pückler hat sich nicht gescheut, Exoten zu pflanzen, wenn er ihnen gutes Gedeihen zutraute und sie in der Nähe des Schlosses im Bereich des »Pleasureground« wuchsen. Dieser Pleasureground entstand in England als Reaktion auf die übergangslose, als unbefriedigend empfundene Heranführung der Wiesenflächen bis an die Haustüren, die dem Vieh ein Weiden unmittelbar vor diesen ermöglichte.

Humphry Repton half sich, indem er einen gepflegten, künstlich durchgeformten, gegen den eigentlichen Park durch eine Umfriedigung abgegrenzten Bereich in Hausnähe schuf. »Durch Vereinigung von Kunst und Natur, von Annehmlichkeit, Bequemlichkeit und ›außerordentlicher Eleganz und Sauberkeit‹ wurde von nun an der Pleasureground ein nicht mehr fortzudenkender Bestandteil des modernen englischen Landschaftsgartens nach 1800.«²¹ Die Pflege dieser feinsinniges Kunstverständnis fordernden Anlagen war teuer. Sie waren kostbare Ausstattung großartiger Landsitze der gesellschaftlichen Oberschicht, daher verschwanden sie auch mit den politischen und wirtschaftlichen Umwälzungen des 20. Jahrhunderts, falls sie nicht infolge Übergangs des Besitzes an den halböffentlichen Nationaltrust²² erhalten werden konnten.

In Deutschland wurde der Pleasureground zuerst von Pückler und Lenné als Anlage eigener Art eingeführt. Pückler grenzte ihn gegen den Landschaftspark mit einer Kette, die an kleinen Spießen aufgehängt war, ab. Im Bereich des Pleasuregrounds wurde der Rasen als »ein samtner Teppich mit Blumen gestickt« gehalten, wurden die »schönsten und seltensten ausländischen Gewächse« gepflanzt, vorausgesetzt, daß ihr Gedeihen sicher war. Ein Fußweg mit bequemen Ruhebänken erleichterte den Besuchern die Betrachtung dieser wohlgepflegten Schätze.

Außerhalb des Pleasuregrounds wurde das Gras als Wiese wie üblich zweimal im Jahr genutzt. Die Anlagen, die Lenné in Glienicke und in Potsdam als Pleasureground bei den Schlössern schuf, sind gartenkünstlerisch ausgefeilter als Pücklers Muskauer Anlagen. Sie kommen den englischen Sondergärten der Zeit näher.

In Muskau rechnete Pückler die Blumengärten in unmittelbarer Nähe des Schlosses, die Orangerie und den Komplex der Treibhäuser und Gemüsegärten nicht zum Pleasureground. Die Tafel XII des Albums zum Gartenwerk zeigt den Garten am Schloß mit den skurrilen Teppichbeeten, die bis 1919 instand gehalten wurden. Die Anwendung von Blumenstükken in der von ihm ausgeführten Art ist vielfach mit mehr oder weniger Geschmack nachgeahmt worden.

Petzold berichtet, daß er später gesagt hat: »Hätte ich ahnen können, daß mit diesen Blumenstücken ein solcher Unfug getrieben würde, ich würde sie niemals angefangen haben.«[23] Unserem Geschmack entsprechen sie entschieden nicht. Ebensowenig dem von M. L. Gothein, die schreibt: »Unter dieser traurigen Erfindung der Teppichgärtnerei hat das ganze 19. Jahrhundert zu leiden gehabt. Es war schließlich einer der am meisten mißlungenen Versuche des 19. Jahrhunderts, etwas von der Heiterkeit des alten Parterres herauszuretten und die Blumen, die sich mehr und mehr schon aus der Nähe des Hauses hatten zurückziehen müssen, wieder dem Blick aus dem Fenster nahezubringen – das Resultat ist aber nur ein Zeichen der Barbarei des Geschmacks.«[24]

Eduard Petzold hat in seiner Kurzbiographie Pücklers authentische Angaben über dessen Ideen und Methoden bei der Anlage des Parks gemacht.

Authentisch ist diese Schrift deshalb, weil Petzold 1831 – sechzehn Jahre alt – auf Veranlassung von Pückler, etwas gegen den Willen seines Vaters, der Superintendent in Muskau war, als Lehrling in die Gartenverwaltung eintrat und mit seinem damaligen Prinzipal bis zu dessen Tode in persönlichem und brieflichem Meinungsaustausch über die beide beherrschende Passion der Gartenkunst gestanden hat. Petzold hat daher teils aus eigener Erfahrung, teils aus Mitteilungen seines Lehrmeisters Rehder intime Kenntnisse über die Vorgänge in Muskau gehabt; auch zu den Zeiten, als er – selbst nicht mehr dort tätig – in Weimar im Dienst des Thüringer Großherzogs Karl Friedrich stand. Pücklers Briefe sind in einem herzlichen und kollegialen Ton gehalten, fern jeder Herablassung dem um dreißig Jahre jüngeren gegenüber. Immer wieder fordert er dessen Rat und Urteil über seine Branitzer Schöpfung und erkennt Petzolds Leistungen an. Wieviel er von diesem bedeutendsten Schüler der Muskauer Gärtnerei gehalten hat, geht daraus hervor, daß er sich 1852 nach dem Tod Rehders dafür eingesetzt hat, daß Petzold als Nachfolger engagiert wurde. Er schrieb an Petzolds Vater:

»Meine Gegenwart in Muskau ist nun nicht mehr nötig, da ein a l t e r   e g o für mich eintritt, ja einer, dem ich mehr zutraue als mir selbst.«[25]

Die Art, wie Petzold alle für ihn schmeichelhaften Briefe Pücklers veröffentlicht hat (darunter sechs, die bei Ludmilla Assing fehlen), deutet auf eine gewisse Eitelkeit hin. Dies paßt auch zu dem Selbstbewußtsein, das wir bei dem Porträt in seinen Zügen ausgeprägt finden; Eigenschaften, die irgendwie zu denen gehören, die mit eigenem Engagement den Passionen großer Herren dienen, wobei sie sich ihnen in handwerklicher Hinsicht überlegen wissen.

Mit keinem anderen hat Pückler mit gleicher Offenheit fachmännisch über die Gartenkunst korrespondiert. Es ist daher, als ob wir ihn selbst hörten, wenn Petzold über ihn berichtet.

»Wenn der Fürst ein neues Terrain zur Anlage bestimmt hatte, so waren es zuerst die Wege, welche er absteckte und gleich insoweit planieren ließ, daß sie begangen und befahren werden konnten. In der Führung der Wege war er ein großer Meister.« Sie sollten die unsichtbaren Führer sein, welche den Beschauer zu den schönsten Punkten hinleiteten. Ihre Führung sollte ungezwungen, gleichsam sich von selbst ergeben. Zuviele Wege lehnte er ab; jeder Weg mußte seinen bestimmten Zweck haben. Nur vorhandene oder geschaffene Hindernisse waren für die Biegung bestimmend. Um die Illusion großer Räume nicht zu beeinträchtigen, ließ er die Wege so wenig wie möglich sichtbar werden. Nur wo ein Weg die Formung des Geländes unterstrich oder schon von weitem das Ziel erkennbar werden ließ, durfte er sichtbar sein. Ruhebänke an den Wegen stellte er immer nur da auf, wo sich zugleich ein schöner Aussichtspunkt befand.

»Nachdem die Wege bestimmt waren, ging der Fürst an das Abstecken der Pflanzungen, zuerst der größeren Massen derselben, um erst das Bild in seinen großen Umrissen und Grundrissen gewissermaßen festzustellen, dann an die Profilierung des Bildes durch Aufstellung einzelner, großer Bäume und Baumgruppen.«

Großes Verständnis hatte Pückler für die Benutzung des Wassers, weil es der Landschaft durch seine Spiegelung und Lichtwirkung einen hohen Reiz verleiht.

Repton nennt es »Das Auge der Landschaft«.

Petzold bezeugt Pückler, daß er die Wasserflächen meisterhaft in seinen Schöpfungen zu verwerten verstand. Dies zeigen die »Behandlung der Ufer des den Park von Muskau durchströmenden Neißeflusses und die Anlage der Brücken ... sowie die bis in die kleinsten Details gelungene Leitung der Hermannsneiße«.

»Je größer ein Park ist, desto mehr Licht und Leben erfordert er und nichts gewährt ihm dieses mehr, als das Wasser in entsprechender Form.«[26] Aber nicht allein die Form des Wassers, nämlich die Uferlinie, durch welche das Wasser begrenzt wird, sondern auch die Profilierung der Ufer trägt zur Steigerung der Wirkung des Wassers bei. Pückler legte größten Wert auf die Reinlichkeit der Wasserflächen. Das Reinhalten eines Wasserspiegels erfordert die gleiche Aufmerksamkeit, wie ein Kiesweg oder Rasenteppich.

Er verwendete auch ganz besondere Aufmerksamkeit auf den Lauf und die Form der Bäche, die er – wenn nötig – in ihren Linien verbesserte oder auch neu anlegte, wo sumpfige Wiesen entwässert werden mußten. Ganz besondere Mühe verwendete er auf ihre Linienführung, wenn sie von der Höhe herab sichtbar waren, zum Beispiel die sich wie Bäche schlängelnden Entwässerungsgräben der Schilfwiese, die man von der Höhe des Mausoleums aus übersehen konnte.

Beachtlich, aber kritisch sind die Bemerkungen Petzolds über Pücklers Gebrauch des Spatens und der Axt. Er schreibt:

»Bei einer richtigen Behandlung müssen in jeder Parkpflanzung Pflanzen von jeder Größe sein, und das kann man nur erzielen durch eine fortwährende Überwachung und durch eine zweckmäßige Behandlung durch die Axt. Mit Recht sagt der Fürst: das Hauptwerkzeug, dessen wir uns bedienen zum S c h a f f e n , unser P i n s e l und M e i ß e l ist der S p a - t e n ; das Hauptwerkzeug des E r h a l t e n s und F o r t - s c h r e i t e n s aber ist die A x t ... die Wichtigkeit der rationellen Anwendung der Axt zur Verjüngung der Pflanzungen ist noch nie in Abrede gestellt worden, und wo dieselbe aus irrigen Vorurteilen verabsäumt wurde, sind die Nachteile nie ausgeblieben.«

Pückler schrieb 1850 an Petzold: »Also, Bäume abhauen, verändern ist nötig, aber das W i e bleibt immer eine große Hauptsache, ideell wie materiell. Man kann zuviel und zuwenig hauen, ideell am unrechten Ort und materiell, daß es nicht wieder wachsen kann.«

Petzold kritisiert, daß sich Pückler in seinen Anlagen und Pflanzungen niemals zum Hauen hat entschließen können. Hier und da nahm er zwar einen Baum oder einen Ast weg, aber eine durchgreifende Operation hat er niemals gestattet. Bei dieser Gelegenheit weist er auf die Schwierigkeiten hin, die der gute Rehder gehabt hatte, als er während Pücklers Abwesenheit im Orient, weil es unbedingt notwendig geworden war, auf eigene Hand Pflanzungen durchforstet hatte.

Schon sehr bald war die Schönheit des Parks für künstlerisch empfindende Besucher zu erkennen.

Mit Karl A. Varnhagen von Ense (1785 bis 1858) war Pückler von 1822 bis zu dessen Lebensende befreundet. Diese Beziehung fand ihren Niederschlag in einem für den Heutigen geradezu faszinierenden Briefwechsel. Das Ehepaar Varnhagen war im Sommer 1828, während Pückler Irland bereiste, Gast der Fürstin in Muskau. Die ausführliche Würdigung, die Varnhagen dem Park in einem Brief an den fernen Hausherrn angedeihen ließ, ging über das durch Höflichkeit Gebotene hinaus. Er frug, wieso der Park, »der, nach dem Ausspruche vollgültiger Zeugen, mit allem, was Altengland in solcher Art darbietet, an Schönheit sich messen kann«,[1] in Preußen so wenig bekannt sei und bezeichnet ihn als »ein Gedicht, den größten und fruchtbarsten Werken schöner Kunst vergleichbar, ... dem Hervorbringer ein leuchtendes Ehrendenkmal«. Varnhagen lobt die Nah- und Fernsichten und stellt fest, daß »jede Stimmung ihre Gegend, jede Richtung ihre geschmückte Bahn findet, der Raum sich für jede Bewegung reichlich erstreckt und überall auch die Wildnis Ordnung und Pflege verrät...«.

Rahel hat bei anderer Gelegenheit für Pückler das Wort »Erdbändiger« geprägt.

Dabei war der Park damals etwa zehn Jahre alt. Die Wirkungen, die Varnhagen beschreibt, waren nur dadurch möglich geworden, daß Pückler auf der ganzen Fläche gleichzeitig arbeiten ließ und sehr viele große Bäume pflanzte.

Pückler antwortete auf den Brief Varnhagens im August aus Dublin. In seinem Brief machte er zwei für sein Schaffen grundsätzliche Bemerkungen, indem er schrieb: »Übrigens haben Sie in der That recht eigentlich mein S t r e b e n erkannt, denn es ist allerdings der schwache Ausdruck meiner Poesie, der Ihnen dort in Bäumen, Fluß und Wiesen entgegengetreten ist, und ich war immer der Meinung, daß ein Kunstwerk nicht allein mit Hilfe des Griffels, Pinsels oder Meißels sondern auch mit den eigenen Materialien der Natur darzustellen sei.« Und dann zieht er ein Resümee seiner Reise. »Mein zweijähriger Aufenthalt in England hat mich hierzu sehr viel weiter gebracht, indem er manche noch übriggebliebenen Vorurteile zerstört und mir dadurch in meinen Absichten eine größere Selbständigkeit gegeben. Er hat mich, ich hoffe es wenigstens, gänzlich vom Nachahmen befreit, vom sklavischen, grundlosen, meine ich . . .«[2]

Schon 1824 wird der Park von Nürnberger[3] so beschrieben, als ob er bereits eine vollendete Anlage sei. Weite Rasenteppiche, hohe Eichen und Linden, der Eichenhain am Eichsee, das englische Haus und das Hermannsbad haben den Verfasser entzückt. Die Fürstin wird als Schöpferin des letzteren, aber auch als weisunggebend an anderen Stellen geschildert.

Die Blütezeit des landschaftlichen Gartenstils in Deutschland wird durch drei Namen beschrieben: Sckell, Pückler und Lenné. Ihre Zeit war kurz, etwa die Jahre von 1800 bis 1870.

Sckell starb schon 1823. Wir wissen, daß Pückler von ihm keine Notiz genommen hat.

Peter Joseph Lenné (1789 bis 1866) war vier Jahre jünger als Pückler und gleichzeitig mit ihm tätig. Er entstammte einer Familie, die seit Generationen in Poppelsdorf bei Bonn kurkölnische Hofgärtner stellte.[4]

Lenné hatte seine gärtnerische Ausbildung zunächst im heimatlichen Raum erhalten, dann aber seinen Horizont durch Arbeit in Frankreich, Süddeutschland (in München lernte er Sckell kennen), in der Schweiz und Österreich erweitert. 1816 wurde er in Sanssouci als »Gärtnergeselle« angestellt und fand von Potsdam aus im Verlauf von fünfzig Jahren ein so umfangreiches Tätigkeitsfeld, wie es »vor und nach ihm keinem deutschen Gartengestalter zuteil geworden ist« (Hinz). Umfang und Rang seiner Arbeit brachten ihm ungewöhnliche

Anerkennung. 1824 wurde er königlicher Gartendirektor, 1853 Ehrenmitglied der preußischen Akademie der Künste, 1854 General-Gartendirektor, 1858 Ehrenbürger der Stadt Potsdam und Ehrendoktor der Universität Breslau.[5]

Freundschaftliche Beziehungen, wie sie Pückler zu Petzold hatte, haben sich zwischen ihm und Lenné nicht entwickelt. Das lag sicher nicht an dem Unterschied der Herkunft, sondern gewiß an dem Unterschied der künstlerischen Entwicklung.

Pückler, der Autodidakt, hatte seine prägenden Eindrücke in England durch die Schöpfungen Lancelot Browns und Reptons erhalten, Lenné die seinen in Frankreich und Süddeutschland. Beide waren Meister in der Gestaltung ganzer Landschaften. Doch wichen sie im einzelnen voneinander ab. Petzold beschreibt Pücklers Gartengestaltungsart: »Seine große Einfachheit, Ruhe und Entschiedenheit in der Darstellung natürlicher Szenerie, gestützt auf das Studium der Natur, das war sein Stil.«[6]

Lenné fing auch mit einfachen, der Natur nachempfundenen Gestaltungen an, entwickelte dann seit 1830 einen »verfeinerten Landschaftsstil« (Hinz), um gegen Ende seines Lebens – ähnlich wie Repton – neben schönsten Parkanlagen geometrische Gärten im italienischen Stil zu schaffen. Hierin wich er entschieden von Pückler ab und zog sich dessen Kritik zu. Ein großer Künstler muß eigentlich von der Alleingültigkeit seiner Auffassung überzeugt sein. Unvermeidlich, daß sich ein Wettbewerb, ja geradezu Rivalität entwickelt, wenn zwei Große zu gleicher Zeit auf dem gleichen Gebiet arbeiten. Pückler hat Lennés Schöpfungen in Potsdam und an anderen Orten immer wieder beobachtet. Von einem Besuch im April 1832 wissen wir durch einen Brief Lennés. Dieser erwähnt die Schwierigkeiten, die er durch »die individuellen Ansichten der hohen, mitsprechenden Personen« habe, auch, daß Pückler sich für ihn beim König verwandt hatte. Sein Selbstvertrauen läßt ihn hoffen, »ein Werk hier zu gründen, was unserer Zeit nicht ganz unwürdig erkannt werden wird«. Das ist ihm zweifellos gelungen.[7] Selbstbewußtsein, aber auch Bescheidenheit liegen in diesen Worten. Letztere kommt auch in der Versicherung zum Ausdruck, wie sehr er den Rat und den Gedankenaustausch mit dem »Kunstgenossen« geschätzt hat. Die gleichen Gedanken kehren in seinem Brief nach einem Besuch in Muskau wieder. Lenné hat sicher die Schwierigkeiten im Staatsdienst nur angedeutet. Derartiges ist dem Muskauer Standesherrn, der bei seinen Schöpfungen nur seinem künstlerischen Gewissen zu folgen brauchte, erspart geblieben.

Wie aber ist die Äußerung Pücklers: »Was hätte aus den preußischen Gärten bei den reichen Mitteln werden können, wenn ich damals 1817 die Leitung übernommen hätte, aber meine Freiheit war mir zu lieb«, zu verstehen?[8] Damals, das war, als er Lucie Pappenheim, geborene Hardenberg, heiratete und eifrig bemüht war, als Diplomat in den preußischen Staatsdienst zu treten, eine Illusion, der er sich eine Zeitlang hingegeben hat.[9] Als er in Branitz zu Petzold darüber sprach, hatte er, inzwischen berühmt als Gartenkünstler, es nicht mehr nötig, sich eine Anstellung im Staat zu wünschen, um seine finanzielle Lage aufzubessern.

Von Lenné sind keine absprechenden Äußerungen über Pückler bekannt. Wohl aber hat dieser, trotz Anerkennung von Lennés Fleiß und allgemeiner Bedeutung für die Gartenkunst – in den »Andeutungen« spendet er ihm hohes Lob für die großzügige Gestaltung der Landschaft von Potsdam und seiner Umgebung –, es nicht unterlassen können, einige unfreundliche Bemerkungen über den Rivalen zu machen.

Petzold berichtet hierüber:

»Als Künstler hat er ihn ... niemals hochgestellt und oft die beißendsten Bemerkungen gemacht ... er tadelte namentlich auch die neuen Anlagen in Sanssouci wegen ihrer Überladung ... und weil die eigentliche Landschaft ganz verdrängt sei.«[10]

Unschön war es, wenn er äußerte: »Nur Gartenkünstler wie L...., die nach einem gewissen Grundschema nachher alles über einen Leisten schlagen, bleiben ihrem einmal gezeichneten Plane stets treu und sind froh, wenn sie fertig sind und ihr Honorar einstreichen können.«[11]

Pückler war bekanntlich stets bereit, von seinem Plan um einer Verbesserung willen abzuweichen. Die Tatsache, daß der Rivale ihm mehrfach vorgezogen worden war, hatte eben doch einen Stachel in seinem Stolz als Künstler hinterlassen.

Im Sommer 1832 machte der Historiker Friedrich Förster[12] eine Dienstreise nach Schlesien, um Nachforschungen über die Begräbnisplätze aus vorchristlicher Zeit in der Ober- und Niederlausitz anzustellen. Sein Bericht an den Kultusminister, Freiherrn von Altenstein, enthält auch eine Beschreibung des Muskauer Parks. Unter Anspielung auf den Ruhm, den die »Briefe eines Verstorbenen« damals errungen hatten, erwähnt er zunächst das Schöne, das er über der Erde gefunden habe. Dabei ist ihm die Streitfrage, ob die schöne Gartenkunst eine Stelle in der Reihe der bildenden Künste verdiene, durch die nähere Bekanntschaft mit dem Park von Muskau endgültig bejahend entschieden worden. Den Park, der anstelle der früher dürftigen Landschaft von Pückler geschaffen worden war, beschreibt er: »Das Nadelholz ist verschwunden, die Hügel sind mit Laubholz bedeckt, aus dem sich der Ahorn, die Ulme, die Eiche mit beherrschenden Gipfeln hervorheben; in gefälligen Windungen durchströmt der Fluß einen grünen Wiesengrund, durch Abzugsgräben sind Wasserfälle, kleine Seen, Springbrunnen gebildet und in die Gegend eine Mannigfaltigkeit der Aussichten gebracht, daß man auf den Spaziergängen durch den Park durch eine Bildergalerie der schönsten Claude Lorrain's, Poussin's und Ruisdael's zu gehen meint...« Der Fürst verfährt bei seinen Anlagen ebenso, wie ein geistreicher, poetischer Landschaftsmaler, wie unser Schinkel bei seinen Kompositionen verfährt... Das Laubholz wechselt nach Form und Farbe verschieden in den mannigfaltigsten Schattierungen, blühende Sträucher stehen dazwischen, und jeden Monat regiert eine eigentümliche Flora, so daß die Anpflanzungen immer bunt und belebt erscheinen.« Förster versäumt es nicht, zu erwähnen, daß der Wuchs des einzelnen Baumes oder ganzer Gruppen zur Erhaltung der gewünschten Landschaftsbilder Jahr für Jahr mit Beil und Säge unter Kontrolle gehalten werden muß.

Ein bedeutender Literat der damaligen Zeit, der mit Pückler in einem von 1834 bis zu dessen Tod geführten Briefwechsel gestanden hat, war Heinrich Laube (1806 bis 1884). Unabhängigkeit und Zivilcourage der Fürstin hatten ihm ermöglicht, seine wegen eines Pressevergehens 1836 verwirkte Festungshaft mit seiner Frau Iduna in Muskau zuzubringen. Laube berichtet darüber an Pückler, der zu dieser Zeit sich in Griechenland aufhielt: »Ich habe den ganzen Sommer Ihr größtes ästhetisches Werk, Ihren Park gekostet, und mich an allen großen und kleinen Gedanken desselben erquickt, ich sitze meine Festungszeit im Amthause ab, was uns Ew. Durchlaucht gnädige Gemahlin eingeräumt . . .« Er fährt fort zu erzählen, daß er dort begonnen hatte, eine deutsche Literaturgeschichte zu schreiben, wobei er den Park und das Gartenwerk würdigen würde. Bedauernd bemerkt er: »So reißend der Preis Ihres Parks sich verbreitet hat, so ungewöhnlich anerkennend Ihre Theorie aufgenommen wird, es läßt sich kein Talent wecken . . .«[13]

Später schrieb er aus Paris, daß in Frankreich »nirgends bei allen Lustresidenzen auch nur eine Annäherung an den Park von Muskau« zu finden sei. Bei allem, was er über Frankreich schreibe, sei jener wie eine »isle enchantée« ihm als Vergleich gegenwärtig.

Laube hat sich Pückler dankbar erwiesen, indem er zusammen mit Heine für die Übersetzung des Gartenwerks ins Französische sorgte und ihm auch sonst bei Verhandlungen mit Verlegern half.

Aufenthalte im Jagdschloß erweckten in Laube die Jagdpassion, der er außer in vielen Briefen in seinem »Jagdbrevier« Ausdruck verliehen hat.

Im Park erinnert an Laubes Frau Iduna eine uralte, völlig hohle Eiche, die nach ihr benannt wurde.

Aufgestört durch das – damals noch falsche – Gerücht, daß Pückler Muskau verkaufen wollte, schrieb Laube 1839 an ihn. Mitfühlend beschreibt er in dem Brief die Wirkung des Verlustes ihres Herrn auf die Untergebenen. »Diese armen Leute sollen ihr Leben von vorn anfangen, denn ein neuer Herr zählt ihnen die Vergangenheit nicht und erkennt keine Herzensschuld des früheren Besitzers an ...«

Pückler hält er vor, daß er durch Aufgabe der Heimat als Emigrant die ganze enge Verbindung seiner Lebensgeschichte mit ihr verlieren würde. (Wir wissen heute, welches Trauma dies bedeutet.) Er erinnert ihn daran, daß im vorgerückten Alter das Wohlbehagen »so viel unausgesprochen Verstandenes bei unserer Umgebung« voraussetzt. Auch das geht in der Fremde verloren. Zumal in einer Fremde, wie dem Orient, in dem Pückler zu bleiben gedachte. Dort würde »das ganze feine Zellgewebe einer ... Bildung« fehlen, das »unser geheimstes und wirklichstes Leben bildet«. Dann ging er auch auf die Folgen für den Park ein. »Sie sind als Gründer einer Naturkunst in Ihrem Park, als deutscher Seigneur, der alle Tage wieder unter uns sein und von seiner Schöpfung Muskau aus vergleichen, unsere Personen und Zustände von heute vergleichen kann mit dem Schatz von Bemerkungen, den er mitbringt. Euer Durchlaucht, sind in dieser, just in dieser, nur in dieser Beziehung eine nachdrücklich wirksame literarische Figur, ein Faktor Deutschlands.«[14]

Er schließt mit einem Hinweis auf mögliches öffentliches Wirken von Pückler:

»... denn was ist Preußen anderes, als eine Zukunft Deutschlands, die in unserem Schooße liegt? Und wie könnten wir's verantworten, eine so geprüfte Potenz wie die Ihrige animalischen Reitervölkern zu überlassen?«

Pückler jedoch schrieb zum gleichen Zeitpunkt an seine Frau: »Welche Ehre habe ich denn von Preußen?«

Heinrich Laube widmet Pückler in seinen Erinnerungen einen längeren Absatz. Er erwähnt, daß die Herrschaft Muskau damals neun Quadratmeilen umfaßte, aber nur wenig einbrachte und fährt fort: »Hierin lag die Ursache, welche Pückler zum Verkaufe der Herrschaft drängte. Er richtete sich ökonomisch zugrunde mit seinem Parkmachen. Umsonst wurde alljährlich ein Maximum angesetzt für Anlagen und Ausgaben; der künstlerische Drang des Schaffens ging alljährlich darüber hinaus.

Ist es denn aber, rufen die Gegner, mit dem künstlerischen Drange vereinbar, daß er sein Werk verlassen und allenfalls preisgeben konnte? Oh ja. Wenigstens bei ihm. Der Künstler will ja überhaupt nicht sammeln, er will schaffen. Behält der Maler sein Bild, der Bildhauer seine Statue? Pückler sagte: Das Wesentliche ist hier in Muskau erreicht, und ich werde in dankbarer Gegend eine andere Parkschöpfung beginnen, welche weniger kostet und rascher lohnt!

Das Wesentliche? Darin hatte er ganz recht. Sein Park atmete künstlerischen Segen aus. Wie oft und wie tief hat er mich erquickt! Wie oft auf den Gedanken gebracht, ob nicht solch künstlerisch geschaffene Landschaft wohltuender einwirkt auf unsere Seele, als die freie Natur, auch wo sie schön ist! Die Kraft des Menschengeistes überkommt uns, welcher Harmonie schafft, die Macht der Kunst, welche veredelt und erhebt; sie wirken auf uns aus der gemachten Landschaft. Was aus dem Menschenwesen stammt, übt am sichersten und am wohltätigsten Eindruck auf den Menschen.«

»Pückler war also, wird man vielleicht sagen, ein demokratischer Aristokrat, und das wird wohl ziemlich richtig sein. Sein Lehrsatz lautete ungefähr: Man soll von der natürlichen Wahrheit ausgehen und dabei das historisch Gewordene respektieren, soweit es sich vernünftig erhalten hat, jedoch den Wechsel begünstigen bei alledem, was sich als überlebt darstellt ... Sich selbst kennenzulernen, war ihm äußerst wichtig. Wie oft hat er mich aufgefordert, seine Charakteristik zu schreiben und dabei kein Blatt vor den Mund zu nehmen, will sagen, ihn nicht im mindesten zu schonen. Ich versprach es regelmäßig und hütete mich stets, das Versprechen zu erfüllen ...«

Laube schätzte seine Bücher – bis auf die »Briefe eines Verstorbenen« – nicht hoch ein, schreibt aber, daß seine Orientbücher wertvoll seien, weil ein unbestechliches Auge und unbestechliche Wahrheitsliebe unter allen Umständen dauernden Wert haben ...

»Ein Mann, welcher Landschaften schafft, welcher einen großen Besitz regiert, welcher mit den verschiedenartigsten Menschen, die Höchstgestellten eingeschlossen, ein langes Leben hindurch offenen Auges verkehrt, und welcher einen guten Verstand hat, ein solcher Mann ist nicht leicht trügerischen Illusionen ausgesetzt, der sieht am Ende doch die Dinge, wie sie sind. So war er ganz frei von Parteistimmen: Liberal oder nicht, aristokratisch oder nicht, demokratisch oder nicht, legitimistisch oder nicht, das alles bestimmte seine Meinung nicht im mindesten. Lebensfähig oder nicht? Das war seine Frage.«

Laubes Verkehr mit Pückler brach ab, als er Ende 1849 nach Wien übersiedelte. Danach hat er Pückler nur noch einmal in Branitz besucht und Pückler ihn in Wien.

Ein anderer Schriftsteller des »jungen Deutschland«, Theodor Mundt, will im Ganzen des Parks, speziell aber in der Anordnung einzelner Gruppen mit ihren Kontrasten und Kombinationen, ein geradezu religiöses Naturgefühl und zuweilen einen Hang zur Melancholie erkennen.[15] Er weist sich als Mitglied jenes Teils der bürgerlichen Gesellschaft aus, der die Macht erstrebt, aber sich von der Welt abwendet, weil diese dem Adel »gehört«. Da die Aktion keinen Erfolg verspricht, bleibt die melancholische Flucht in die Natur als dem ungestörten Raum für die Innerlichkeit.[16]

Von Bettina von Arnim (1785 bis 1859), einer der ausdauerndsten Briefpartnerinnen Pücklers, haben wir eine sehr persönliche, kritische Aussage über den Park. Nach einem Briefwechsel, in dem Bettina die Werbende, Pückler ausnahmsweise der Abwehrende, aber auch wieder Aufreizende war, schrieb er ihr, er könne sie nicht nach Muskau einladen, wünschte aber doch, daß sie den Park einmal sähe, denn – hier folgte der berühmte Satz –, »wer Muskau gesehen, hat mir ins Herz gesehen.«

Jedoch Bettina kam, quartierte sich inkognito im Hermannsbad ein und ging im Park spazieren, hoffend, daß sich aus einer Begegnung mit Pückler ein romantisches Abenteuer entwickeln würde. Als dies nicht eintraf, Pückler ihr vielmehr einen an eine Unbekannte gerichteten Brief schrieb, in dem er sie mit »Hochwohlgeborene« anredete, hätte sie erkennen können, daß er über ihre Anwesenheit nicht erfreut war. Jedoch, sie schrieb ihm weiter Liebesbriefe, in denen sie sich zu erkennen gab und wurde nun ins Schloß eingeladen. In einem dieser Briefe griff sie seinen Satz auf: »Der Hauptgrund, warum ich hierherkam, war allerdings, Dein in diesem Zauberpark verwünschtes Herz näher kennenzulernen...«[17] Der Brief, eine Perle romantischer Literatur, beginnt eigenartig:

»Die Zeit meiner Abreise, die ich bis gestern noch in weitem Feld wähnte, ist wie ein Rabe von tückischer Hand aufgescheucht mir ins Gesicht geflattert.«

In ihm ist alles enthalten, was die Schriftstellerin Bettina auszeichnet: Witz, Bosheit, Phantastik und skurrile Philosophie.

Zunächst schildert sie den Abend auf Schloß Muskau. Während sie aus ihrem »Goethes Briefwechsel mit einem Kinde« vorliest, schläft der von ihr ungeliebte »Novellendichter« Schefer ein, räkelt sich Pückler gelangweilt in seinem Stuhl und beschäftigt einen Bedienten mit Bestellungen! Dann findet Kartenspiel statt, wodurch Pückler »köstliche Stunden, die nie wiederkehren«, verpaßt. Später mahnt sie ihn, demütig seinem eigenen Genius zu folgen.

Schefer urteilte später über Bettinas Buch kurz und streng: »Von nichts zu nichts.«[18]

Seine gelegentliche Frage aufgreifend, ob sie es seiner Veranlagung und Position entsprechend erachte, seine Zeit damit zuzubringen, »dieses Land zu verschönern«, antwortet sie, daß keine Tätigkeit, die um ihrer selbst willen geschehe, größer als die andere sei; »die einfachste Handlung bringt oft den vielfältigsten Segen, gibt die tiefste Erleuchtung und dem Geist die schnellste Reife«.

Sie fährt fort, indem sie einen Gedanken des heutigen Natur- und Umweltschutzes vorausnimmt: ».. . und es ist sehr die Frage: ob der Baum, den Du mit dem Willen setzest, daß der ermüdete Wanderer in seinem Schatten ruhe, nicht mehr Glück und Segen bringt, als die kühne Tat, die Deiner Eitelkeit ihre Entstehung zu danken hätte.«

Der »einsame« Park versetzt Bettina in eine melancholische Stimmung. Sie fühlt in ihm »Trauer und zauberschlummerige Gewalt«. – Romantische Worte, die in der Sprache der Zeit die Melancholie beschreiben, die der Niedergang der Adelswelt erzeugte.

Boelcke weist darauf hin, daß Otto Brunner die Entstehung des Landschaftsparks in Mitteleuropa mit dieser Gefühlslage in Verbindung bringt.[19]

Pückler hat seinen Park als »Repräsentation feudaler Autorität« aufgefaßt. Einem so feinen Seismographen für gesellschaftliche Veränderungen wie Bettina müssen die großen Flächen dieser Naturanlage das Aufbäumen gegen die kommende, unausweichliche Entwicklung symbolisiert haben.

Heutiges bürgerliches Lebensgefühl vorwegnehmend, fand sie den Park ohne Leben. Sie beschrieb, wie sie ihn »lebendig machen« würde. »Von diesen bewaldeten Abhängen müßte sich grüner Sammet schmiegen..., und die Höhen müßten rings belebt sein von Zeit zu Zeit mit Wohnhäusern. Vieh müßte auf den Wiesen weiden, und die glühenden Öfen der Töpfer müßten da oben sein, daß sie in der Nacht herüberleuchten. Und da sollten mir Meiereien liegen in meinem Wiesengrund ...«

Zersiedelte, dem ökonomischen Nutzen – wenn auch in idyllischer Form – ausgelieferte Landschaft.

Vielleicht eine prophetische Vision? Jedenfalls das Gegenteil des selbstgenügsamen Strebens nach Naturästhetik und aristokratischer Selbstdarstellung.

Welch ein Dialog hätte sich zwischen diesen geistvollen Persönlichkeiten entwickeln können! Doch Bettina verdarb alles. Sie spielte sich am nächsten Abend im Schloß in einer Weise als Pücklers Geliebte auf, daß er mit Rücksicht auf die Fürstin und aus Sorge, lächerlich gemacht zu werden, die Geduld verlor und ihr bedeutete, daß es Zeit für sie sei, abzureisen.[20] Bettina war zunächst tief gekränkt, so daß Pückler sich entschuldigte. Ihre Freundschaft wurde wiederhergestellt, doch nahm der Briefwechsel nicht mehr die frühere Intimität der Verliebtheit an und starb 1836 ab.

Leopold Schefer (1784 bis 1862), Sohn des Muskauer Stadtarztes und seiner Frau aus einer Pastorenfamilie, verfaßte vier Jahre nach dem Verkauf der Herrschaft einen Essay über den Park. (Der wildwuchernde Stil veranlaßte die Redaktion der Zeitung, in einer Fußnote darauf hinzuweisen, daß der Artikel ein »wörtlicher Abdruck des Manuskripts« sei.)

Schefer war seit seiner Kinderzeit mit dem um ein Jahr jüngeren Hermann Pückler befreundet und gehörte zu dem engeren Kreis, der im Schloß verkehrte. Als Generalinspektor der Standesherrschaft in den schwierigen Jahren 1811 bis 1815 und seit 1820 als Beobachter der Entwicklung des Parks mit größter innerer Anteilnahme, kann seine Darstellung der Ideen Pücklers und ihrer Ausführung die gleiche Authentizität beanspruchen wie die Berichte Petzolds.[21]

Für Schefer war der Park das »schöne Gesicht der Standesherrschaft«. Er war schon seit dem Antritt der »unvermuteten und hinderlichen« Erbschaft in Pücklers Pläne eingeweiht und an ihnen beteiligt. Beide hatten zunächst für die Projekte der hochgespannten Pücklerschen Kreativität ein rationales System von Prioritäten entworfen, wonach eins nach dem anderen in Angriff genommen werden sollte. Aber diese Planung wurde dann nicht eingehalten, obwohl die Mittel doch nicht ausreichten, um die vielen kostspieligen Passionen – Parkanlagen, Pferde, Reisen, standesgemäße Repräsentation und Bauleidenschaft – zugleich zu befriedigen.

Das erste Projekt, das in Angriff genommen werden sollte, war die Verschönerung der Landschaft des Neißetals bei Schloß und Stadt Muskau. Der junge Standesherr erkannte sofort, daß hiermit die Möglichkeit großzügiger Arbeitsbeschaffung für seine notleidenden »Untertanen« gegeben war.

Dieses Motiv war mitbestimmend für das Unternehmen selbst und die Zahl der Beschäftigten, die zwischen 200 und 300 schwankte. Hinzu kam die Beschäftigung vieler Handwerker in der Stadt mit den zuzuliefernden Erzeugnissen und Leistungen. Die Muskauer erkannten bald, welchen Nutzen sie vom Verkauf ihrer Grundstücke und dem Lohn für ihre Arbeit hatten.

Die gemeinsame Parkstudienreise Pücklers und Schefers durch England im Jahre 1814 hatte Begeisterung für das schöne Land erweckt, »wo die Gebildeten und Reichen beinahe schon so süß leben, wie jemals dereinst das Menschengeschlecht auf Erden leben zu können scheint«. Mißfallen erregte, daß die Parks »wie Stockhäuser von ihren Besitzern verschlossen gehalten wurden ... ein Paradies mit einem altbejahrten Herrn Adam und einer trockenen, klapprigen Eva allein darin ...«. Der Zorn hierüber war Anlaß zur Entscheidung, den Muskauer Park für alle offenzuhalten. » D a s S c h ö n e g e h ö r t A l l e n , d a s G e l i e b t e n u r E i - n e m . «

In Deutschland wurde der Landschaftsgarten in München,

Potsdam und Muskau neben dem Ausdruck fürstlicher oder feudaler Repräsentation von Anfang an zugleich Volkspark.

Bei der Rückkehr aus England war der gartenkünstlerische Leitsatz konzipiert: »Nicht der Natur einen Charakter aufdrücken, sondern den ihr eigentümlichen – wie bei einem zu bildenden Menschen – frei zur Schönheit entwickeln.«

Die entscheidende Voraussetzung für die Verwirklichung dieses Programms in Muskau mußte erst mit dem Ankauf des ganzen Geländes östlich der Neiße, auf dem der Oberpark entstehen sollte, geschaffen werden. Schefer beschreibt, wie Pückler, sich an sein brieflich verkündetes, faires Angebot haltend, seine Macht als Standesherr nicht ausnützte, sondern von den hartnäckigen Verkäufern vielfach ausgenützt wurde. Doch berichtet er auch, daß Pückler anläßlich der Separation von den Dörfern Berg, Krauschwitz, Keula, Braunsdorf und Köbeln sehr beträchtliche Flächen erhielt, die er – man muß dies unterstellen –, soweit sie an ihn grenzten, dem Park einverleibte. Bei dieser Gelegenheit wurde die Siedlung Altköbeln, die durch ein Großfeuer vernichtet worden war, vom östlichen auf das westliche Neißeufer verlegt.

Schefer findet Ausdrücke höchsten Lobes für die Geschicklichkeit und Treue, mit der Rehder die Anordnungen Pücklers ausgeführt hat. »Ein Mann . . . so daß man seinesgleichen jedem Gartenanleger von Herzen wünschen möchte.« Aber auch nachdem Rehder nach dem Verkauf an Prinz Friedrich der Niederlande selbständiger zu arbeiten hatte, lobt ihn Schefer für Sorgfalt, Kenntnisse und Schönheitssinn bei den notwendigen Auslichtungen und Verjüngungen der Gehölze. Schon damals gab es jene von Sachkenntnis unbelasteten Stimmen, die die notwendigen Hauungen als Frevel am Park denunzierten.

Schefer hatte sich ein Haus am Rande des Parks gebaut, gegenüber dem Grabe der Machbuba. Als freier Schriftsteller seit 1820 in seiner Heimatstadt lebend, wandelte er täglich im Park, konnte so dessen Entwicklung beobachten, und so wird es ihm zur Gewißheit, »daß der Muskauer Park in 50 Jahren erst so schön zu sein anfangen wird, als er dann wohl 100 Jahre bleiben kann«.

Eine gute Schätzung, denn die Katastrophe von 1945, die den Park in zwei Teile zerriß, war zu seiner Zeit schlechthin unvorstellbar.

Leopold Schefer ist im Jahre 1862 gestorben.

Pücklers Nachbarin in Sagan, die Herzogin Dorothea, Ehefrau eines Neffen von Talleyrand, beabsichtigte, selbst einen Landschaftspark bei ihrem Schloß anzulegen. Um Anregungen und Ratschläge zu erhalten, besuchte sie Muskau. In ihrem Tagebuch berichtete sie unter dem 20. Juni 1843: »Der Fürst fuhr mich im Phaeton[22], da er wünschte, selbst der Cicerone[23] dieser außergewöhnlichen Schöpfung zu sein. In England wäre es schön, hier war es ein Wunder. Er hat nicht nur einen Park, er hat eine Landschaft geschaffen, sandige Flächen, staubige weiße Hügelchen sind verwandelt in grünende Hügel, in frische Rasenflächen; herrliche Bäume erheben sich überall, prachtvolle Baumgruppen umgeben das Schloß; ein hübscher Fluß belebt alles, die Stadt Muskau verleiht der Landschaft Interesse, die reich, anmutig und wechselvoll ist.«[24]

Fortsetzung der Arbeiten am Park

Rehder

Als Pückler Muskau verkaufte, waren die Flächen, die er zum Park bestimmt hatte, kaum zur Hälfte bepflanzt. Sie betrugen zweihundertsiebenundfünfzig Hektar, davon einhundertachtundsechzig Hektar Hauptpark und neunundachtzig Hektar Bade- und Bergpark. Sofort verkleinerte »der sehr wirtschaftliche« General Graf Nostitz, der sich im Auftrag seiner Mitbesitzer, der Hatzfelds, offenbar um die Verwaltung kümmerte, den Park. Jedenfalls wird dies von Schefer berichtet. Ob durch Verkauf oder Übertragung der Flächen an den Forstbetrieb, erfahren wir nicht. Letzteres scheint die Landkarte aus dem Jahre 1856 anzudeuten, wenn man sie mit der von 1845 vergleicht.

Der endgültige Erwerber, Prinz Friedrich der Niederlande, ordnete an, den Park in seinem damaligen Zustand zu erhalten. Der Prinz führte eine straffe Verwaltung ein, bei der auch die Mittel für den Park im Gegensatz zu früher durch ein geordnetes Voranschlagswesen begrenzt waren. Die strengere Überwachung der Kosten bedeutete nicht, daß die weitere Ausführung der Pücklerschen Pläne unterblieben wäre. Dafür sorgte zunächst der treue Rehder.

Dieser kränkelte aber in seinen letzten Lebensjahren. Auf ihm hatte in der langen Zeit von Pücklers Abwesenheit im Orient die ganze Last der Arbeit im Park gelegen, und das hatte seine Kräfte überfordert.

Pückler hatte 35 Jahre lang gepflanzt, aber entgegen seiner besseren, im Gartenwerk nachdrücklich vertretenen Einsicht die Axt nicht praktisch zur Erhaltung seiner Pflanzungen angewendet.

Petzold

Petzold berichtet in seinen nicht zur Veröffentlichung geschriebenen »Erinnerungen«,[1] daß die meisten Pflanzungen zu Stangenholz herangewachsen waren und den Schluß verloren hatten, da das Unterholz fehlte. Daher war die Verjüngung der Pflanzungen, als er am 1. September 1852 die Nachfolge Rehders angetreten hatte, vordringlich. Sie geschah durch »eine kräftige Durchforstung mit vorzugsweiser Berücksichtigung der landschaftlichen Interessen«. Dabei rückte er von innen nach außen, vom Schloß ausgehend nach den entfernteren Partien vor. Die Maßnahme wurde im Turnus von acht Jahren wiederholt. »Die Pflanzungen erhielten durch die sehr kräftigen Stockausschläge wieder Schluß.«[2]

Besondere Sorgfalt und Aufmerksamkeit forderten die größeren, freistehenden Bäume. Schlechtere wurden entfernt, damit den eine malerische Entwicklung versprechenden mehr Raum blieb. Bei den Winterarbeiten waren 60 Mann beschäftigt. Was sehr wichtig ist: Petzold zeichnete jeden Baum, der gehauen werden sollte, selbst an, um »etwaige Fehler bei dieser Arbeit zu vermeiden, da sie, einmal begangen, nicht zu verbessern gewesen wären«.

Mit berechtigtem Stolz hat er festgestellt, daß der Muskauer Park nach diesen Grundsätzen während 30 Jahren von ihm behandelt worden sei. Dieser Art der Behandlung habe er seine vielen schönen Bäume und Baumgruppen zu verdanken.

Die äußeren, schon von Pückler zur Parkanlage bestimmten

Flächen bestanden aus Kiefernwald, Feldern, Wiesen und Unland, das teils für den Betrieb des Alaunwerks reserviert, teils von dessen Abraum bedeckt war. Diese Flächen hat Petzold nach eigenen Plänen landschaftsgärtnerisch gestaltet und durch Wege mit den alten Anlagen in Verbindung gebracht.

Wir sind aufgrund der Aufzeichnungen Petzolds imstande, im folgenden zu berichten, welche Arbeiten Jahr für Jahr durchgeführt worden sind:

1853

Die erste Arbeit war die Herstellung des Verbindungsweges zwischen dem Schloßpark und dem Bergpark auf dem schmalen Grundstück, durch welches der Ring des Parks um die Stadt Muskau geschlossen wurde. Mit dieser Arbeit wurde bereits im Herbst 1852 angefangen; die Bepflanzung folgte im darauffolgenden Frühjahr.

Alsdann geschah die Umgestaltung der Anlagen beim englischen Hause, des Badeparks und des Herrengartens, da die Pflanzungen an diesen Orten zu mächtig geworden waren und das Terrain scheinbar verkleinerten. Ein Gleiches geschah in der nächsten Umgebung des Schlosses. Alle diese Orte litten an Überfüllung. Was zuerst, solange die Pflanzen noch jung waren, sehr schön aussah, paßte später nicht mehr.

Im Bergpark wurden die große und kleine Skala (Schluchten) durch Promenadenwege zugänglich gemacht. Im Oberpark erfolgte in diesem Jahr der Bau einer massiven Brücke über »Sara's Walk« in Form eines Viadukts.

1854

Die wichtigsten Arbeiten waren in diesem Jahre: der Neubau der Königsbrücke[3] und eine große Umgestaltung des dortigen Terrains, woran durch acht Monate gearbeitet wurde; die Anlage eines chaussierten Weges vom neuen Gemüsegarten auf der Kesselwiese nach der Baumschule zur Umgehung des Berges beim »Grabe des Unbekannten«.

1855

Im Unterpark wurde außer mehreren Veränderungen der Fußweg auf dem Neißedamm von der Doppelbrücke abwärts bis zum Herrengarten angelegt. Es wurde dies der Lieblingsweg von Petzolds Vater, auf dem er fast täglich spazierte, und er hieß deshalb allgemein der »Superintendentenweg«.

1856

hat Petzold die Anlagen und Pflanzungen im Heidental – unterhalb des englischen Hauses und oberhalb desselben bis zur Hermannseiche – ausgeführt.

1857

wurden die im vorigen Jahr angefangenen Arbeiten fortgesetzt. Außerdem wurden angelegt: Der Fahrweg von der Neißebrücke am englischen Hause längs der Neiße bis »Tor terrible«, von hier durch die Birken oberhalb des englischen Hauses nach der Hermannseiche, ferner die Promenadenwege unterhalb des Herren- und Galgenberges. Letzterer erhielt auch eine neue Bepflanzung. Die neue Chaussee von Sorau erhielt bis zum Eingang in die Stadt eine Allee von Scharlacheichen. Ferner wurde der neue Fahrweg vom Herrenberg durch den Wald über die Sorauer Chaussee und den Hermsdorfer Weg nach Lugknitz ausgeführt. Auch in der näheren Umgebung des Schlosses wurden auf dem großen Rondell und entlang des Weges an der Tränenwiese viele Bäume und Sträucher entfernt; es war zu voll geworden.

Im Juni 1857 wurden die beiden Löwen, die Wappentiere des Prinzen, auf der Schloßrampe aufgestellt. Diese monumentalen Tierplastiken waren Werke des Berliner Bildhauers Wilhelm Wolff (1816 bis 1887), genannt »Tier-Wolff«, zum Unterschied von anderen Bildhauern gleichen Namens.[4] Sie waren in vergoldetem Zinkguß ausgeführt. Von der Vergoldung waren später nur kleine Reste in den Achselhöhlen noch erkennbar. Die Pferde, die Pückler an dieser Stelle anbringen wollte, hat es nicht gegeben. Leider sind die Löwen nach dem Krieg, 1945, zerstört worden.

1858

Im Frühjahr wurden zunächst die Umfassungspflanzungen am neuen Weg von der Sorauer Chaussee bis zum Hermsdorfer Weg rigolt und bepflanzt. In diesem Jahre wurde auch die neue Brücke über die Neiße am Eichbusch, die später »Gitterbrücke« genannt wurde, gebaut.

1859

wurde die Umgebung der Gitterbrücke durch Wegeverlegung, Änderung der Pflanzungen und Bodenbewegungen der neuen Situation in dem Park angepaßt; eine bedeutende Arbeit.

1862

waren »große Hauungen« nötig, um die in den Jahren 1859 bis 1861 wegen der Anlage des Arboretums unterlassenen Arbeiten nachzuholen. Dankbar erwähnt Petzold Rat und Hilfe Pücklers, die er in diesem Jahr bei der Abfassung seines Werks »Die Landschaftsgärtnerei« erhalten hatte.

1863

stellte Petzold fest, daß das Baumschulgeschäft sich in Muskau sehr vorteilhaft entwickelt hatte. 1852 hatte der Umsatz noch 500 Taler betragen, in diesem Jahr waren es schon 4000 Taler (bis 1873 sollte er auf 15 000 Taler steigen). Dies veranlaßte ihn zu dem unglücklichen Entschluß, sich einen kleinen Hof bei Bunzlau zu kaufen und dort eine Baumschule einzurichten. Dabei übersah er, daß er sich bei der Werbung wegen seiner dienstlichen Pflichten in Muskau große Zurückhaltung auferlegen mußte, um eine Konkurrenz der beiden Betriebe zu vermeiden. Die Bunzlauer Baumschule ging daher schlecht, während die Muskauer florierte. Trotzdem bekam Petzold mit der Zeit Schwierigkeiten mit dem

Muskauer Generaldirektor, die ihm später den Entschluß zum Ausscheiden aus seiner Stellung erleichtern sollten.

In diesem Jahr wurde die Brücke über den Schluchtweg zur Baumschule im neugotischen Stil erbaut. Außerdem wurde im Bergpark ein von Pückler angefangener, aber nicht vollendeter Fußweg unterhalb des Weinbergs nach Krauschwitz fortgeführt.

1865

wurde die schon von Pückler gebaute Brücke über die große Schlucht beim Krautgarten abgerissen und die zu ihr führenden Verbindungswege auf der Mittelterrasse kassiert. Neue Wege zur alten Fasanerie und entlang der Schilfwiese mußten zum Ersatz gebaut werden. Die Arbeiten am Arboretum wurden fortgesetzt. In diesem Jahr mußte die Parkverwaltung auch Hilfsdienste für den von 1864 bis 1866 durchgeführten Umbau des Schlosses leisten.[5]

1866

Prinz Friedrich Karl von Preußen hatte sein Hauptquartier bei Beginn des Krieges acht Tage in Muskau aufgeschlagen. Wegen des Schloßbaues logierte er im Amtshaus. Die Mittagstafel für ihn und seinen Generalstab wurde im Saal des Theaters (später Kavalierhauses) zugerichtet. Nachdem in Sachsen die Würfel für eine Beteiligung am Krieg an der Seite Österreichs gefallen waren, verließen die Truppen Muskau. Danach marschierten vierzehn Tage und Nächte ununterbrochen gegen fünfzigtausend Mann aller Truppengattungen durch Muskau.

1867

wurden die Pflanzungen in der geographischen Abteilung des Arboretums bis zum Dorfe Lugknitz beendet und somit im wesentlichen das Arboretum fertiggestellt. Zufügungen durch neuerworbene Einführungen fanden bis zu Petzolds Abgang von Muskau alljährlich statt.

1868

Nachdem das von Pückler zum Parkterrain bestimmte Areal von Braunsdorf bis Lugknitz durch die Beendigung des Arboretums und Herstellung sämtlicher Grenzpflanzungen fertig angelegt worden war, wurde auf der anderen Seite des Parks das sehr bedeutende Areal des ehemaligen Alaunwerkes bis zum Dorfe Krauschwitz in den Parkbereich, anschließend an den Bergpark, einbezogen und in Angriff genommen. Über dieses Terrain existierte keine Bestimmung Pücklers. Das war auch nicht möglich, da das Alaunwerk noch zwanzig Jahre unter dem Prinzen Friedrich im Betrieb war. Diese Anlage wurde ganz nach Petzolds Plänen ausgeführt. Zunächst wurde der ganze Alaunbezirk durch Wege zugänglich gemacht, welche einerseits mit dem Bergpark, andererseits mit der Bautzener Chaussee in Verbindung kamen.

Da inzwischen auch die Eisenbahn von Muskau nach Weißwasser fertiggestellt worden war, wurde für den Prinzen ein Verbindungsweg vom Bahnhof nach dem Badepark hergestellt. Um dies möglich zu machen, war eine bedeutende Terrainerweiterung notwendig, es mußte viel Boden bewegt, ein ganzer Berg abgetragen und in die Neiße gefahren werden. Die Umgebung des Bahnhofes wurde ebenfalls mit Anlagen versehen, welche sich denjenigen des Badeparks anschlossen. (Auf diesem Gelände haben sich später wohlhabende Muskauer Bürger einige Villen errichtet.)

An der Bepflanzung des ehemaligen Alaunbergwerkbezirks bis an die Bautzener Chaussee und an das Dorf Krauschwitz ist in den nachfolgenden Jahren – sobald es die Unterhaltungsarbeiten der alten Parkanlagen gestatteten – bis zu Petzolds Abgang von Muskau ununterbrochen gearbeitet worden.

Petzold glaubte, mit diesen Arbeiten die Ausgestaltung des Parks im von Pückler vorgesehenen Umfang vollendet zu haben. Wir können ihm hierin nicht beistimmen, denn er hat in diesem Bereich die durch den Alaunbetrieb entstandenen

Abraumhaufen und Löcher bestehen lassen und nur die Fläche durch Pflanzungen und Ansaat von Gras in Kultur gebracht. Man hat den Eindruck, daß die Kosten für größere Erdbewegungen, wie sie Pückler an dieser Stelle zum Planieren gewiß gemacht hätte, gescheut wurden.

So entstand ein waldartiger Bestand, aber keine wirklich landschaftliche Gestaltung des vorhandenen Talgrundes. Diese ist erst in den Anfangsjahren des Zweiten Weltkrieges begonnen worden, konnte aber nicht mehr zu Ende geführt werden. Das wäre unter Einsatz der heutigen Bodenbewegungsmaschinen in unserer Zeit keine Schwierigkeit mehr.

1868

wurde auch die Freischützwiese oberhalb des englischen Hauses, welche bis dahin ganz von Pflanzungen umschlossen gewesen war, durch ihre Öffnung nach den Thoreichen zu umgestaltet.

1869

Durch Stürme im Herbst des Vorjahres und im Frühjahr waren im Muskauer Park viele Bäume entwurzelt; namentlich war in den Pflanzungen an der Berglehne beim englischen Haus ein großes Loch entstanden, welches neu bepflanzt werden mußte. Auch in den alten Waldbeständen beim Jagdschloß hatten die Stürme große Verheerungen angerichtet.

Den Krieg 1870 erlebten die Muskauer nur durch die Nachrichten vom Kriegsschauplatz. Petzold berichtet: »War der Krieg von 1866 nicht populär gewesen, so war es dieser von den Franzosen mutwillig heraufbeschworene Krieg in höchstem Grade. Erinnerte sich doch noch die gegenwärtige Generation, auch aus den Erzählungen und Überlieferungen der Väter, der jahrelangen Drangsale durch die Franzosen in den napoleonischen Kriegen zu Anfang des Jahrhunderts.«[6]

Im Jahr 1871 starb nach kurzem Krankenlager Fürst Pückler am 4. Februar auf seinem Schloß zu Branitz.

Fast an demselben Tage neunzehn Jahre zuvor war ihm sein
langjähriger treuer Diener, der geschickte Ausführer seiner
Pläne in Muskau, der hochverdiente Garteninspektor Jakob
Heinrich Rehder im Tode vorangegangen. Beide Männer
hatte der Tod nicht vereinigt, wie es früher die Absicht war;
eine gemeinsame Ruhestätte inmitten ihrer Schöpfungen, auf
der schönsten Stelle im Park zu Muskau, sollte sie im Tode
aufnehmen, die so vieles im Leben miteinander durchgemacht.

Pücklers sterbliche Überreste wurden in der von ihm selbst
ausgeführten Pryamide in Branitz zur ewigen Ruhe gebettet.
Petzold weiht ihm folgenden Nachruf: »Das schönste Denkmal hat er sich selbst errichtet in seinen Anlagen; mögen
diese unter den Segnungen eines langen Friedens erhalten
bleiben als Glanzpunkt unseres Vaterlandes, als leuchtende
Vorbilder der Landschaftsgartenkunst, zur Freude der Menschen und zur Ehre ihres Schöpfers, des guten Fürsten Pückler.
Möge die Erde, deren Verschönerung und Ausschmückung die
Hauptaufgabe seines Lebens war, möge sie ihm leicht sein.
In Liebe und Dankbarkeit gegen den großen Künstler, und
ich darf sagen den väterlichen Freund, werde auch ich ihm
ein treues Gedächtnis bewahren und sein Andenken stets in
Ehren halten.«[7]

Über seinen Abgang aus Muskau hat Petzold einige Sätze
geschrieben, bei denen man wohl zwischen den Zeilen lesen
muß: »Obgleich ich vom Prinzen Friedrich, meinem hohen
Prinzipal, die Erlaubnis dazu erhalten hatte, waren mir wegen meiner Baumschule in Bunzlau soviel Schwierigkeiten
und Unannehmlichkeiten seitens der Muskauer Generalverwaltung in den letzten Jahren bereitet worden, daß ich, derselben endlich müde, den Prinzen um meine Entlassung bat.
Diese wurde mir am 4. Mai 1878, während meiner Anwesenheit im Haag, auf ehrenvolle Weise bewilligt, nebst einer
Pension, mit der Bedingung, daß ich die obere Leitung des

96

Muskauer Parks und der Gärtnerei beibehielt und zu diesem Zweck jährlich zweimal hinreisen mußte, wofür ich Reiseentschädigung und Diäten erhielt. In gleicher Weise behielt es sich der Prinz vor, mich vorkommendenfalls auch für seine Besitzungen in den Niederlanden zu Rate zu ziehen. Am 1. Juli verließ ich mit meiner Familie Muskau.«

Hierzu ist zu bemerken, daß Petzold in sehr großzügiger Weise die Genehmigung erteilt worden war, Beratungen außerhalb Muskaus vorzunehmen und Anlagen zu schaffen. Insgesamt hat Petzold in Deutschland und den Nachbarstaaten nach eigenen Angaben einhundertfünfundfünfzig Parkanlagen entworfen, umgestaltet und betreut, davon allein fünfundfünfzig in Schlesien. Dies muß für ihn eine beträchtliche Nebeneinnahme gewesen sein. Was die Muskauer Generalverwaltung veranlaßt hat, ihm Schwierigkeiten wegen seiner eigenen Baumschule zu bereiten, läßt sich nicht mehr feststellen. Zu bewundern ist der ungeheure Fleiß dieses Mannes, der neben seiner täglichen Arbeit im Muskauer Park auch noch mehrere Bücher geschrieben hat, insbesondere das Buch über die Landschaftsgärtnerei, das in zwei Auflagen in den Jahren 1862 und 1888 erschienen ist und die vielen Beratungen, die meistens auch noch mit längeren Reisen bis nach Ostpreußen, Österreich, Bulgarien und Holland verbunden waren.

So liegt der Gedanke nicht fern, daß Pücklers Bemerkung über Lenné wegen der Anfertigung von Plänen und das Einstreichen des entsprechenden Honorars auch auf Petzold hätte gemünzt sein können.

Arboretum Muscaviense

1856 hat Petzold ein Büchlein über den Park von Muskau geschrieben, in dem er nicht nur detaillierte Angaben über die Entstehung, sondern auch didaktische Ausführungen über die Erhaltung gemacht hat. Hierbei ist er verhältnismäßig ausführlich auf die Notwendigkeit der ständigen und regelmäßigen Eingriffe mit der Axt eingegangen.

Es ist erstaunlich, wie wenig sich die Besucher eines Parks, die den ästhetischen Genuß der dort geschauten Landschaftsbilder hoch schätzen, darüber klar sind, daß zur Erhaltung dieser Bilder solche Eingriffe nötig sind, weil das Material, mit dem sie geschaffen sind, dauernd seine Form verändert. Die Unkenntnis führt zu Protesten, und diesen kann nur durch Aufklärung entgegengetreten werden; so auch von Anfang an in Muskau.[1]

Nach 1856 wandte sich Petzold seinem Hauptwerk zu, der Schaffung eines Arboretums auf einer an den Oberpark angrenzenden Fläche. Diese Anlage hat er offenbar als sein eigenständiges Lebenswerk aufgefaßt. »Ich hatte Freude an dieser Schöpfung, wodurch ich für die viele Arbeit Entschädigung und Genugtuung empfand.«

Seit dem Jahre 1857 widmete er sich dieser Aufgabe, die er schon seit langem im Sinne gehabt hatte. Prinz Friedrich ließ sich überzeugen und genehmigte den bedeutenden Plan.

»Ein Arboretum ist eine geordnete Zusammenstellung aller ... holzartigen Pflanzen ...« In diesem Falle sollten nur diejenigen Gehölze aufgenommen werden, die bei uns im Freien gedeihen, unter Ausschluß der Obstsorten.

Über den Zweck des Arboretums schrieb Petzold im Vorwort zu dem von ihm und seinem Mitarbeiter G. Kirchner verfaßten Katalog:

»Der Zweck des Arborets ist ein doppelter. Einmal soll es uns Gelegenheit verschaffen, die zahlreichen Gehölze, ihren Effekt in der Landschaft und ihren Nutzen durch eigene Anschauung in gedrängter Zusammenstellung kennenzulernen, und zweitens soll es die Möglichkeit bieten, eine sichere Grundlage für eine so nothwendige Sichtung und betreffende Berichtigungen in der Nomenklatur der Gehölze zu gewinnen.«[2]

Petzold entschloß sich, um dies zu erreichen, zu der Aufstellung nach dem botanischen Pflanzensystem, weil sich dies »am besten mit einer landschaftlichen Anordnung des Ganzen vereinigen« läßt. Gleichzeitig ergab sich so die Möglichkeit, die Härte der Gehölze zu prüfen.

Dem Pflanzer einer landschaftlichen Gartenanlage sollte die Möglichkeit geboten werden, durch eigenen Augenschein sich ein Bild von der Wirkung seltener Gehölze in einer großen Landschaft zu machen.

Die Fläche zur Anlage des Arborets (wir benützen die von Petzold verwandte deutsche Form des Worts) war bei Beginn der Arbeiten Kiefernwald. Sie wurde im Westen vom steil ins Neißetal abfallenden Herrenberg, im Osten durch das Observatorium (ein Platz, an dem Pückler einen Aussichtsturm hatte errichten lassen wollen), im Süden durch die Sorauer Chaussee und im Norden durch die Baumschule begrenzt. Pückler hatte schon die hauptsächlichen Wege anlegen lassen. Westlich vom Observatorium senkte sich das Gelände zu einem schmalen Tal (geologisch gesprochen zu einem Gießer), in dem sich Wasser zu einem kleinen Teich gesammelt hatte. Sonst bildete das Gelände zwei größere Plateaus. Der Boden war sandig mit gelegentlichen Beimischungen von Lehm.

Im Winter 1857/58 begannen die Arbeiten mit der Abtreibung des größten Teils der Kiefernbestände. Nur der Bestand auf dem Plateau südlich des erwähnten Teichs und entlang der Sorauer Chaussee blieb. Ein kleiner Bestand alter Kiefern blieb auch am Herrenberg, um des Landschaftsbildes von der gegenüberliegenden Höhe des Bergparks willen.

Die Gesamtfläche des Arborets betrug vierundfünfzig Hektar, hiervon wurden bis 1863 dreißig Hektar mit Arboretpflanzungen bepflanzt. Für die Grenzpflanzungen und eine spätere Ausdehnung des Arborets blieben vierundzwanzig Hektar.

Von der für Arboretpflanzen gebrauchten Fläche nahmen die Koniferen fünfeinviertel Hektar, die Weiden eineinviertel Hektar, die Eichen vier Hektar, die Apfelfrüchtler (Weißdorn) zwei Hektar ein. Der Rest, rund siebzehneinhalb Hektar, blieb für die übrigen Gehölzfamilien.

Das Arboret bildete eine in sich abgeschlossene Abteilung des gesamten Parks.

Auf den den einzelnen Familien zugeteilten Flächen wurden die Exemplare unter Beachtung des landschaftlichen Effekts möglichst einzeln, sonst die Bäume hainartig, die Sträucher in leichten Gruppen aufgestellt. Um die Vorteile von Pflanzengesellschaften auszunützen, wurden nicht ins Arboret gehörende Füllpflanzen zwischen die Arboretpflanzen gesetzt. Jene sollten später entfernt werden. Das hätte eine intensive Überwachung und Pflege der Pflanzungen erfordert.

Es wurden nur die unbedingt notwendigen Wege angelegt, um das Landschaftsbild nicht zu zerstückeln.

Die Länge der Fahrwege betrug 4,33 Kilometer, die der Fußwege 2,67 Kilometer.

1863 waren vertreten:

Die Weiden	durch	104 Arten
die Birken	durch	35 Arten
die Eichen	durch	145 Arten
die Pappeln	durch	25 Arten
die Ulmen	durch	53 Arten
die Eschen	durch	57 Arten
die Robinien	durch	42 Arten
der Weißdorn	durch	90 Arten
der Ahorn	durch	48 Arten
die Roßkastanien	durch	58 Arten
die Linden	durch	35 Arten
die Magnolien	durch	22 Arten.

Das Ganze enthielt einen für die damalige Zeit gewiß, aber vielleicht auch noch lange danach beachtlichen Reichtum an Arten von Gehölzpflanzen. Mit berechtigtem Stolz schrieb Petzold, daß das Werk »ein Gemeingut für Kunst und Wissenschaft ... und ein Nationalwerk« war.[3]

Ein Nationalwerk: Dieses Wort öffnet den Blick in die damals von der Sehnsucht nach nationaler Einheit geprägte Gefühlslage der Gebildeten in Deutschland. Seit den Befreiungskriegen immer stärker werdend, fand sie zuerst im Paulskirchen-Parlament ihren Ausdruck, scheiterte scheinbar nach der Revolution von 1848 und der Ablehnung der Kaiserkrone durch Friedrich Wilhelm IV., um schließlich von Bismarck zur kleindeutschen Reichsgründung unter der Vorherrschaft Preußens benützt zu werden. Gewiß war Petzold vordergründig von seinem fachlichen Interesse an der Dendrologie bestimmt. Im Unterbewußtsein hat diese Sehnsucht aber mitgesprochen, denn für die Zwecke des Parks hätte eine Vergrößerung der Baumschule zur Anzucht von exotischen Gehölzen, denen der Muskauer Biotop entsprach, genügt. Ohne einen Vergleich anzustellen, will uns scheinen, daß hier eine Parallele zu jener großen Sammlung nationaler Kunst und Handwerks im Germanischen Nationalmuseum in Nürnberg vorliegt, das 1852 von Hans Freiherr von Aufseß gegründet und 1857 an seine heutige Stelle, das ehemalige Kartäuserkloster, verlegt wurde.

Die Parallelität der Absichten beider Gründer finden wir in ihren Erklärungen: Aufseß wünschte sich das geplante Museum als »Nationalanstalt« und »Gemeingut des deutschen Volkes«,[4] Petzold die Aufstellung der in Deutschland lebensfähigen Gehölze als »Nationalwerk« und »Gemeingut für Kunst und Wissenschaft«. Es konnte damals nur eine Frage der Zeit sein, daß das Gefühl nationaler Einheit auch in der Politik Wirklichkeit wurde.

Petzold schreibt 1890 in seinen »Erinnerungen«:

»Leider ist diese bedeutende Anlage, welcher ich eine Arbeit von 20 Jahren widmete, dem Untergange geweiht, da der gegenwärtige Besitzer kein Interesse dafür hat. Ich selbst habe dieses Werk aus Interesse für die Sache unternommen und durchgeführt, und obgleich dasselbe, außer meinen übrigen Berufsarbeiten, meine sämmtlichen Mußestunden in Anspruch nahm, keinen pekuniären oder sonstigen Gewinn gehabt, den ich auch nicht erwartete. Der große Gewinn, den ich von dieser Arbeit hatte, bestand in der bedeutenden Erweiterung meiner dendrologischen Kenntnisse, und ich hatte Freude an dieser Schöpfung, wodurch ich für die viele Arbeit Entschädigung und Genugthuung empfand. Von Berlin aus wurde dieselbe todtgeschwiegen.«[5]

Man muß die Freude Petzolds an der Verwirklichung seiner großartigen Konzeption mitfühlen, die ihm durch die Großzügigkeit seines Mäzens aus königlichem Hause ermöglicht wurde, um die Bitterkeit zu verstehen, mit der er am Ende seines Lebens in seinen Erinnerungen feststellt, daß »diese bedeutende Anlage dem Untergange geweiht« sei, weil dem damaligen Besitzer das Interesse dafür fehle.

Dreierlei ist zu diesem Ausspruch der Enttäuschung zu bemerken. Zum ersten, daß Petzold die ökonomische Möglichkeit der Unterhaltung einer solchen Anlage offenbar nicht richtig eingeschätzt hat, zum zweiten, daß zwar viele Arten mit der Zeit ausgefallen sind, vieles aber erhalten geblieben, ja sich weiterentwickelt hat. Die Prüfung der Härte hat zu einer erstaunlichen Auslese geführt. Schließlich hätte eine Ausdehnung der Arboretumsanlagen auf weitere, beträchtliche Teile des Parks dessen Charakter verändert.

Im Jahre 1858, in dem die Anlage des Aborets begonnen wurde, kehrte ein anderer Lehrling Rehders, Gustav Schrefeld (1831 bis 1891), nach Muskau zurück und wurde von Petzold als Leiter der Baumschule angestellt. Schrefeld war der Sohn eines Muskauer Stellmachers, trat 1846 als Lehrling in die Gärtnerei und Parkverwaltung ein, arbeitete kurze Zeit in Weimar unter Petzold, blieb mit diesem weiterhin in Verbindung und wurde von ihm 1858 nach Muskau zurückgeholt. Nach dem Weggang Kirchners 1872 wurde ihm auch das Arboret unterstellt. Als sich Petzold 1878 zurückzog, wurden der Park dem Inspektor Roth, Baumschule und Arboret Schrefeld als Direktor unterstellt. Nach Roths Abgang wurden beide unter des letzteren Leitung zusammengefaßt. Schrefeld erweiterte die eigentliche Arboretfläche und fügte neue Gehölze zu den vorhandenen hinzu.[6] 1883 kaufte Traugott Hermann Graf von Arnim die Standesherrschaft von den Erbinnen des Prinzen der Niederlande. Für die von ihm durchgeführte Umstrukturierung in eine industrialisierte Forstwirtschaft konzentrierte er seine Mittel auf die neuen Aufgaben. Das Arboretum konnte nicht mehr in der bisherigen großzügigen Weise finanziell ausgestattet werden.

Anfang 1891 starb Schrefeld unerwartet. Sein Nachfolger Rudolf Lauche (1859 bis 1940) war der Sohn eines berühmten Dendrologen und selbst ein hochgeschätzter Dendrologe und Botaniker. Schon am 1. März 1891 trat er seinen Dienst in Muskau an. Bis Ende 1928 leitete er die Parkverwaltung und betreute zugleich das Arboretum.

In den Mitteilungen der Deutschen Dendrologischen Gesellschaft für 1899 wird über deren Besuch in Muskau berichtet. Baumschule und Arboretum interessierten besonders. In der Baumschule fielen besonders schöne und eigenartige Exemplare der Scheinzypresse (Chamaecyparis Lawsoniana) und Kiefernarten auf, in der Nähe des englischen Hauses eine schlanke, spindelförmige Arve (Zirbelkiefer). Bewunderung erregten die uralten Eichen, von denen die Hermannseiche und die hohle Idunaeiche auf achthundert Jahre geschätzt wurden. Über den Zustand des Arboretum heißt es: »Das Arboretum, dereinst von Petzold zum großen Teil auf sehr magerem, sandigem Boden angelegt, ist seit einer Reihe von Jahren ohne Pflege sich selbst überlassen. Dasselbe bietet aber grade in diesem Zustande auch wieder außerordentlich viel Belehrendes für jeden Baumpflanzer, zumal auch für den Forstmann, der hier sehr wichtige Studien über das Gedeihen der Ausländer machen kann.

Im Kampf ums Dasein sind hier viele dereinst gepflanzte Gehölze zugrundegegangen, vielleicht auch teilweise der Ungunst der Verhältnisse, je nach ihren Ansprüchen an Boden und Feuchtigkeit usw. erlegen, aber nichtsdestoweniger finden wir von den verschiedensten Baumarten wahre Pracht-exemplare, wie sie uns selten wieder begegnen ...

Von Eichen ist noch gar manche Art und als Individuum manch herrlicher Baum erhalten, vor allem die Scharlach-eichen Nordamerikas treten uns in prächtigen Exemplaren entgegen ... Unvermerkt kommen wir in den Park, wo mächtige amerikanische Eichen und echte Kastanien mit starken Stämmen, die reife Früchte liefern, uns begrüßen.«[7]

Der nächste Besuch des Arboretum durch die Deutsche Dendrologische Gesellschaft fand 1909 statt. Über ihn berichtet der gleiche Verfasser: »Es ist ein vierzigjähriger Baumbestand [richtiger wäre fünfzigjährig] auf ehemaliger Kiefernheide, der uns hier in schönster Entwicklung entgegentritt; gründlich ist derselbe im letzten Winter durchforstet worden. Vor allem ist ein reiches Eichensortiment zu nennen, dann auch Prunus serotina (Traubenkirsche), die hier überall vertreten und auch als Unterholz trefflich gedeiht. Ganz entzückt waren die Beschauer von einer wohl einzig dastehenden Lichtung im Bestande, wo die reizende, aromatische Myrica, auch Comptonia asplenifolia (Farnstrauch, auch farnblättrige Wachsmyrthe, Gagel), eine Fläche von vierhundert Quadratmetern im Heidekies überzieht. Sie findet hier so ganz die ihr zusagenden Bedingungen und zeigt sich deshalb in größter Schönheit und Üppigkeit wie im Vaterlande Nordamerika.«[8]

Die Aufzählung der wichtigsten von den Dendrologen in Park und Arboret besichtigten »Baumschätze« ergab damals eine Liste von zweihundertsiebenundzwanzig Nummern.[9]

Das letzte Mal vor 1945 besuchte die Deutsche Dendrologische Gesellschaft Muskau im Jahre 1936. Im Arboretum erfreute die Dendrologen das umfangreiche Eichensortiment von immer noch achtzig Arten, das von Lauche hinter dem Mausoleum ergänzt worden war. In dem Bericht wurden wieder die auffällig ebenmäßig gewachsene Arve (Pinus cembra), der im Arboret weit ausgebreitete wurzelechte Bestand von

Robinia hispida (borstige Scheinakazie) und der Farnstrauch, der sich inzwischen auf eine Fläche von eintausend Quadratmetern ausgedehnt hatte, erwähnt. Rudolf Lauche konnte als Vizepräsident der Gesellschaft ihr zum letzten Mal seine Schätze vorführen.

Das Muskauer Arboretum hat sich nicht so entwickelt, wie sein Gründer es sich gedacht hatte. Dennoch hat es eine große Anziehungskraft für Dendrologen gehabt. Das besondere daran war, daß sich dort Gehölzpflanzen unter für sie ungünstigen Verhältnissen ungewöhnlich gut entwickelt haben, von denen man es nicht erwartet hätte. Das auffälligste Beispiel hierfür war die Edelkastanie. Normalerweise gilt die Mainlinie als nördliche Grenze ihres Vorkommens. Muskau liegt außerhalb ihres Wuchsgebietes. Dennoch brachte sie prächtige Bäume hervor, wurden ihre Früchte in günstigen Jahren reif. In besonders kalten Wintern konnte sie erfrieren, schlug aber dann vom Stock strauchartig, das heißt mit mehreren Stämmen, wieder aus. Myrica asplenifolia, auch Comptonia genannt, der Farnstrauch, soll nach Kirchner Torferde und Schatten verlangen; dort gedieh er ungemein üppig auf trockenem Kiesboden. Robinia hispida, die borstige Scheinakazie, breitete sich ebenfalls mit ihren Wurzelschossen kräftig aus. Die Robinie, ebenso wie Myrica eine Einwanderin aus Nordamerika, gedieh auch sonst fast unkrautartig in dem Muskauer Forst. Die Sumpfeiche, Quercus palustris, eine der nordamerikanischen Scharlacheichenarten, gedieh ihrem Namen zum Trotz ebenfalls auf dem kiesigen Sand. Die gute Entwicklung des Sortiments artiger Birken war hingegen zu erwarten. Im Herbst vertrug sich ihr hellgelbes Laub gut mit dem Rot der nordamerikanischen Eichen. Landschaftlich gab am Hang über dem schmalen Tal beim Observatorium das Pinetum einen beherrschenden Akzent von ernster Stimmung. Dort standen schöne Kiefernarten vom Balkan, von Korsika und Nordamerika.

Nachdem das Arboretum sich selbst überlassen worden war,

entwickelte sich dort eine eigenartige, dem Biotop angepaßte Mischung einheimischer und fremdländischer Pflanzen. Dieser Parkteil erhielt dadurch einen eigenen Charakter.

1928 schlug Lauche eine lange, schmale Lichtung vom Herrenberg in der Richtung zum Observatorium. Es sollte eine Spielbahn des von Adolf Arnim gewünschten Golfplatzes werden. Dieser Plan wurde nicht ausgeführt, aber der Anfang zu einer besseren landschaftlichen Gestaltung des Arborets war gemacht. Wertvolle Bäume wurden dabei geschont.

Auch wenn das Arboretum in den ersten Jahrzehnten unseres Jahrhunderts nicht als solches gepflegt worden ist, so sind die exotischen Bäume und Sträucher in ihm und im Park doch aufmerksam daraufhin beobachtet worden, wie sie sich unter besonderen klimatischen Bedingungen verhalten haben. Diese Beobachtungen wurden seit der Gründung der Waldgutstiftung in den Verwaltungsberichten der Aufsichtsbehörde und dem Stiftungsvorstand im Rahmen der Rechenschaft über die Pflege des Parks unterbreitet. Hier seien Angaben aus den Jahren 1940 und 1941 wiedergegeben, die die Wirkung der ungewöhnlich strengen Winter 1939/40 und 1940/41 an den exotischen Gehölzen in Arboretum und Park beschreiben.

Der Frost setzte im November 1939 ein und dauerte ununterbrochen bis Ende März 1940. Die niedrigste Temperatur betrug im Januar achtundzwanzig Grad Celsius unter Null. Selbst der Monat März hatte noch zwanzig Frosttage. Die Monate April, Mai, Juni waren verhältnismäßig trocken mit einer Niederschlagsmenge von zweiundfünfzig Millimetern im Durchschnitt. Die Monate Juli, August, September waren sehr niederschlagsreich. Die Niederschlagsmenge im September betrug 222, 8 Millimeter. Der Monat August zeigte selten niedrige Temperaturen. Nachttemperaturen von nur sechs Grad Celsius waren keine Seltenheit.

Es war unter den obwaltenden Umständen möglich, Beobachtungen über die Winterhärte verschiedener Pflanzen, insbesondere der im Park angepflanzten Koniferen, zu machen.

Im einzelnen konnte festgestellt werden, daß von den Tannenarten Abies pectinata (alba), Abies cephalonica und Abies Nordmanniana stark gelitten hatten, während Abies concolor sich als widerstandsfähig erwies. Die Tannen, die gelitten hatten, haben sich auch im Laufe des Sommers nicht wieder erholt. Insbesondere mußte Abies pectinata fast vollständig im Herbst entfernt werden.

Buxus arborescens hat stark gelitten. Chamaecyparis Lawscniana hat durch den Frost stark gelitten, konnte sich aber im Verlauf des Sommers in erstaunlichem Maße erholen. Chamaecyparis pisifera hat teilweise gelitten, während sich Chamaecyparis pisifera filifera als widerstandsfähig erwies. Völlig widerstandsfähig war Chamaecyparis nutkaensis. Cryptomeria japonica hat stark gelitten. Alle vorhandenen Juniperus-Arten, auch Juniperus virginiana und auch die Larix-Arten haben sich als völlig widerstandsfähig erwiesen. Leider hat auch Libocedrus decurrens stark gelitten.

Von den Fichten hat merkwürdigerweise nur Picea excelsa teilweise gelitten, während Picea alba (canadensis), Picea omorica und Picea pungens sich als völlig widerstandsfähig erwiesen haben. Ähnliches gilt von den Pinus-Arten, von denen nur Pinus ponderosa gelitten hat.

Von pseudotsuga Douglasii haben nur einige Exemplare Frostschäden gezeigt, sind aber wieder im Laufe des Sommers ausgeheilt. Sequoia gigantea hat stark gelitten. Taxodium distichum hat sich als völlig widerstandsfähig erwiesen: Taxus baccata ist teilweise erfroren, andere Exemplare blieben unberührt. Thuja gigantea und Thuja occidentalis erwiesen sich als widerstandsfähig, desgleichen im allgemeinen Tsuga canadensis, während Thujopsis dolabrata Frostschäden zeigte, aber sich wieder erholte. Leider haben Crataegus pyrocantus (Feuerdorn) und der Efeu stark gelitten. Doch sind vom Efeu am Schloß nur einige wenige Pflanzen eingegangen.

Die Rhododendronarten zeigten eine sehr unterschiedliche Widerstandsfähigkeit. Rote, rosa und weiße Sorten haben zum Teil stark gelitten, besonders dort, wo sie über Mittag dem Sonnenlicht ausgesetzt waren. Der violette Rhododendron catawbiense hat sich als vollkommen widerstandsfähig erwiesen. Die Sträucher, die durch den Frost gelitten haben, sind stark zurückgeschnitten worden.

Bei den Laubholzarten haben sich außer bei Castanea vesca und den Obstbäumen keine Schäden gezeigt. Die älteren Exemplare von Castanea vesca im Arboret sind fast sämtlich erfroren und mußten entfernt werden. Junge Exemplare überstanden den Winter meist gut. Auch einige ältere in geschützter Lage am Eichsee.

Auch im Jahr 1940/41 verlief die Witterung im großen und ganzen sehr ungünstig. Der Frost setzte im Oktober ein. Die niedrigste Temperatur betrug im Januar dreiundzwanzig Grad Celsius unter Null. Die Niederschlagsmenge war besonders groß und betrug 1 301,9 Millimeter.

Die im Vorjahr gemachten Beobachtungen über die Winterhärte verschiedener Pflanzen konnten bestätigt werden. Diejenigen Gehölze, bei denen kein Totalabgang eintrat, haben sich wieder gut erholt. Es wurde in diesem Jahre das erste Mal die Samengewinnung der kanadischen Hemlockstanne, Douglasie und Traubenkirsche zum Zwecke autochthoner Nachzucht versucht.

Die laufenden Arbeiten konnten trotz des Krieges bis in das Frühjahr hinein durchgeführt werden. Vom Mai ab mußten die Gefangenen auf Anordnung des Arbeitsamtes aus dem Park herausgezogen werden.

Andere Anlagen von Pückler

Branitz

Pücklers Schmerz bei dem Abschied von Muskau war nur eine momentane Aufwallung. Zunächst überwog das Gefühl der Freiheit und Sicherheit nach den Jahren des Kampfes mit den Schwierigkeiten der Verwaltung und des Druckes, der von den auf Muskau lastenden Schulden ausging. Schon nach wenigen Tagen schrieb er an Lucie: »Es ist nichts in mir als reine Freude.«[1] Eine Aussage, die zum Teil auch dazu bestimmt sein sollte, ihr den Verlust Muskaus, den sie bitter empfand, zu erleichtern. Während sie trauernd in Berlin saß und die schwere Aufgabe hatte, das, was nicht in Muskau bleiben sollte, nach Branitz bringen zu lassen – es waren hauptsächlich die Bibliothek, wertvolle Möbel und die Familienbilder –, reiste er von Hof zu Hof und ließ sich als Weltmann und Gartenkünstler feiern. »Hofluft und Waldluft« wechselten ab, wenn er in Weimar oder Babelsberg den ihm befreundeten hohen Herrschaften von seinen Reisen erzählte oder half, ihre Gartenprobleme zu lösen. Ein kurzer Besuch in Branitz, wohin sich Lucie vorübergehend zurückgezogen hatte, konnte ihn noch nicht für seinen väterlichen Besitz, der seit 1695 der Familie gehörte, begeistern. Ihren Bitten, sich auch dort niederzulassen, und es durch Gartenanlagen zu verschönern, widerstand er. Vielmehr trat er im Sommer schon wieder eine Reise nach Süddeutschland, der Schweiz und Oberitalien an. Reisen, das war sein größtes

Vergnügen und die liebste Erholung. Diesmal träumte er davon, an einem der oberitalienischen Seen eine Villa zu erwerben, in die er sich mit seiner »Schnucke« zurückziehen wollte. Jedoch, es kam anders. Ihre Überraschung muß vollkommen gewesen sein, als sie seinen Brief vom 29. August 1846 erhielt, in dem er seinem lieben »Sandwurm« mitteilte, daß er von der zauberhaftesten und romantischsten Landschaft angewidert sei und nun von der Verschönerung von Branitz träume, für die ihm eine »Idée lumineuse« gekommen sei. Deren Ausführung könnte den Ort nicht nur ertragbar, sondern sogar »original« machen.[2]

Muskau war inzwischen von den Käufern, die es offenbar nur als Spekulationsobjekt betrachtet hatten, an den Prinzen Friedrich der Niederlande mit hohem Gewinn weiterveräußert worden.

Pückler wandte sich seit dem Herbst 1846 mit wachsender Begeisterung der Anlage eines Parkes in der »Sandbüchse« Branitz zu. Nun darf man seine Klagen, daß es eine »schwerere Aufgabe als die hiesige« kaum geben könne, nicht allzu wörtlich nehmen. Der Verdacht ist nicht von der Hand zu weisen, daß er hier bewußt übertrieben hat, um seine unbezweifelbar großartigen gärtnerischen Leistungen in um so hellerem Lichte erscheinen zu lassen.

Helmut Rippl weist in seiner sorgfältigen Beschreibung des Branitzer Parks darauf hin, daß der Grundwasserstand wegen der Nähe der Spree hoch war und daß an vielen Stellen Lehm und sandiger Lehm ausgezeichnete Voraussetzungen für das hervorragende Wachstum der Wiesen und Pflanzungen boten.[3] Die folgende Darstellung beruht wesentlich auf diesem Werk.

Ähnlich wie in Muskau läßt sich auch in Branitz die Entstehung des Parks an Hand der Kassenbücher verfolgen. Dazu kommen mehrere Pläne, die den Zustand des Parkareals im Laufe der Zeit verdeutlichen. Schon seit dem März 1846 sind erste Pflanzarbeiten festzustellen. Im gleichen Jahr sind zwei Pläne gezeichnet worden, von denen der eine von dem Zustand vor 1845 ausgehend schon Eintragungen erster Gestaltungsideen zeigt, der zweite die Erleuchtung, die ihm am Lago Maggiore kam, erkennen läßt. Nach diesem sollte der geplante Park etwas über sechzehn (16,2) Hektar groß werden. 1846 wurde auch schon mit den Umbauten am Schloß, Marstall und Kavalierhaus begonnen, wofür in den nächsten fünf Jahren jeweils zwölftausend bis fünfzehntausend Taler ausgegeben wurden. Schinkel lebte nicht mehr, so ließ sich Pückler hier von Gottfried Semper beraten, der zu dem Kreis der auch schon in Muskau herangezogenen Architekten gehörte. Pückler gibt am 1. April 1847 eine humorvolle Schilderung von seinem Besuch: »Semper ist heute angekommen und glaubte, in den April geschickt zu sein, als er Branitz sah, das ihm zu horribel in seiner Umgebung vorkam ... ich bedeutete ihm aber, es koste schon 20 000 Taler und werde sehr schön werden, und er tat wenigstens so, als wenn er es glaubte ...«[4]

Man sieht, Pückler war bereits in vollem Schaffensdrang. Sempers kurze Gastrolle (er mußte schon im nächsten Jahr aus Dresden fliehen) brachte für Schloß Branitz Entwürfe für die schöne Freitreppe, die das Schloß umgebende Terrasse, die Marstall und Kavalierhaus verbindende Pergola, und für ein Gewächshaus. An der Mauer der Pergola wurden Flachreliefs nach Thorwaldsen aus Terrakotta angebracht, die noch vorhanden sind und Statuen aufgestellt.

1847 mußten, wie in Muskau, als wichtigste Voraussetzung für die Abrundung des Parkgebiets, elf dem Gut noch dienstpflichtige Büdner aus der Nähe des Schlosses gegen Entschädigung in neue Häuser am Südrand des Dorfes umgesetzt werden. Es konnte nun mit den eigentlichen Arbeiten am Park begonnen werden, wobei Pückler in der auch in Muskau geübten Weise vorging, das heißt, er ließ an allen Teilen des Parks gleichzeitig arbeiten und leitete die Arbeiten in der von Laube beschriebenen Weise. Wie Petzold berichtet, hat er in Branitz dichter als in Muskau gepflanzt.[5] Manche Wirtschaftsgebäude waren dort zu verdecken, das Ganze neu zu schaffen. Er hat versucht, das endgültige Bild, das ihm vor Augen stand, sofort zu verwirklichen, weil er fürchtete, es sonst nicht zu erleben. An Pflanzen wurden auch in Branitz von Pückler fast ausschließlich einheimische Laubbäume verwandt, in der Hauptsache Buchen, Stieleichen und Hainbuchen. Unübersehbar sind auch hier einige prachtvolle Linden. Er hielt sich an die Arten, von denen er sicher war, daß sie gut gedeihen würden. Zur schnellen Erzielung von Raumbildern hat er oft Schwarzpappeln gepflanzt. Die Bäume hat er anfangs als Heister aus Baumschulen bezogen, später selbst herangezogen. Als Solitäre und zur Bildung des Gerüstes seiner Pflanzungen hat er viele bis zu dreißig und vierzig Jahre alte Bäume in der Umgebung gekauft und nach Muskauer Methode gepflanzt. Es waren bis 1850 bereits vierhundert Stück. Von ihnen sollen noch heute viele zu finden sein, wenngleich der größere Teil schon verschwunden ist.

In Branitz mußte Pückler, wollte er eine malerische Bodenmodellierung erreichen, sehr erhebliche Erdarbeiten machen lassen. Rippl schätzt, daß bei den Ausschachtungen für die Teiche achtzigtausend bis neunzigtausend Kubikmeter Boden bewegt werden mußten. Hinzu kamen die Ausschachtungen für die elf Kilometer Wege und den vier Kilometer langen Grenzwall, so daß insgesamt einhunderttausend Kubikmeter Erde zu bewegen waren. So entstanden der Schloßteich, der Schwarze See, der Schilf-, Weiden- und Bergsee in den Jahren 1849 bis 1850. Der Aushub wurde zu Erhöhungen verwendet, die die Namen Mondberg, Rosenhügel und Schilfseeberg erhielten. Eine Erhöhung erhielt den Namen »vergrabener Bauer«, weil sie aufgeschüttet worden war, um eine Bauernwirtschaft zu verbergen, deren Besitzer nicht hatte verkaufen wollen. Der Anteil der Wasserflächen war relativ groß. Pückler verstand die topographischen Gegebenheiten zu nutzen; in Muskau die Höhenunterschiede des Neißetals, in Branitz den hohen Grundwasserstand im Flachland.

[1] Schloß Muskau. Lithographie um 1825.

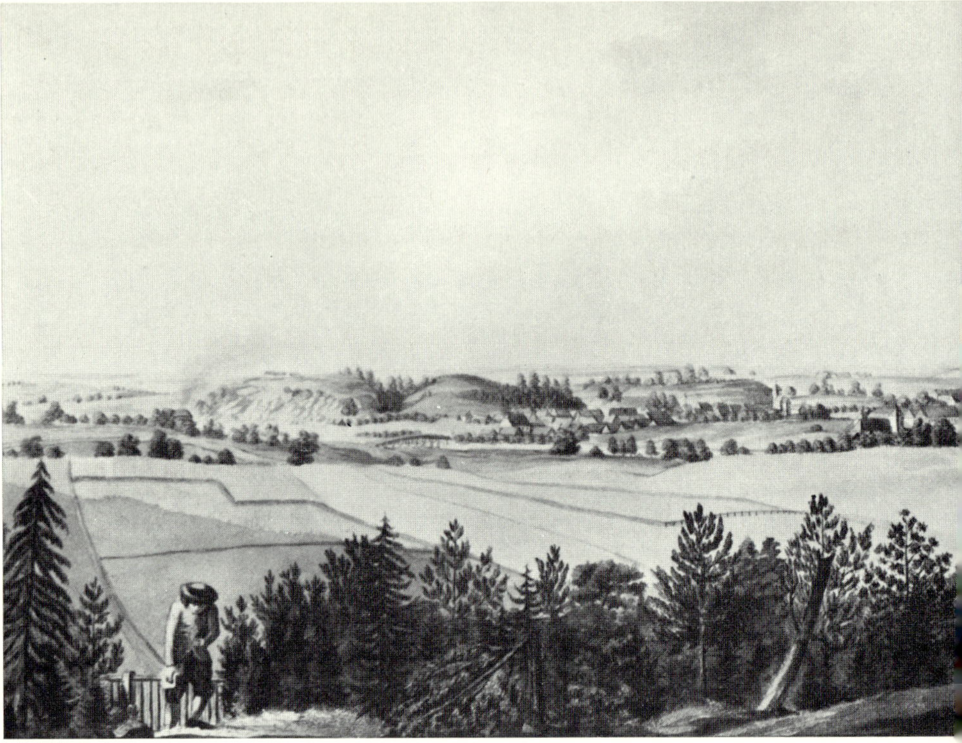

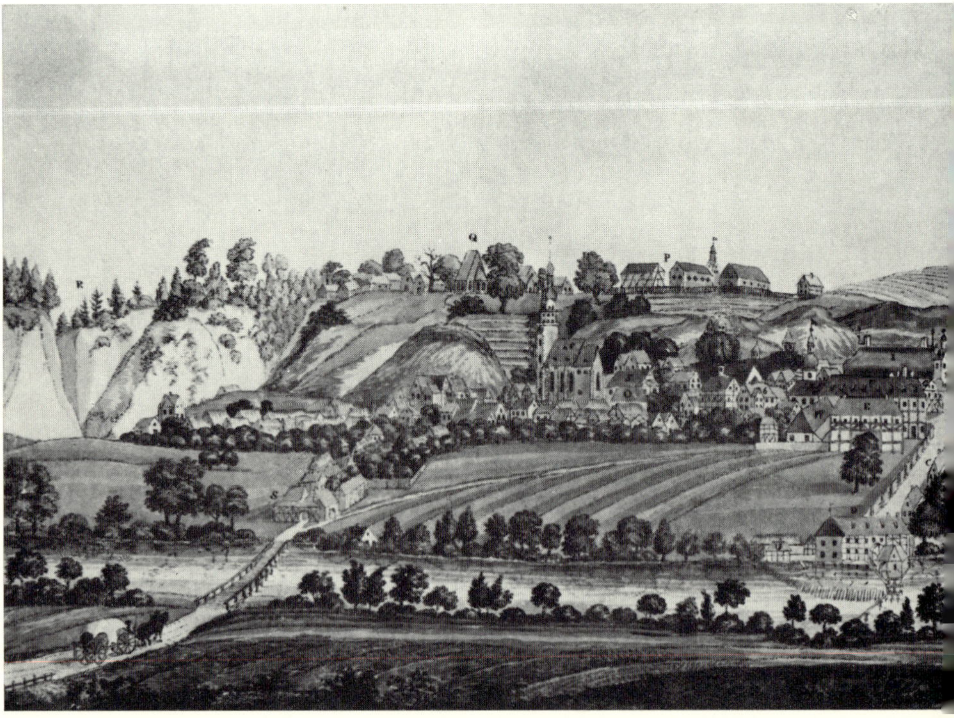

[2] Umgebung von Muskau. Kolorierter Kupferstich um 1800.

[3] Dorf und Schloß Muskau in der Oberlausitz. Kupferstich 1742.

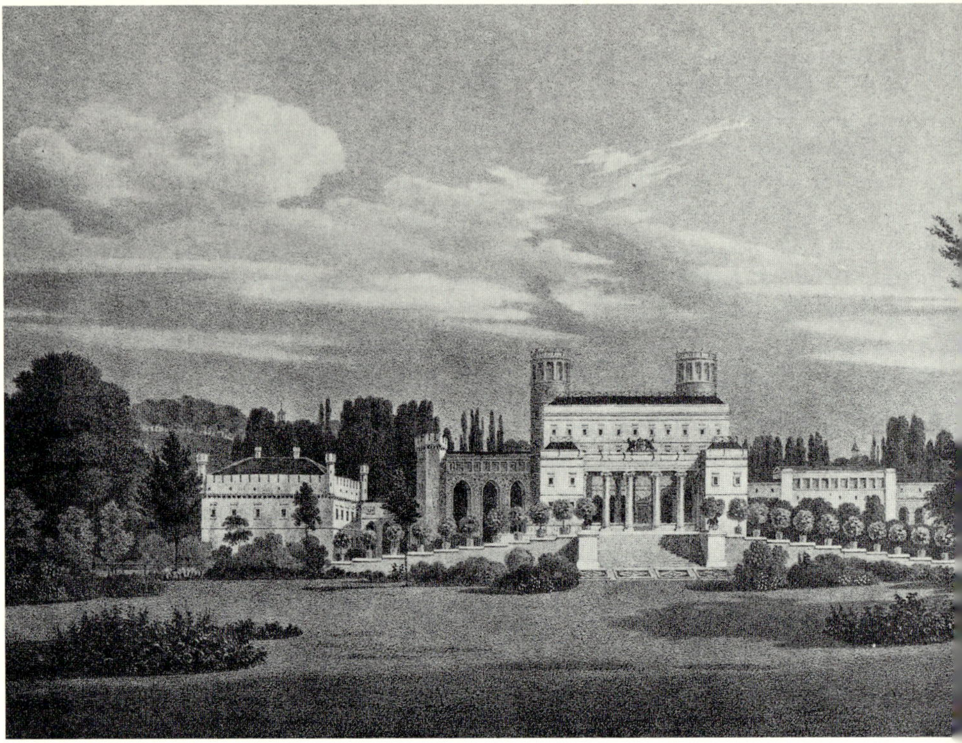

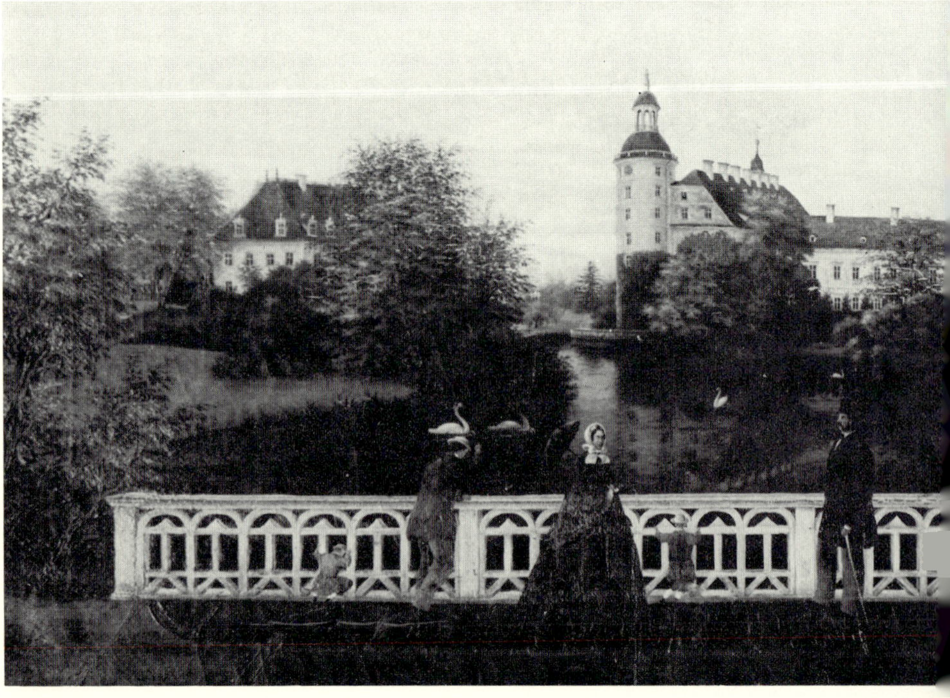

[6] Orangerie in Muskau.
Erbaut nach einem Entwurf
von Gottfried Semper. Stich
um 1840.

[4] Schloß Muskau mit Rampe zum Park. Entwurf für
den von Fürst Hermann
Pückler geplanten Neubau
von Karl Friedrich Schinkel.
Lithographie nach Wilhelm
Schirmer 1834.

[5] Schloß Muskau zwischen
1850 und 1864. Gemälde
eines Unbekannten.

[7] Schloß Muskau und Amtshaus (links). Fotografie um 1930.

[8] Schloß Muskau mit Blumenpaterre, Kleinem Schloß und rechts unten Blutbuche

nach dem Umbau unter Pr Friedrich der Niederlar durch die Architekten We

und Strasser in den Jah-
n 1864 bis 1866. Fotogra-
um 1930.

[9] Schloß Muskau nach der
Zerstörung 1945. Fotografie
um 1950.

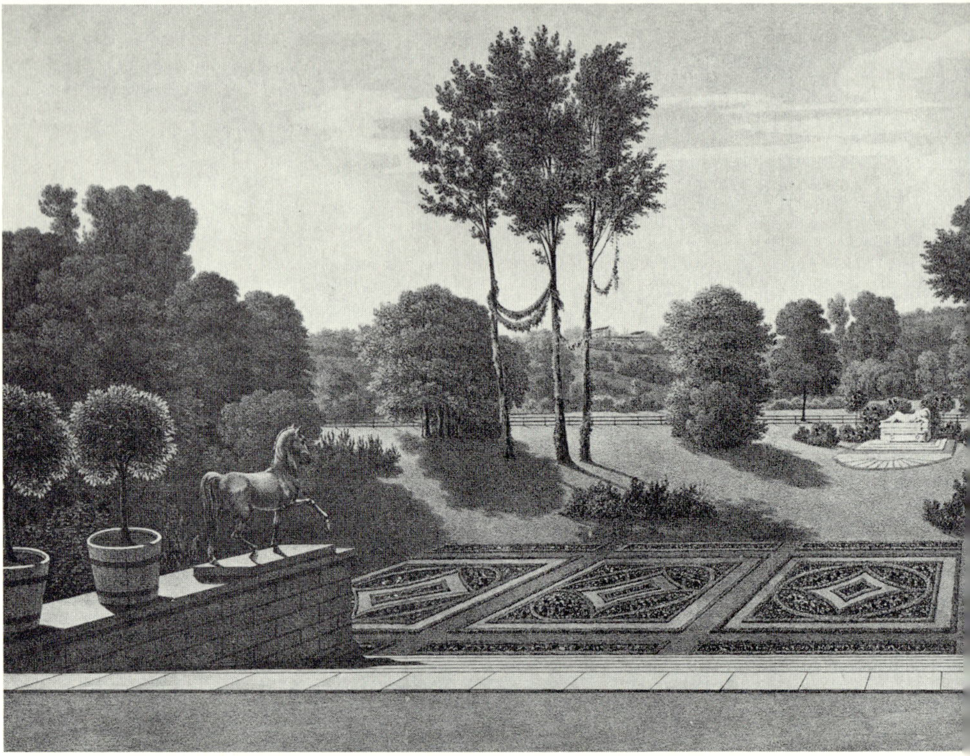

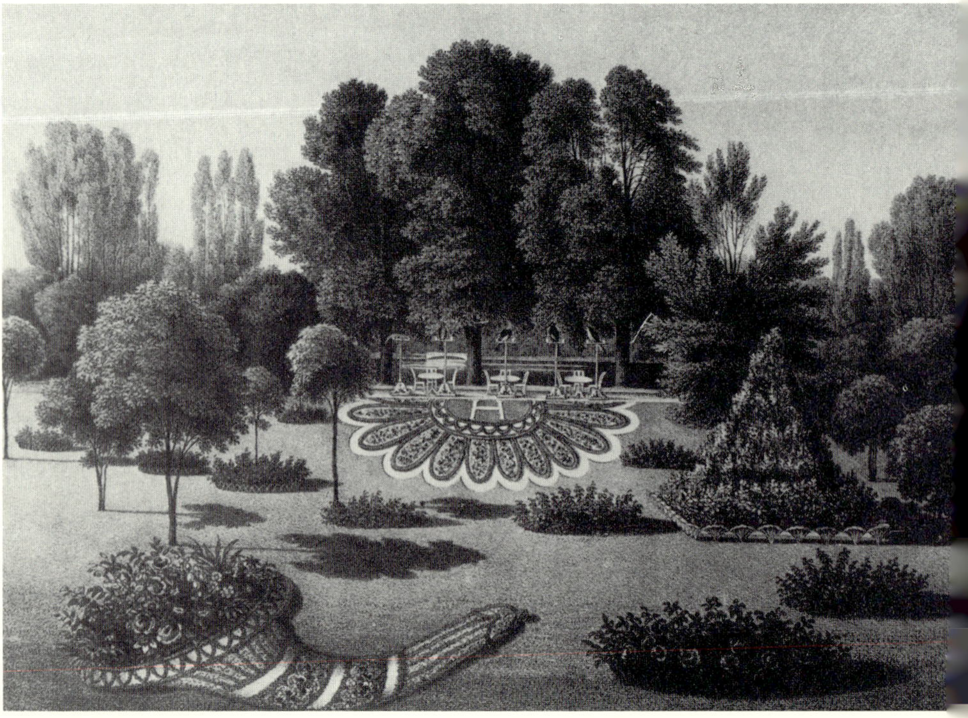

[10] Muskau, Schloßrampe von Karl Friedrich Schinkel und Pücklers Entwurf der Schloßwiese (Pleasureground). Lithographie nach Wilhelm Schirmer 1834.

[11] Muskau, Blumengärten vor dem Turmbalkon des Schlosses nach Pücklers Entwurf. Lithographie nach Schirmer 1834.

[12] Muskau, Schloßwiese von der Schloßrampe nach der Ausführung von Pücklers Plan. Stich um 1857 von Friedrich Preller d. J.

[13] Schloßrampe und
Schloßwiese. Fotografie
1943.

[14] Strauchkastanie m
Herrengarten. Fotografie
1936.

[15] Gleiche Ansicht n
Strauchkastanie. Fotogra:
um 1950.

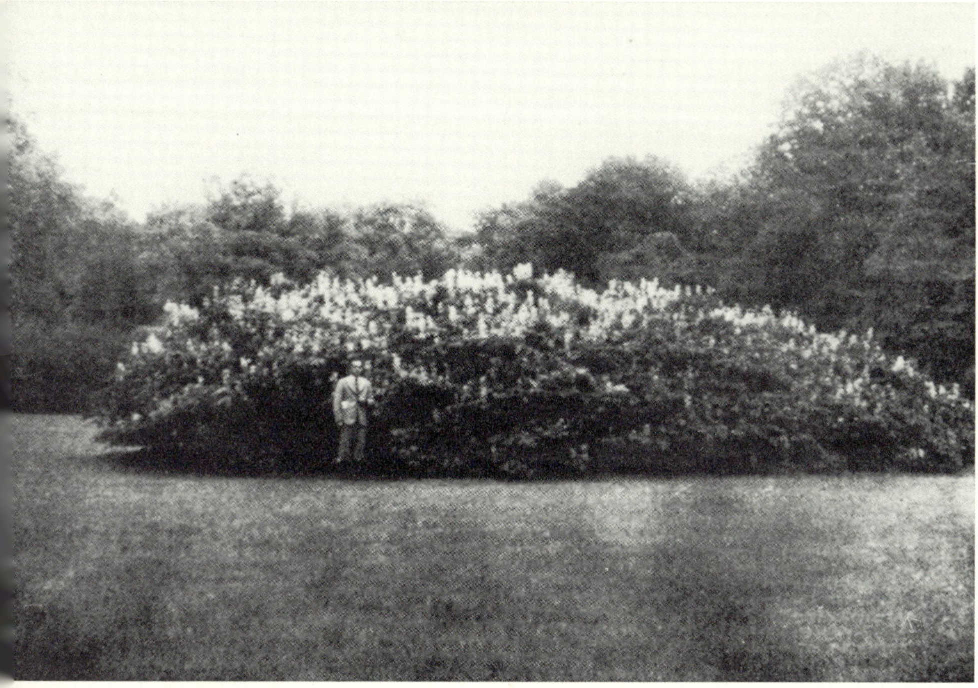

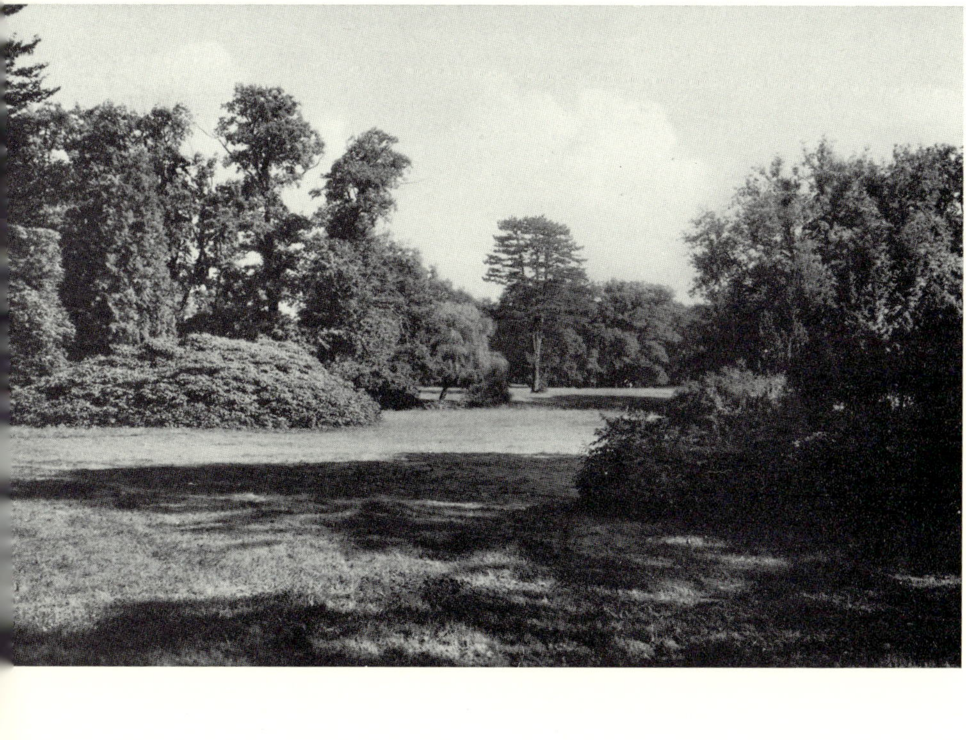

[16] Herrengarten nach Pücklers Entwurf. Lithographie nach Schirmer 1834.

[17] Denkmal für Hermann
Fürst Pückler im Muskauer
Park. Fotografie um 1900.

[18] Schloßwiese: Blick vom
Pücklerstein. Fotografie
1943.

[19] Auf dem Weg vom
Schloß zum Mausoleum der
Familie Arnim. Fotografie
um 1930.

] Mausoleum, erbaut un-
Traugott Hermann Graf
Arnim von Julius Rasch-
ff 1888. Fotografie um
0.

[21] Höhenweg im Ober-
park vom Mausoleum zum
englischen Haus. Fotografie
um 1910.

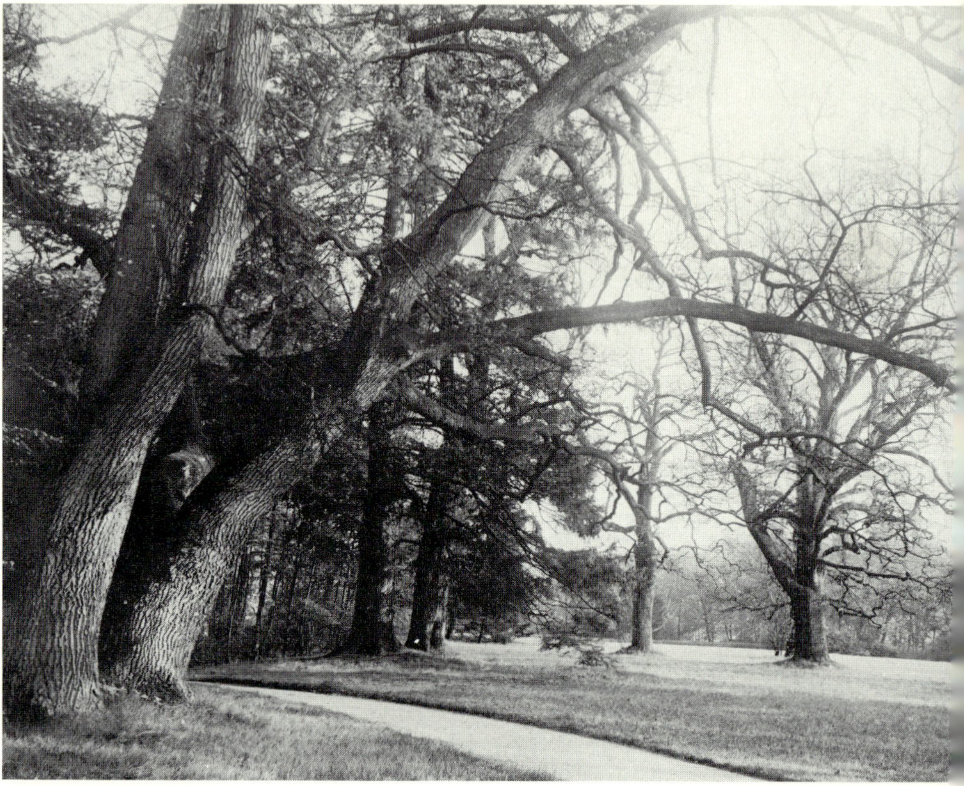

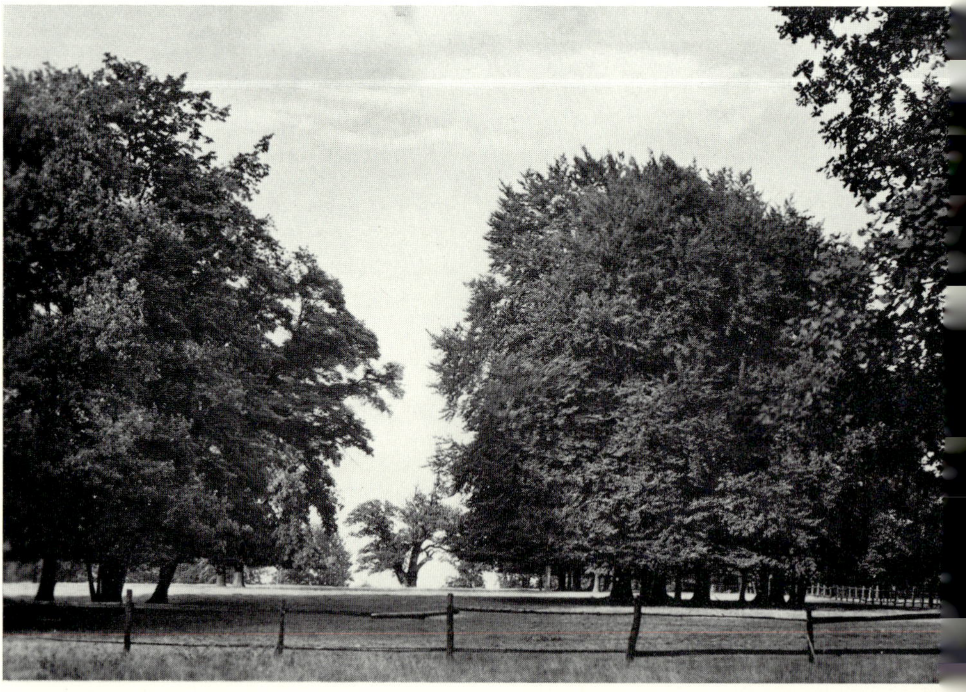

[22] Weg an der Goldenen
Höhe. Fotografie um 1910.

[23] Am Vogelherd mit
horeiche im Hintergrund.
otografie um 1925.

[24] Englisches Haus. Fotografie um 1910.

[25] Am Schloßteich. Fotografie 1943.

[26] Rhododendrongarten
im Herrental, 1924 ange-
legt. Fotografie 1943.

[27] An der Hermannsneiße
vor Anlage des Rhododen-
drongartens. Fotografie um
1910.

[28] Die gleiche Partie an der Hermannsneiße, Zustand um 1940. Fotografie um 1950.

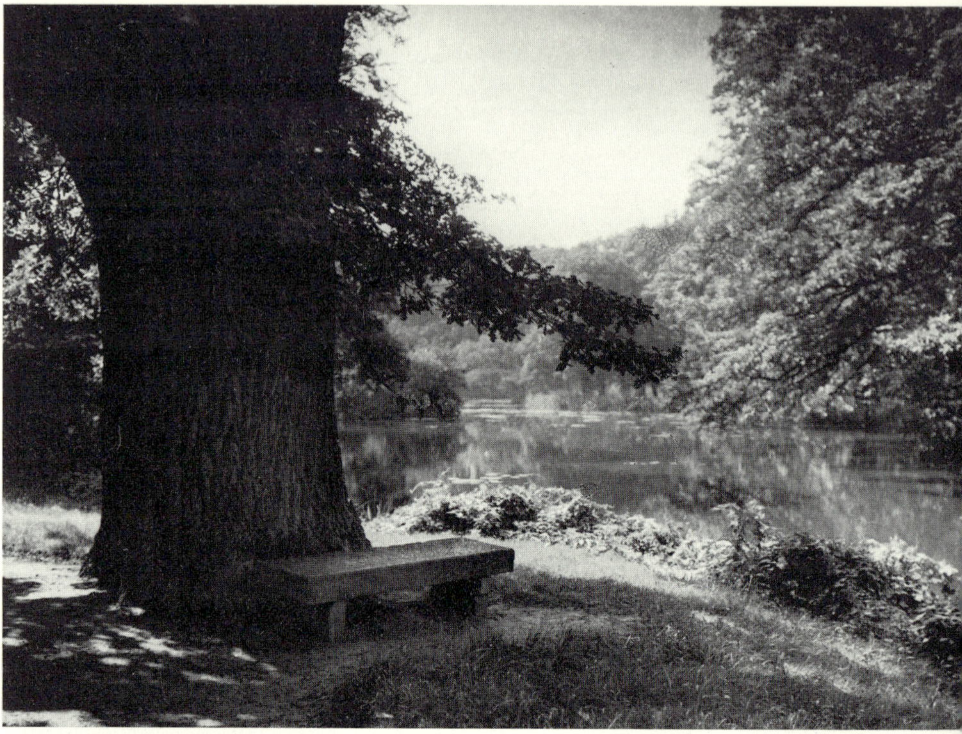
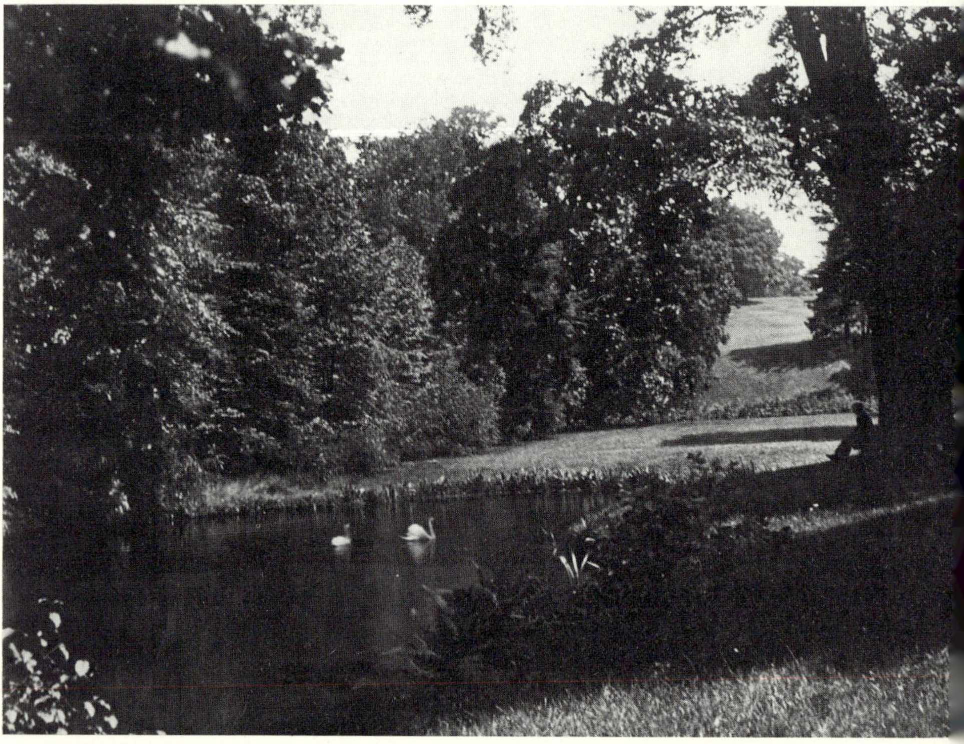

[29] Ruheplatz am Eichsee.
Fotografie um 1920.

[30] Eichsee mit Blick über
die Neiße zum Vogelherd.
Fotografie um 1910.

[31] Wasserfall am Eichsee.
Fotografie um 1950.

[32] An der Neiße: Freda-
blick flußaufwärts. Fotografie um 1910.

[33] An der Neiße: Blick von der Doppelbrücke fluß-abwärts. Fotografie 1940.

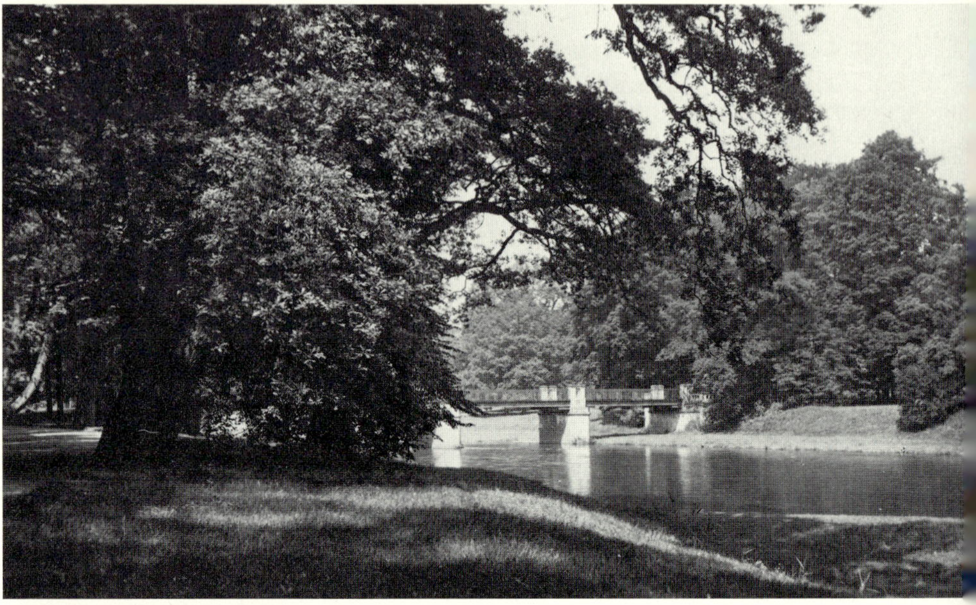

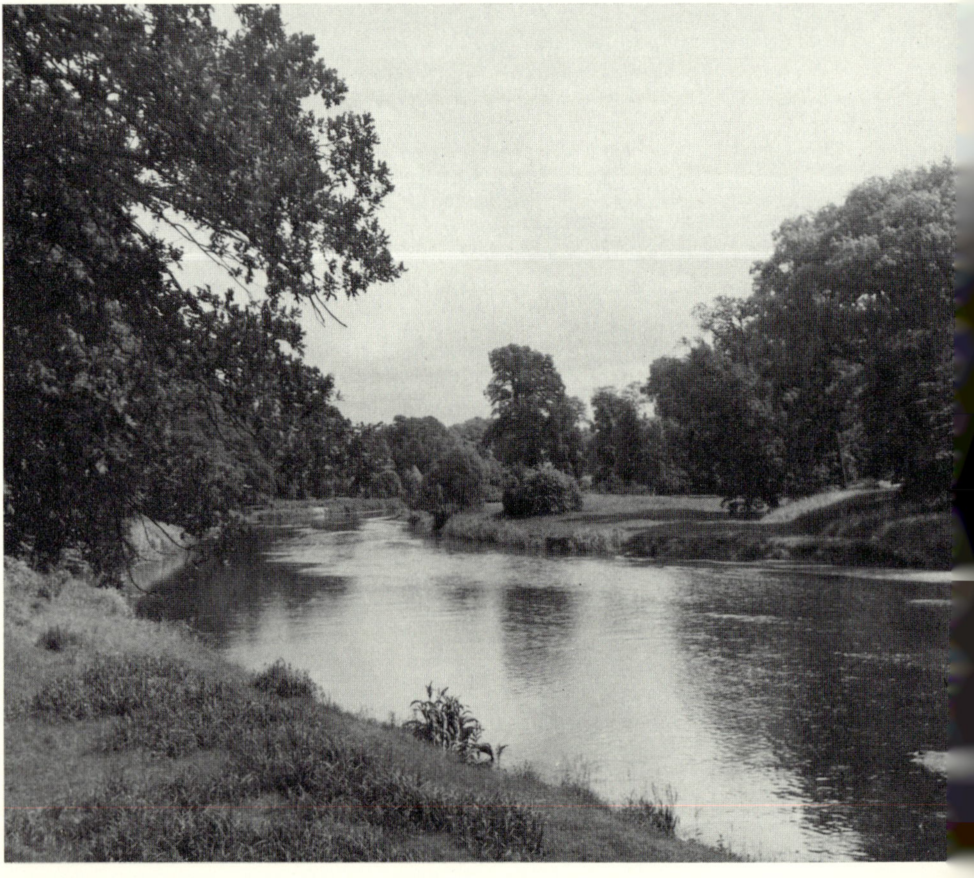

[34] Gitterbrücke. Fotogra-
1940.

[35] An der Neiße: Blick
a der Gitterbrücke fluß-
wärts. Fotografie 1943.

[36] Aussicht vom Herren-
berg nach dem Einschlag
(Ausholzung) durch Rudolf
Lauche. Fotografie 1943.

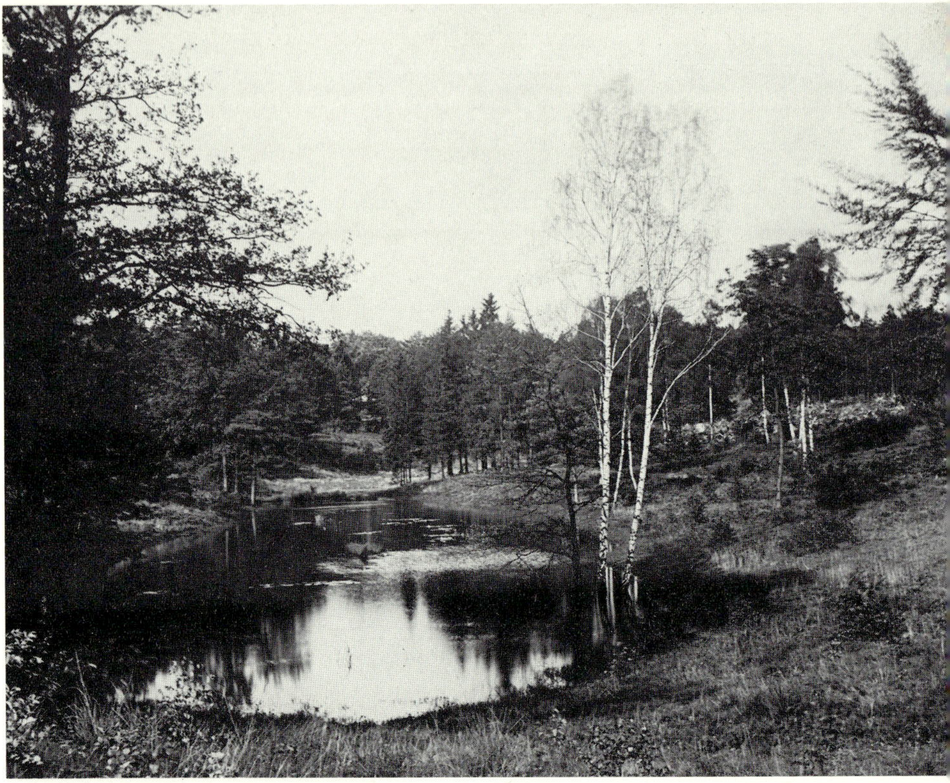

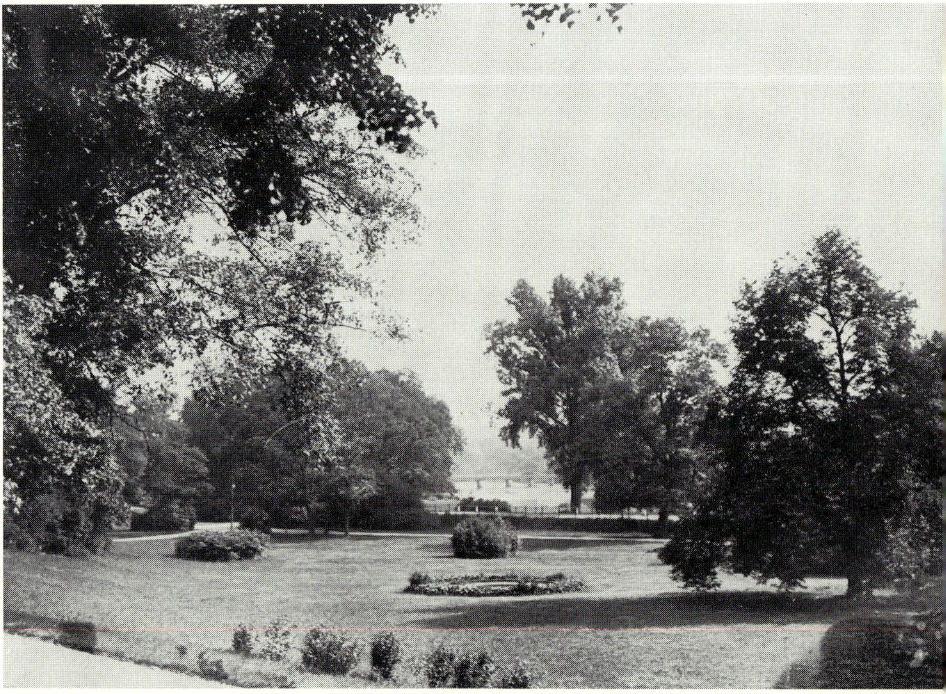

7] Lilienteich im Arbore-
m. Fotografie um 1910.

8] Im Badepark: Blick
m Kurhaus zur Neiße-
Brücke. Fotografie um 1910.

[39] Auf der Carolinenhö-
he: Aussicht auf Schafs- und
Eichwiese. Fotografie um
1920.

[40] Hermannseiche zur Zeit
Fürst Pücklers. Lithographie
nach Wilhelm Schirmer
1834.

[41] Die über 800 Jahre a[l
Hermannseiche. Fotogra[
1930.

[42] Hermann Fürst Pück-
ler. Zeitgenössischer Stich
nach Franz Krüger.

[43] Lucie Fürstin Pückl
geb. Gräfin Hardenberg.

[44] Machuba, die Ab
nierin.

[45] Fürst Pückler im achtzigsten Lebensjahr 1865. Fotografie.

[46] Adolf Graf von Arnim,
Ausschnitt aus einem Ölge-
mälde von Hermann Junker.

[47] Traugott Hermann
Graf von Arnim, um 1910.

[48] Jacob Heinrich Reh-
der, Obergärtner und Gar-
teninspektor unter Pückler
in Muskau. Zeitgenössischer
Stich.

[49] Eduard Petzold, Schüler Pücklers und Parkdirektor in Muskau 1852 bis 1878. Fotografie.

[50] Rudolf Lauche, Parkdirektor in Muskau 1891 bis 1928. Fotografie um 1914.

[51] Walter Bruhm, Leiter
des Muskauer Forstamtes
1905 bis 1939, im Alter von
74 Jahren. Fotografie.

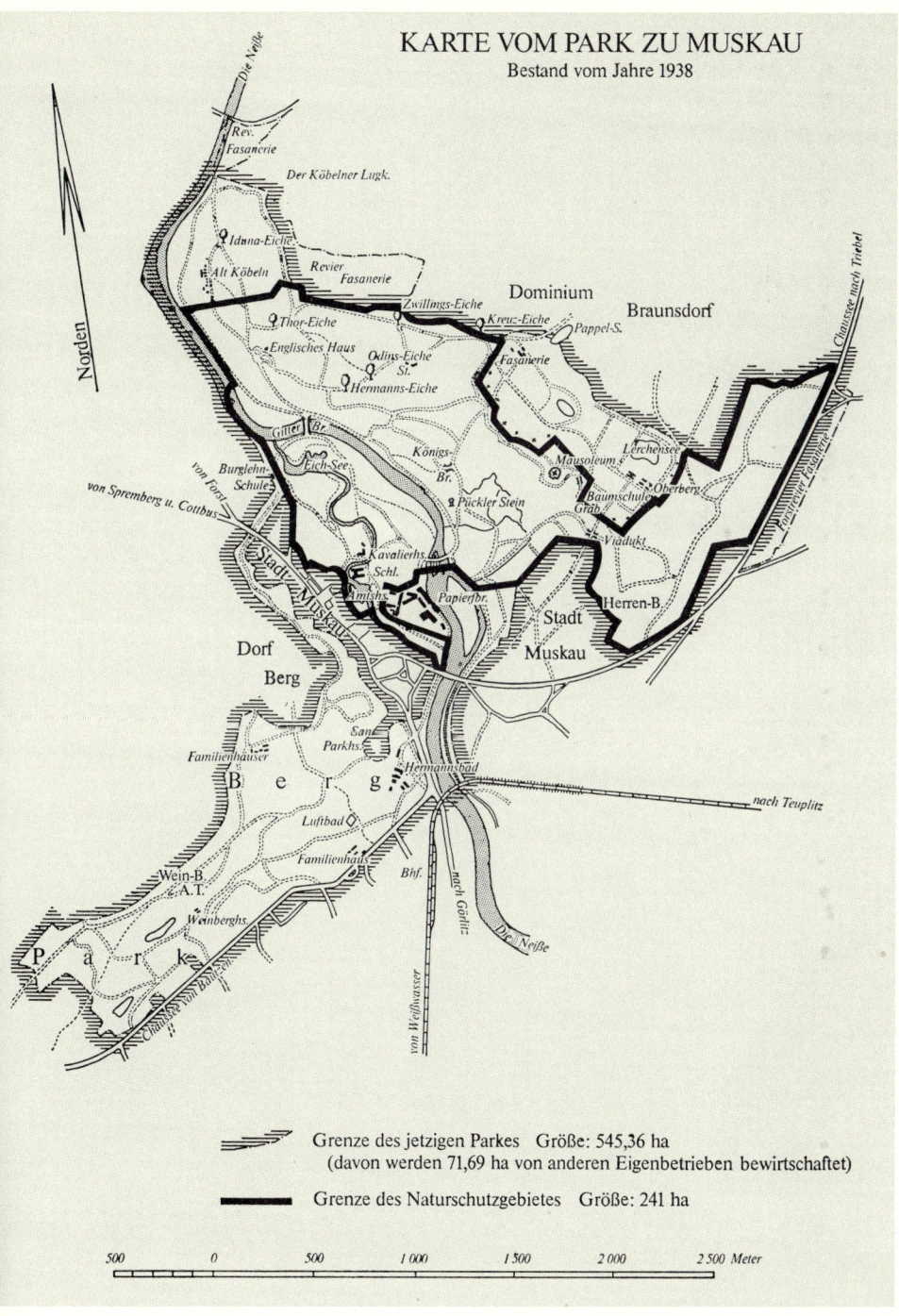

KARTE VOM PARK ZU MUSKAU
Bestand vom Jahre 1938

Norden

Die Neiße

Rev. Fasanerie

Der Köbelner Luak.

Iduna-Eiche

Alt Köbeln

Revier Fasanerie

Zwillings-Eiche

Dominium

Braunsdorf

Thor-Eiche

Kreuz-Eiche

Pappel-S.

Englisches Haus

Odins-Eiche

Fasanerie

St.

Hermanns-Eiche

Gitter Thr.

Eich-See

Königs-Br.

Lerchensee

Burglehn-Schule

Mausoleum

Oberberg

von Forst

Pückler Stein

Baumschule

Grab

von Spremberg u. Cottbus

Kavaliershs.

Schl.

Viadukt

Amtshs.

Papierfbr.

Herren-B.

Stadt

Stadt Muskau

Muskau

Dorf

Berg

B   e   r   g

San Parkhs.

Familienhäuser

Hermannsbad

nach Teuplitz

Luftbad

nach Görlitz

Die Neiße

Familienhaus

Wein-B. z.A.T.

Bhf.

Weinberghs.

P   a   r   k

von Weißwasser

Chaussee nach Triebel

Provinzial Landstr.

Grenze des jetzigen Parkes   Größe: 545,36 ha
(davon werden 71,69 ha von anderen Eigenbetrieben bewirtschaftet)

Grenze des Naturschutzgebietes   Größe: 241 ha

500   0   500   1 000   1 500   2 000   2 500 Meter

[52] Park zu Muskau 1938
mit eingezeichnetem Naturschutzgebiet.

A,

KARTE
des
Terrains, auf dem der Park
zu
MUSKAU
angelegt worden ist, wie es vor dieser Anlage beschaffen war.
Alles was blauroth colorirt ist, zeigt Grundstücke an
die fremdes Eigenthum waren.

1835

Verfertigt von Kahrin

Maassstab
von 140 Rheinl Ruthen 50 = 0.91

Gedruckt von Berger

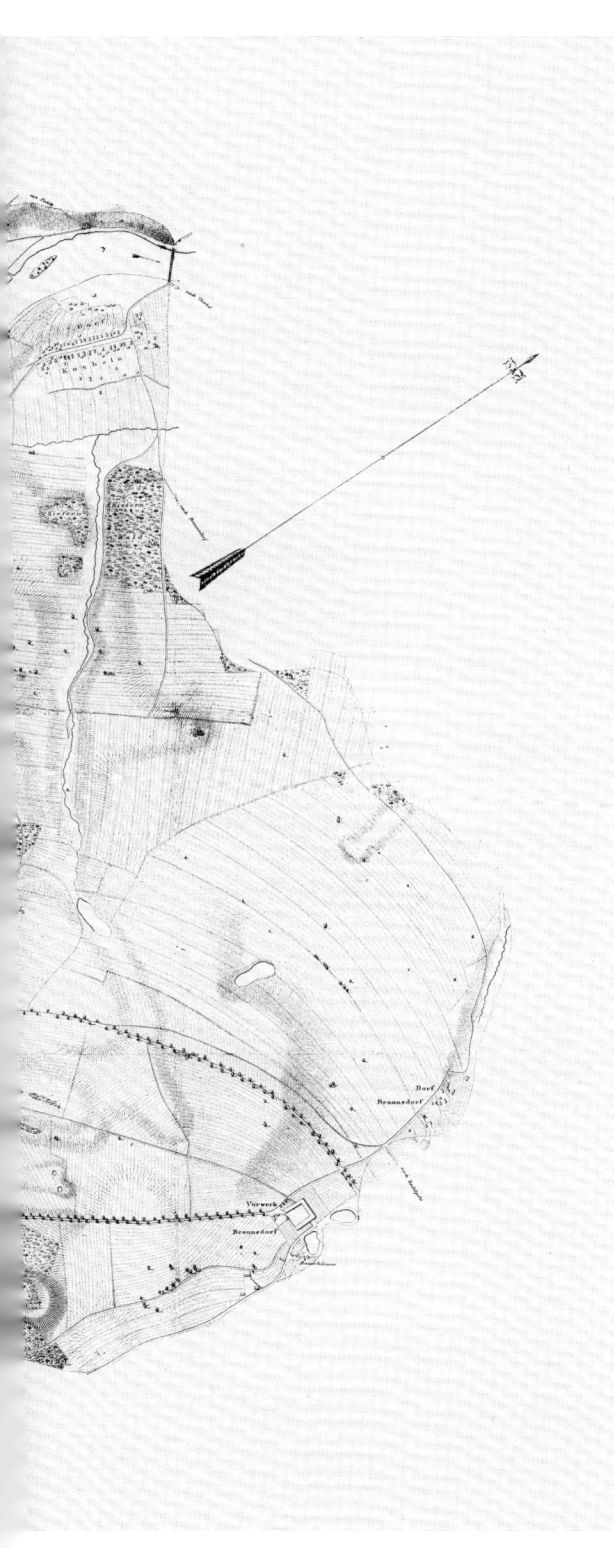

[53] Fläche des Muskauer Parks vor der Umgestaltung durch Pückler. Lithographie von Wilhelm Voß. 1833.

B.

Bergsche Felder

mit dem Dorfe Berg

Grenze

WEICHBILD DER STADT MUSKAU

STADT MUSKAU

Grenze mit den Verstadter Feldern

SEISS FLUSS

Grenze

WEICHBILD

DER

STADT MUSKAU

Grenze mit dem Dorfe und der Feldmark Lucknitz

Herrschaft

Maasstab
von 240 Rheinl. Ruthen. 56°½/ 1790½ ½

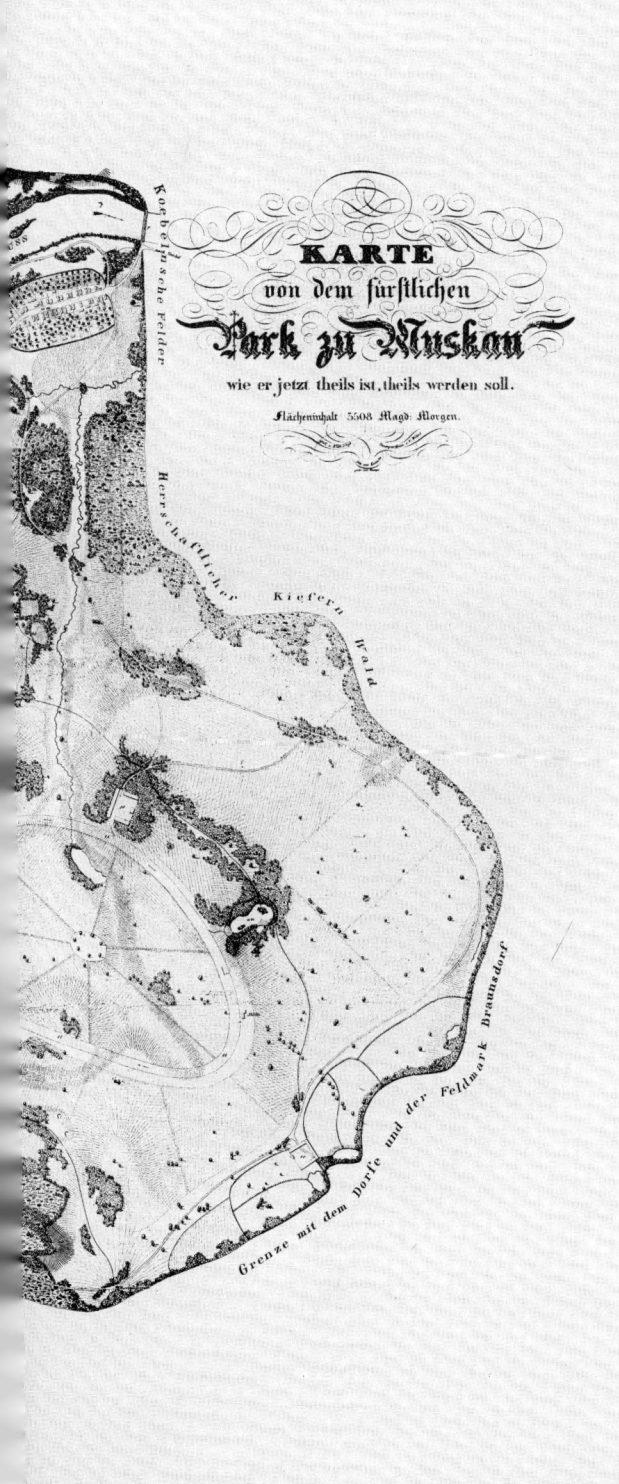

[54] Park zu Muskau: Pück-lers Planung. Lithographie von Wilhelm Voß 1834.

[55] Schloß Branitz, Stamm-
sitz der Familie Pückler, erbaut 1772, Terrasse und
Freitreppe nach Entwurf
von Gottfried Semper. Fo-
tografie um 1971.

[56] Der Branitzer Park: Aussicht vom Schloß. Fotografie um 1971.

[57] Park von Schloß Ettersburg, Kreis Weimar, nach
dem Aushau (»Pückler-
schlag«) durch Fürst Pückler. Zeitgenössischer Stich
von Friedrich Preller d. J.

Rückschläge blieben nicht aus. 1857 herrschte im Mai und Juni eine solche Dürre, daß Branitz nach Pücklers Beschreibungen mehr einer Wüste als einer Oase glich. Vierundzwanzig Arbeiter mußten täglich mit Feuerspritzen und aus Wasserfässern den Rasen und die frisch gepflanzten Bäume begießen.

1866 richtete ein Wirbelsturm Verheerungen im Park an. Hunderte von großen Bäumen wurden entwurzelt oder abgebrochen. Die meisten Gewächshäuser wurden beschädigt, ihre Glasdächer durch Schlossen zertrümmert. Auch die Pergola wurde an mehreren Stellen niedergeworfen.

Ein Jahr darauf verzögerte ein langer, harter Winter die Vegetation im Frühjahr so sehr, daß der Park erst im Laufe des Juni »präsentabel« wurde. Pückler klagte: »Im Alter hat man kein Glück mehr...« und nannte sich einen »beschämten Gartenkünstler und trostlosen Wirt«.[6]

Aber er äußerte auch zuzeiten solche Beglückung über sein Schaffen, wie wir es in Muskau nicht von ihm gehört haben: »Also .. gestehe ich, daß Branitz mich diesmal ... mehr angezogen hat, als ich dies sonst je empfunden. Wir hatten aber auch einen unvergleichlichen Herbst mit so köstlichen Beleuchtungen über dem wirklich s m a r a g d g r ü n e n Rasen, einer solchen Farbenpracht des Laubes, in rot, orange, violett und allen Nuancen von grün, durchschimmert von Sonnengold, daß zuweilen jenes kindliche Entzücken über mich kam, wo auf Augenblicke das beschränkte Ich in der Seligkeit des Allgemeinen, des Göttlichen, aufgeht.«[7]

1852 war der erste Bauabschnitt des Parks beendet. Die Anlage erstreckte sich von der Schmiede im Osten in den »Empfangsraum« der Königin Augusta- (heute Schmiede-) wiese zum Schloß, das damals noch Mittelpunkt war, durch den reich gegliederten Mittelpark bis zum Cottbuser Torhaus.

Im Blumengarten in der Nähe des Schlosses und im Pleasureground befanden sich Gräber geliebter Haustiere, mit der sentimentalen Zeit entsprechenden gefühlvollen Inschriften. Für einen Hund: »Hier ruht die treueste Seele, welche ich auf Erden gefunden habe.« Oder: »Hier ruht Adschameh, meine vortreffliche arabische Stute, brav, schön und klug.«

Das im Park Vollbrachte war für ihn der Anlaß, Lucie vorzuschlagen, sich sein Werk anzusehen und ganz nach Branitz zu ziehen. Bisher hatte sie auch zeitweise in Berlin und zuletzt in Dresden gewohnt. Für sie war dieser Wechsel die größte Freude. Die beiden geschiedenen Eheleute waren mit den Jahren einander in immer innigerer Liebe verbunden. Das geht aus dem lebhaften Briefwechsel, der zu dieser Zeit mehr den Charakter von Liebesbriefen getragen hat als während der Verlobungszeit, deutlich hervor. Diesem Gefühl verleiht ein Brief von Lucie aus Branitz vom 2. September 1852 rührenden Ausdruck: »Oh, Lou ... ich darf mir sagen: nicht habe ich umsonst gelebt: ich war seine Freundin, seine treueste Freundin auf Erden. – Adieu, Lou, mein Sohn, mein Leben!«[8]

Der in der Vorstellung durchlebte Abschied ließ nicht lange auf sich warten. Die Kräfte der alten großen Dame, die in ihrer Familie so viel Leid erfahren hatte – beide Töchter, die leibliche und die Pflegetochter, waren vor ihr gestorben – und die im Leben so hart mitgenommen worden war, ließen schnell nach. Am 8. Mai 1854, während Pückler sich in Paris am Hofe Napoleons III. feiern ließ, starb sie einsam, 78-jährig, in Branitz. Auf eigenen Wunsch wurde sie auf dem Kirchhof in Branitz begraben. Bei ihrem Begräbnis war Pückler nicht anwesend; er ließ dann auf dem schlichten Kreuz auf ihrem Grabhügel die Inschrift anbringen: »Ich denke Deiner in Liebe.« Erst sein Erbe hat 1884 ihre sterblichen Überreste im Tumulus neben den seinen beigesetzt.

Merkwürdig kühl, vielleicht Scheu, die die Tiefe des Empfindens nicht offenbaren mag? Vielleicht auch nicht. Wer kann in die Tiefe des Herzens eines – und gerade dieses – Menschen blicken? Die Tochter des Staatskanzlers Hardenberg war nicht nur eine große Dame, sondern auch ein großer Mensch. Bedeutende Persönlichkeiten ihrer Zeit hatten ihr gehuldigt, so Varnhagen, Alexander von Humboldt und Heinrich Laube. Dieser sah in ihr die »schönen Eigenschaften des großen Adels« und erkannte aus eigener Erfahrung dankbar an, daß sie auch über den Kreis ihrer persönlichen Interessen hinaus aus innerem Antrieb hilfreich gewirkt hat. Ihr Leben an der Seite Pücklers überschauend, empfinden wir für diese Frau eine tiefe Bewunderung. Sie hat dem Manne, den sie liebte, trotz aller Schmerzen, die er ihr bereitet hat, in einer unnachahmlichen Weise mit allem, was sie besaß, gedient und mit ihrer Liebe den Hafen geschaffen, in dem er immer wieder vor Anker gehen konnte.

Lucie Pückler hat den Verlust von Muskau nie verschmerzt. Erst der Alterssitz in Branitz, nachdem dort Schloß, Park und Garten schon im wesentlichen die Gestalt erhalten hatten, die der Schönheit der später vollendeten Anlage entsprach, hat sie einigermaßen getröstet.

Anders Pückler: Wir erinnern uns, daß nach der Aussage Schefers Muskau für ihn ein »unvermutetes und hinderliches« Erbe war, das er am liebsten gleich verkauft hätte. Man kann bei ihm mit einem gewissen Recht ein Trauma voraussetzen, das er in der Kindheit durch die Lieblosigkeit seiner Eltern und die Freudlosigkeit der Atmosphäre im Schloß erlitten hat. In dessen Folge ist der Wunsch, von Muskau loszukommen, in seinem Unterbewußtsein virulent geblieben. Erst nach dem Verkauf hat er echte innere Freiheit und Ausgeglichenheit erlangt.

So erklärt sich der in Branitz wieder ausgebrochene Schaffensdrang. Petzold beobachtete, daß er »stets mehr Freude am Schaffen als am Genießen des Geschaffenen« empfand.

Nach Lucies Tod kehrte Pückler ein Jahr lang nicht nach Branitz zurück. Während er im Oktober 1854 in Koblenz war, erfuhr er, daß König Friedrich Wilhelm IV. anläßlich eines Besuches in Muskau beim Prinzen der Niederlande während

115

der Hirschbrunft auch Branitz besichtigt hatte. Pückler schrieb ihm einen höflichen Brief des Bedauerns, daß er nicht zum Empfang des Herrschers anwesend gewesen sei. Darauf antwortete Friedrich Wilhelm IV.: »... es ist mir angenehm, daß Sie, lieber Fürst, mir die Veranlassung geben, Ihnen erneut meine Bewunderung über die hohe Kunst auszusprechen, mit welcher Sie unbedeutenden Lagen den Reiz schöner Gegenden, ja: öden, traurigen Feldern liebliche Wohnlichkeit zu verleihen verstehen. Sie sehen, lieber Fürst, daß ich unter dem frischen Eindruck von Muskau und Branitz schreibe. Wären Sie zu Branitz gewesen, so würde ich durch Anleitung des Meisters noch weit mehr entzückt worden sein. So aber ist mein Urteil ganz unbestochen, und muß Ihnen, falls Sie überhaupt Wert auf fremde Eindrücke legen, mein Entzücken noch weit schmeichelhafter sein.«[9]

Seit dem Herbst 1855 wurde damit begonnen, den Park um weitere fünfzig Hektar zu vergrößern. Große Erdbewegungen wurden für die Ausschachtung des Pyramidensees und die Aufschüttung des fünfzehn Meter hohen Tumulus ausgeführt. Diesen Tumulus, eine viereckige Pyramide auf einer Basis von dreißig mal dreißig Metern, hatte er für sich allein zum Grabhügel bestimmt. Die Anregung zu dieser Idee hatten ihm die Tumuli der Könige und Prinzen in Sardes, der Hauptstadt des Krösus, gegeben, die wie die Pyramiden Ägyptens seiner Ansicht nach »wahrscheinlich alle Monumente jetziger Herrscher überdauern« würden.[10]

Die Teiche am Schloß wurden 1857/58 mit dem Schilfsee und diesem neuen See durch einen Kanal verbunden. Vom Pyramidensee wurde eine Verbindung zur Spree geschaffen. Die beim Ausschachten gewonnenen Erdmassen ermöglichten außer der Errichtung des Tumulus in der Nähe des Schilfsees die Aufschüttung eines Hügels, auf dem ein Pilz errichtet wurde, damit man beim Genuß der Aussicht und der Beobachtung einer an der Peripherie des neuen Teils entlang sich erstreckenden Reitbahn vor plötzlich einsetzendem Regen geschützt sein sollte. Außerdem konnte Pückler zwischen Pyramiden- und Schlangensee den Seeberg aufschütten lassen. Es wurden nun wieder große Bäume gepflanzt. Auch 1863 wurden größere Erdarbeiten begonnen. Wahrscheinlich mit Erdmassen aus dem nun entstehenden Schlangensee wurde die zweite, achtzehn Meter hohe (Stufen-)Pyramide errichtet. Auf ihrer gittergekrönten, durch Treppenstufen ersteigbaren Spitze wurde eine dem Koran entlehnte Inschrift angebracht: »Gräber sind die Bergspitzen einer fernen, schöneren Welt.« Die Pyramide enthält jedoch kein Grab.

Es waren Jahre ruhigen, Pückler tiefe Befriedigung bereitenden Schaffens mit gelegentlichen Ausflügen in die große Welt. So nahm Pückler 1861 an den Krönungsfeierlichkeiten des ihm befreundeten König Wilhelms I. in Königsberg teil und erhielt aus diesem Anlaß endlich den Titel »Durchlaucht«, der ihm und den anderen von preußischen Souveränen ernannten Fürsten auf Anordnung Friedrich Wilhelms IV. aus Rücksicht auf die ehemals reichsunmittelbaren Fürsten vorenthalten worden war.

Am 13. August 1862 wurde Pückler vom Besuch des Königs überrascht. Wilhelm I. genoß, wie Pückler in seinem Tagebuch berichtet, den Tag, an dem er, sich an der Schönheit des Parks erfreuend, Entspannung von seinem nervenaufreibenden Kampfe um die Militärreform fand.

Pückler schrieb damals an eine Freundin: »Es befriedigt wirklich meinen Kunstsinn und meine poetische Richtung nach dem Ideal in allen Dingen, aus einer Wüste ohne Bäume, ohne Wasser, ohne Hügel eine so liebreiche Natur hervorgerufen zu haben, die jetzt mit Seen, Wald und von Hügelketten eingefaßten Wiesen prangt, von Hunderten alter Bäume belebt, das Schloß mit englisch gehaltenen Blumengärten rings umgeben ist, wo vor zehn Jahren nur eine trostlose Landfläche à perte de vue nach allen Seiten sich ausdehnte.«[11]

Auch im nächsten Jahr erfuhr Pückler die Gunst seines

königlichen Freundes. Obwohl er nicht mehr Besitzer der Standesherrschaft Muskau und somit Anwärter auf einen Sitz im Herrenhaus war, wurde er durch besonderes Vertrauen des Monarchen in das Hohe Haus berufen. Er hat allerdings nie an Sitzungen teilgenommen.

1863 empfand Pückler den Wunsch, Muskau wiederzusehen, um sich zu vergewissern, wie sich seine Anlagen dort entwickelt hatten. Ihn begleitete der Zwerg Billy Masser, sein Sekretär. Natürlich wurde er erkannt und von den Einwohnern mit Schützenaufzug und Fackelzug begrüßt. Auch Prinz Friedrich der Niederlande lud ihn ein, nachdem er gehört hatte, daß er gekommen war. In sein Tagebuch schrieb Pückler: »Muskau mußte ich von neuem in seiner Pracht und Schönheit der allerdings von mir selbst geschaffenen Natur bewundern, die freilich Zeit gehabt hat, sich in länger als 60 Jahren auszubilden, in dieser Zeit aber ein Ganzes geworden, das ich selbst nie vorhergeahnt. Ich wünschte, mein kleines Branitz... hätte auch schon dies respektable Alter, und ich könnte es so sehen.«[12]

Der Ruf der Branitzer Anlagen war inzwischen so verbreitet, daß viele Fürstlichkeiten, denen Pückler nahestand, neugierig waren, sie zu sehen. Im Sommer 1864 erschien die Königin mit ihrer Schwester und dem Prinzen Carl,[13] ein anderes Mal der Großherzog von Weimar – obwohl Pückler wieder krank das Bett hüten mußte –, um den Park zu besichtigen.

Auf die Zufriedenheit folgt 1864 urplötzlich Erschrecken und ernste Besorgnis wegen einer existentiellen Bedrohung seiner neuen, ihm ans Herz gewachsenen Schöpfung. Eine englische Eisenbahnbaugesellschaft, die ihre Pläne vermutlich nur aufgrund unzureichender Landkarten aus der Ferne gemacht hatte, wollte eine Bahnlinie von Cottbus nach Görlitz bauen. Die Strecke sollte durch den Branitzer Park gehen, was seine Zerstörung bedeutet hätte. Man stelle sich vor, welchen schweren Schlag dies für den Neunundsiebzigjährigen bedeutet hätte! Hilfesuchend wandte er sich an den König, und der ließ ihn nicht im Stich. Er schrieb an seinen Handelsminister Itzenplitz: »Ich kann es nur als eine absichtliche Zerstörung des Branitzer Parks seitens der englischen Eisenbahnbaugesellschaft betrachten, wenn dieselbe die Eisenbahn ... innerhalb des Parkes führen will, statt außerhalb zu bleiben...«[14] Er trug dem Minister auf, der englischen Gesellschaft mit Bestimmtheit zu erklären, daß der Park unberührt bleiben müsse. Die Bahn wurde darauf nicht östlich, sondern westlich der Spree gebaut.[15]

Mag Pückler sich durch seine »Briefe eines Verstorbenen« nicht gerade die Zuneigung der Engländer erworben haben, so ist es doch schwer vorstellbar, daß die Absicht bestanden haben kann, vorsätzlich seine Parkanlagen zu zerstören. Dazu waren Parks auf dem Kontinent drüben zu wenig beachtet.

In diesem Jahr der Bedrohung wurden sogar am meisten Mittel für den Ausbau des Parks aufgewandt: siebentausendzweihundert Taler gegenüber viertausend bis fünftausend Talern in normalen Jahren. Die Zahl der Beschäftigten betrug im August siebzig, im November beim Pflanzen einhundertdreißig, meist Gefangene aus dem Cottbuser Provinzialgefängnis.

Auch im folgenden Jahr wurde viel investiert. Die hohen Ausgaben dieser Jahre waren wieder wesentlich durch die Erdarbeiten verursacht. Das Ergebnis waren jene Wasserflächen, die neben den schönen Baumgruppen den besonderen Reiz von Branitz ausmachen. Pückler liebte das Wasser auch deshalb, weil er das Zusammenwirken von Boden- und Luftfeuchtigkeit für den Wuchs von Baum und Strauch erkannt hatte und weil es offen daliegend das erwünschte Licht in die Landschaft bringt. Rippl beschreibt Pücklers in Branitz mit reifer Meisterschaft angewandte Grundsätze bei der Schaffung von Wasserflächen: »Grundsatz dabei war immer, die Wasserfläche nie in ihrer vollen Größe zu zeigen. Vor- und Rücksprünge im Ufer, die durch höhere Bepflanzung als

Blickhindernisse dienen sowie kleine Inseln sollen die ›tatsächliche Kleinheit‹ des Teiches verdecken und damit die Illusion der Größe hervorrufen. Nie liegen die Teiche in Branitz inmitten der Fläche. Sie sind jeweils an den Rand der durch sie bestimmten Partie gerückt, meist angelehnt an die vom Aushub herrührenden Hügel.«[16]

So entstand in Branitz eine reizvolle, abwechslungsreiche Landschaft mit Seen, Hügeln und schönen Bäumen in Gruppen und als Solitären. Varnhagen hatte von ihr geschrieben: »Aus einer Sandwüste ist unter seinen Händen ein Paradies geworden... Was der Fürst in den Wassern geleistet, ist nicht weniger wunderbar, als was er zu Land hervorgebracht. ›Erdbändiger‹ nannte Rahel ihn mit Recht. Er hat hier mehr getan als in Muskau, wo er eine Landschaft vorfand, hier mußte er sie ganz erst schaffen.«[17]

An der Politik war der Erdbändiger aber weniger interessiert. Und daher überrascht, als er im Frühjahr 1866 in Stuttgart erfuhr, daß Krieg mit Österreich bevorstand. Sofort schrieb er an den König und bat ihn, sich dem Hauptquartier als Freiwilliger anschließen zu dürfen, welche Bitte ihm genehmigt wurde. Die gleiche »Gunst« wurde einem Prinzen Reuß und dem Herzog von Ujest zuteil. Noch konnte die mittelalterliche Überlieferung der Heeresfolge der Lehnsleute in Szene gesetzt werden. Jedoch die Enttäuschung wurde groß. An Ludmilla Assing mußte er berichten: »Denken Sie sich, daß ich, obgleich im Hauptquartier, um die Schlacht von Königgrätz gekommen bin... nicht ohne mehrere... sehr bedeutende Leidensgefährten..., aber was hilft das, wenn man nur einige Stationen entfernt einer Schlacht n i c h t beigewohnt hat, noch konnte, die ohne Zweifel eine der bedeutendsten in der Weltgeschichte bleiben wird, und deren ganze Folgen noch gar nicht zu berechnen sind.«[18]

Zum Trost erhielt er wieder einmal einen Orden, das Großkreuz mit Kette des Hausordens der Hohenzollern. Aber über Ordenssucht war der Einundachtzigjährige hinaus.

Wieder nach Branitz zurückgekehrt, wurde der alte Mann, dessen kräftige Konstitution den größten Strapazen und mancher Krankheit widerstanden hatte, öfter als früher von Krankheiten heimgesucht, die ihn ans Bett fesselten. Doch ließ er sich davon nicht abhalten, auch von diesem Lager aus seine Anweisungen für die Arbeiten im Park zu geben.

1869 gelang ihm noch die Anstellung eines Mannes, der – ebenso wie Petzold in Muskau – seine Schöpfung in Branitz fortführen und vollenden sollte, des Parkdirektors Georg Bleyer. Unter dessen Leitung wurde mit der Aufschüttung des Hermannsberges begonnen. Bleyer sollte dem großen, neuen, bisher unvollendeten Teil – dem Westpark – seine endgültige Form geben. Pückler hat trotz schwindender Kräfte bis zum Tode seine Anordnungen für die Parkarbeiten gegeben. Der Name Bleyer bedeutet aber schon den Übergang zur Zeit nach seinem Tode. Der Park muß damals zu mehr als der Hälfte fertig gewesen sein. Das lassen die Überlegungen Rippls, die auf authentischen Angaben über die Erdarbeiten und Fotografien aus der Zeit um 1890 gestützt sind, wahrscheinlicher erscheinen als die überlieferte Angabe Bleyers, es sei nur ein Drittel gewesen.

Graf Heinrich von Pückler, der zwar den Familienbesitz, aber nicht das Barvermögen Pücklers erbte, hat zumindest in den ersten zehn Jahren nach noch vorhandenen Aufzeichnungen ebensoviel für den Park aufgewandt wie sein Onkel. Rippl berichtet, daß bei den notwendigen Arbeiten zur Ausgestaltung des Parks Bleyer trotz des großen Interesses seines Dienstherrn in künstlerischer Hinsicht die treibende Kraft gewesen sei.

Am wichtigsten waren zuerst die Holzungen, die Pückler entgegen seiner eigenen Erkenntnis aufgeschoben hatte, weil er befürchtete, »er würde sein Werk momentan zerstören«. Auch mußten überflüssige Pflanzungen entfernt werden, die er als Füllsel des Parkbildes gemacht hatte oder um unschöne Aussichten zu verdecken, bis ein größerer Baum hierfür genügen würde. Bleyer hat insbesondere durch Entfernung gro-ßer Pflanzungen Blickverbindungen zwischen dem älteren und dem seit 1855 entstandenen westlichen Parkteil geschaffen. Hier hat er neue Baummassive gepflanzt, was sich bis Mitte der achtziger Jahre hinzog. Es wurden in jener Zeit vierund-zwanzig bis vierunddreißig ständige Parkarbeiter und zusätz-lich zehn bis zwanzig Gefangene aus der Cottbuser Straf-anstalt beschäftigt. Bleyer verwaltete den Park bis 1915.

Kritik an dem Zustand des Parks ist vor und bald nach Pücklers Tod laut geworden. Petzold hat auf die Notwendig-keit hingewiesen, die erwähnten Pflanzungen zu beseitigen, weil sie das Ganze unruhig machten und die vorhandenen großzügigen Formen verdeckten. Auch Hermann Jäger, der Eisenacher Hofgarteninspektor und Besucher Pücklers, er-wähnt »Fehler und Mängel«, Folgen von Pücklers Bestreben, »einen schnellen Erfolg zu erzielen«. Ihm mißfielen Blumen-beete, die jener in seinen letzten Lebensjahren um Baum-stämme herum angelegt hatte, ebenso wie die »Teppichgärt-nerei« in Muskau.[19] Solche Kritik erweckte den heftigen Protest des Besitzers. Sie war auch gewiß übertrieben, wie die Fotografien von 1890 zeigen.

Eine kritische Stimme, die man nicht überhören durfte, war die des Gartenbaudirektors Fritz Zahn von der Lehr- und Forschungsanstalt für Gartenbau in Berlin-Dahlem. Er äu-ßerte sich im Jahr 1928: »Die Jahre, in denen gartenkünst-lerischer Geist und eine fachmännische Hand fehlten, die Jahre des Krieges 1914/18, in denen wildaufschießende Ge-hölze nicht eingedämmt wurden bei ihrem Wachstum hinein in die Wiesenflächen, machen sich doch bemerkbar. All dies läßt den Wunsch laut werden, daß die erforderlichen Arbei-ten bald, ehe es zu spät wird, einsetzen, damit dies Kleinod der Gartenkunst, dies Werk eines bedeutenden Geistes im Sinne seines Schöpfers erhalten bleibt.«[20]

Wir möchten diesen Bemerkungen eines anerkannten Fach-mannes über den damaligen Zustand nichts hinzusetzen.

Seit der Muskauer Park nur noch ein Torso ist, ist Branitz heute die einzige, vollkommen erhaltene Schöpfung Pücklers – zweifellos ein Verdienst der damit befaßten Gärtner. Im Gegensatz zu Muskau, das durch die Vorgegebenheiten seiner Landschaft Pückler die Möglichkeit zu der großartigsten Anlage in Deutschland geboten hat, ist der Branitzer Park »völlig aus der Idee konzipiert« (Rippl). Pückler schrieb im April 1847 an Petzolds Vater: »Soviel ist gewiß, daß, wenn es mir h i e r gelingt, eine ästhetische Natur hervorzuzaubern, dies mein Meisterstück sein wird, wie auch mein l e t z t e s Stück, welches zur Aufführung kommt.«[21]

Auf dem Gebiet der Landschaftsgartenkunst ist Branitz sogar noch mehr, es ist ihr »Endglied« (Rippl). Denn Pückler war deren »Vollender im Sinne des Ausschöpfens letzter Möglichkeiten, wie im Sinne des zeitlich Abschließenden; beides bezogen auf den klassischen Landschaftsgarten und ... auf den Landschaftsgarten als künstlerisch begriffenen Ausdruck einer Idee überhaupt«.[22]

Neu-Hardenberg

Der erste Park außerhalb Muskaus, den Pückler geschaffen hat, war der seines Schwiegervaters in Neu-Hardenberg. Dieser Besitz, der früher Quilitz geheißen hatte, war im November 1814 dem Staatskanzler von Friedrich Wilhelm III. aus Dankbarkeit geschenkt worden. Der neue Besitzer ließ in den folgenden Jahren durch Schinkel zunächst die Kirche renovieren. Die festliche Einweihung fand im Oktober 1817 statt. Pückler, der seit dem November 1816 mit Lucie, der Tochter des Staatskanzlers, verlobt war, hat wahrscheinlich dort Schinkels Bekanntschaft gemacht.

Der Garten um das Schloß herum wurde einstmals von der Kurfürstin Dorothea von Brandenburg-Schwedt nach französischem Stil angelegt. Pückler verwandelte den Garten in einen Park nach der Art von Muskau. Um seinen grundlegenden Plan durchzuführen, bediente er sich einer List. Er erbat sich von dem in diesem Punkt ablehnenden Schwiegervater, daß er wenigstens so viele Bäume hauen lassen dürfte, wie es während eines Diners möglich sei. Dies wurde genehmigt. Darauf ließ Pückler alle Bäume ansägen, die er beseitigen lassen wollte. Während des Diners wurden die Bäume dann gefällt. Fontane schreibt darüber: »Der Park hinter dem Hause war bei jedem Besuche ein Punkt freundschaftlichen Disputs zwischen Schwiegervater und Schwiegersohn. Das feine Auge des letzteren hatte seit langem gegen die altfränkisch steife Anlage, die damals noch vorhanden war, protestiert; und das in anderem Sinne feine Gefühl des Schwiegervaters hatte mit gleicher Beharrlichkeit Neuerungen abgelehnt, weil diese Neuerungen gleichbedeutend waren mit der Entfernung eines Dutzends der allerschönsten Bäume...«[1]

Der alte Fürst war entsetzt. Das war nicht mehr der Park, den er noch vor dem Essen durchschritten hatte; es war ein anderer geworden, ein solcher, wie er nach der Ansicht des Schwiegersohns werden mußte. Eine Allee war verschwunden, und wo ein Elsbruch war, war eine Parkwiese entstanden, an deren Ausgang das Wasser des Kanals blitzte. Der Fürst, im ersten Augenblick sichtlich unangenehm berührt, war doch artiger Wirt und guter Schwiegervater genug, um gute Miene zum bösen Spiel zu machen.

Pückler selbst erwähnt in seinen Briefen an Lucie diesen brutalen Eingriff nicht. Er schildert aber seinen Anteil an der Gestaltung des Parks, die ihm der Schwiegervater nunmehr überlassen hatte.

Seit 1821 hatte Pückler John Adey Repton und dessen Gehilfen, den Gärtner Vernal, in Muskau beschäftigt. Auf Lucies Rat hatte er beide seinem Schwiegervater für die Anlage in Neu-Hardenberg empfohlen. Diese wurde nunmehr nach den von ihm angegebenen Plänen von Vernal vorzüglich ausgeführt. Von Mitte Mai bis Ende Juni 1822 hielt sich Pückler in Berlin auf und fuhr immer wieder nach Neu-Hardenberg hinaus, um die Arbeiten am Park zu beaufsichtigen. Dort will er wenigstens achthundert Bäume haben wegnehmen lassen, um dem Park das Bild einer Landschaft zu geben.[2] Anfang Juni 1822 heißt es: »Die Anlagen gehen ihren Gang unter meiner und Vernals Leitung rasch vorwärts, und ich glaube, der Park wird bald fertig sein.«[3]

In dieser Zeit wurde Pückler in den Fürstenstand erhoben. Humorvoll schrieb er an Lucie, daß auf sein Wappen fünf Helme gehören müßten anstatt der vom Heroldsamt vorgeschriebenen drei. Diese sollten seine Passionen repräsentieren:

Die Parkpassion, die Baupassion, die Pferdepassion und die Eigenschaften: Den Raufsinn und den Farbensinn.

Gerhard Hinz hat die Vermutung geäußert, daß Hardenberg Lenné Pückler für die Gestaltung des Parks in Neu-Hardenberg ebenso wie in Glienicke vorgezogen habe. Er stützt sich auf eine Ziselierung auf einem Lorbeerkranz, der Lenné zu seinem fünfzigjährigen Dienstjubiläum geschenkt wurde.[4] Wir meinen, daß die Berufung auf diese Ziselierung eine zu schwache Stütze für jene Vermutung ist, daß vielmehr die angeführten Briefstellen im Verein mit der wiedergegebenen Überlieferung der Familie Hardenberg und dem Bericht Fontanes beweisen, daß Pückler und nicht Lenné der wirkliche Schöpfer dieses Parkes war.

Es ist hier auch ein anderes Mißverständnis zu berichtigen, das Zahn in seinem Werk über Pückler als Gartenkünstler unterlaufen ist, und das Hinz in seinem Aufsatz über Pückler und Peter Joseph Lenné übernommen hat. Ludmilla Assing hat nämlich zwei Briefe von Hardenberg abgedruckt, die er aus Glienicke im Mai 1821 an seinen Schwiegersohn geschickt hat. Im ersten ist davon die Rede, daß Pückler (von Berlin kommend) Repton am übernächsten Tag mit Lenné in Glienicke treffen würde, und im zweiten fordert der Schwiegervater, leicht verärgert, den Schwiegersohn auf, ein Mißverständnis zu berichtigen, das bei Repton durch eine Äußerung von diesem anscheinend entstanden war. Diese Korrespondenz, die Zahn auf Pücklers Tätigkeit in Neu-Hardenberg bezieht, betrifft jedoch ganz offensichtlich Glienicke; obwohl aus der Korrespondenz hervorgeht, daß Pückler Hardenberg in Glienicke mehrfach besucht hat, ist ihr nicht zu entnehmen, daß er aktiv bei der Anlage des Parks eingegriffen hat. Diese Aufgabe war von Hardenberg Lenné übertragen worden. Es blieb auch dabei, als nach Hardenbergs Tod 1822 Prinz Carl von Preußen im Jahr 1824 Glienicke erworben hatte.

Babelsberg

Wir erinnern uns, daß Pückler am Kampf gegen Napoleon I. als Generaladjutant des Großherzogs von Sachsen-Weimar teilgenommen hatte. Seit jener Zeit verband ihn eine von Generation zu Generation fortgesetzte Freundschaft mit dem großherzoglichen Hause. Diese wurde durch die Enkelinnen seines Chefs, Maria (1808 bis 1877) und Augusta (1811 bis 1890) auf deren Ehemänner, die Preußen-Prinzen Carl (1801 bis 1883) und Wilhelm (1797 bis 1888), den späteren deutschen Kaiser und König von Preußen, übertragen.

Selten haben Prinzessinnen eine bessere Erziehung genossen als diese beiden. Seit der Zeit ihres Großvaters und seiner Mutter Anna Amalia hatten enge Beziehungen ihrer Familie zu den großen Geistern bestanden, die den Ruhm Weimars begründet hatten. Von diesen lebte in ihrer Jugendzeit nur noch Goethe, der mit freundlichem Interesse ihre Erziehung verfolgte. Hierbei wandte er sich besonders der hochbegabten Augusta zu, auf die er einen bleibenden Eindruck gemacht hat.

Beide Prinzen haben großes Interesse an der Gartenkunst

126

bewiesen, und als sich der Ruhm des Muskauer Parks verbreitete, diesen besucht. Prinz Carl war mit seinem Bruder, dem nachmaligen König Friedrich Wilhelm IV., im Oktober 1831 in Muskau und schrieb darüber an Pückler: ».. . besser geführt als es mir in jenem Zaubergarten zuteil wurde, glaube ich kaum annehmen zu können; hier und da wurde ich aufmerksam gemacht, wie es früher dort ausgesehen, wieviel Fuß Erde aufgetragen, wieviel abgenommen; früher sei da Flugsand gewesen, wo jetzt die üppigsten Wiesen stehen u. s. w. Alles hörte und sah ich mit der größten Aufmerksamkeit, und ein freudiges Gefühl bemächtigte sich meiner, als ich sah, wohin der Mensch es in einer Zeit von 15 bis 16 Jahren bringen kann; alle Hoffnungen glaube ich also nicht aufgeben zu dürfen, aus meinem lowly thatched cottage auch nach 10 Jahren etwas Präsentables zu machen, und ich bin auch sofort ans Werk gegangen, mich nach der Pfaueninsel hin auszudehnen, wo ich ein hügeliges Terrain mit Laubholz und Kiefern bewachsen, über 200 Morgen groß, in Erbpacht genommen habe und es jetzt mit Zuziehung von Lenné, nachdem ich aber den ganzen Plan a l l e i n entworfen habe, parkähnlich und fahrbar mache. – Sollten Ihnen, mein lieber Fürst, nicht in letzter Zeit die Ohren etwas geklungen haben, wenn der Kronprinz und ich des Lobes nicht genug von old Muskau sagen konnten?«[1]

Pückler antwortete: ».. . an Euer Königlichen Hoheit eigenen Schöpfungen nehme ich indessen ebenso lebhaften Teil, als an meinen eigenen und freue mich ungemein, daß Höchstdieselben den gewiß die schönsten Folgen versprechenden Entschluß gefaßt haben, Ihre Pläne allein zu machen und das ganze aus einer belebenden Idee hervorgehen zu lassen, den Technikern aber nur die Ausführung zu gestatten. [Dies anscheinend ein kleiner Seitenhieb gegen Lenné.]

Darf ich dabei als alter Praktiker mir einen untertänigen Rat erlauben, so bitte ich Euer Hoheit nur um eins: n i e b e s t e h e n z u l a s s e n , w a s I h n e n n a c h d e r A u s -

führung nicht gefällt. Wenn meine Anlagen Euer Hoheit einigermaßen befriedigt haben, so ist es nur der festen Beobachtung dieses Grundsatzes zu danken...

Die neue Akquisition Eurer Hoheit ist etwas sehr Erfreuliches und bei der äußerst günstigen Lage Ihrer Besitzung das ganze jetzt groß genug, um etwas sehr Schönes und Vollendetes zu schaffen, wo schon so viel Schönes bereits durch Eure Hoheit ausgeführt ist. Ich denke in kurzem als hospitierender Gärtner dort zu erscheinen und empfehle mich deshalb im voraus zu gnädiger Erlaubnis dazu... Diesen Herbst haben bereits wieder viele fünfzigjährige Bäume ihren Marsch antreten müssen, um sich Eurer Königlichen Hoheit bei der nächsten Musterung, die Sie [in Muskau] zu halten geruhen werden, vorzustellen.«[2]

Aus dem Hospitieren als Gärtner wurde jedoch nichts. Dennoch machte Pückler einen zweiten Versuch mit einer noch plumperen Schmeichelei, indem er mit dem Dank für einen eisernen Gartenkorb, der wahrscheinlich für seine Frau bestimmt war, über das Eisen zum Schwert, mit dem die Hohenzollern ihre Eroberungen gemacht hätten und zum Magneten kommend, die Anziehungskraft, die der Prinz auf ihn ausübe, hervorhob. Diesmal erntete er Ironie für solche »artigste Galanterie«: »Jener Brief zeugt von neuem, wie sehr Sie die Feder in der Gewalt haben, und wie man in wenig Worten Verbindliches und Geistvolles paaren kann.«[3]

Pücklers Einflußnahme auf die Glienicker Anlagen blieb auf guten Rat beschränkt. Prinz Carl ließ sich in seine Pläne nicht hineinreden und vertraute im übrigen auf Lenné.

Beide Männer waren zu verschieden, um sich näherzukommen. Pückler, geistig und künstlerisch produktiv, wandelbar, kokettierte mit liberalen Ideen. Prinz Carl, ein schwieriger Charakter, war stockkonservativ, Schloß Glienicke ein Zentrum der Reaktion, aber auch bedeutender Persönlichkeiten aus Kunst und Wissenschaft. Seine Interessen beschränkten sich auf das Sammeln von Kunstschätzen und seinen Park.[4]

128

In einem waren sich die beiden jedoch ähnlich: als Liebhaber schöner Frauen. Pücklers berühmte und so schöne Nichte, Gräfin Josephine Seydewitz, war zur Freude des Prinzen Hofdame der Prinzessin geworden.

Prinzessin Maria war eine schöne, gebildete Frau von sanftem Charakter. Goethe hatte sie »ein liebenswürdiges und originelles Geschöpf« genannt.[5] Pückler hat sie wegen dieser Eigenschaften geschätzt und hat bis zu seinem Lebensende in freundschaftlicher Verbindung mit ihr gestanden.[6]

Seine bevorstehende Heirat war für den Prinzen Wilhelm der Anlaß, sich einen ähnlichen Wohnsitz zu wünschen, wie ihn sein jüngerer Bruder Carl in Glienicke hatte. Auf die Anregung von Lenné wurde auf dem südlich anschließenden, etwa zweitausend Meter langen Höhenzug des Babelsbergs dafür ein Grundstück ausgesucht. Von diesem eröffneten sich Blicke auf Potsdam und die Havel bis zur Pfaueninsel. Lenné erkannte die Möglichkeit, hier eine der großartigsten Landschaftskombinationen in Europa zu schaffen.[7] Er erhielt den Auftrag, das dem Prinzen von seinem Vater großzügig überlassene Grundstück gärtnerisch auszugestalten; Schinkel sollte ein Schloß im neugotischen Stil entwerfen. Die Prinzessin ließ es sich nicht nehmen, einen eigenen Entwurf für eine kleine Cottage zu machen. 1834 wurde der Grundstein zum Schloß gelegt, das nach den Plänen Schinkels, mit späteren Erweiterungen durch Persius, auf einer Höhe mit prachtvoller Aussicht auf Potsdam und die Havellandschaft entstand. Über die Anlage des Parks schreibt Dr. Günther, der Leiter der heutigen Gärtenabteilung der Verwaltung der Staatlichen Schlösser und Gärten in Potsdam: »Lenné hat das Terrain, das von der Havel umflossen wird und im Süden von der Lenné-Höhe und dem Standort der späteren Siegessäule [begrenzt wird] weiter bis nach Osten zur Straße bearbeitet. Darüber liegen Zeichnungen, vermutlich von Meyer gezeichnet, vor. Auch die Wegeführung geht in diesen Teilen auf Lenné zurück. Es ist jedoch nicht ausgeschlossen, daß Pückler

Veränderungen vornahm, die zwar nicht gravierend, aber von außerordentlicher Wirkung waren. Dies bezieht sich besonders auf die anschließende Bodenbewegung im Übergang zum sehr bewegten Gelände. Auch der Pleasureground ist in seinen Grundzügen von Lenné vorgesehen, jedoch nicht ausgeführt.«[8]

Lennés Aufgabe wurde durch verschiedene Umstände erschwert. Auf den Höhen befand sich reiner Sandboden, der bei Ausbleiben des Regens die angepflanzten Bäume verkümmern ließ. Infolgedessen pflanzte er genügsame Laubhölzer, wie Spitzahorn, Birke, Rotbuche und verschiedene Pappel- und Akazienarten. Stockausschlag eines früheren, 1806 geplünderten Eichenbestandes war noch vorhanden. Ein ernstes Hindernis war die Geldknappheit des Prinzen Wilhelm. Schloßbau und Parkanlage überstiegen seine Apanage. Es mußte daher am Park gespart werden.

Im November 1836 schreibt er an seinen Hofmarschall, Graf Hermann Pückler: »Zu den Gartenanlagen auf dem Babelsberg[9] bestimme ich pro 1836-37 eine Summe von 1000 Talern, da Sie wissen, daß wir uns in diesem Jahr sehr einschränken müssen.«[10] Lenné stellte darauf die Arbeiten an den neuen Anlagen ein, weil das Geld grade zur Pflege der vorhandenen ausreichte. Im März 1839 schreibt ihm der Hofmarschall, daß Prinz Wilhelm sich genötigt sehe, die bereits bewilligte Summe von 788,22 Talern zu streichen. Lenné verstand. Das bedeutete das Ende seiner Tätigkeit in Babelsberg. Es kann ihn kaum überrascht haben. Denn es hätte ihm nicht entgangen sein können, daß Prinzessin Augusta es auch beim Bau des Schlosses in den Jahren 1834 bis 1835 verstanden hatte, ihren Willen mit Temperament durchzusetzen. Mit Pückler von Jugend auf gut bekannt, waren für sie die »Andeutungen über Landschaftsgärtnerei« in künstlerischer Hinsicht maßgebend, was zu Meinungsverschiedenheiten des Prinzenpaares mit Lenné geführt hat.

Wenn Augusta Pückler bevorzugte, so hatte das auch noch einen anderen Grund. Ihre Ehe war ein Ergebnis der Staatsraison, da sie über ihre bedeutende Mutter, Maria Pawlowna, eine Schwester der Zaren Alexander I. und Nikolaus I., mit dem russischen Kaiserhaus verwandt war. Da andererseits eine Tochter Friedrich Wilhelms III. mit Nikolaus I. verheiratet war, waren die besten Voraussetzungen für enge außenpolitische Beziehungen mit Rußland, der Vormacht in Osteuropa, gegeben. Um so erstaunlicher war es, daß Augusta eine ausgesprochene Abneigung gegen Rußland hatte. Sei es, daß dies auf persönlicher Abneigung gegen Zar Nikolaus I. beruhte oder auf Spannungen mit ihrer sozial und politisch nach Rußland tendierenden Mutter. Gefühlsmäßig tendierte sie selbst ausgesprochen nach Westen, zu den damaligen politischen Widersachern Rußlands, England und Frankreich.[11]

Bekannt ist, daß Wilhelm die heißgeliebte Elisa Radziwill nicht heiraten durfte.[12] Augusta hatte als Prinzessin aus dem hochangesehenen Fürstenhaus alle Vorteile. Für sie eröffnete die Heirat mit dem voraussichtlichen Thronfolger Preußens die Aussicht auf Macht, kaum auf menschliches Glück. Der Partner war ein vornehmer Charakter und ihr an Blut, aber nicht an Intellekt ebenbürtig. Man nannte ihn wegen seines ausschließlichen Interesses für das Militär den »Unteroffizier«. In Pückler fand sie den brillanten und hochgebildeten Gesprächspartner, der ihre Vorliebe für Frankreich und den Katholizismus teilte.[13] Dennoch verstand sie es königlich, dem Frauenheld gegenüber Distanz zu wahren.

Nach der Thronbesteigung Friedrich Wilhelms IV., dessen Ehe kinderlos war, stiegen die Einkünfte Wilhelms, weil er Thronfolger (nunmehr nicht mehr Prinz Wilhelm, sondern »Prinz von Preußen«) geworden war. Nun konnten in den Jahren 1843 bis 1845 Maschinenanlagen zum Betrieb von Pumpen errichtet werden, durch die die trockenen Höhen bewässert werden konnten.

Pückler begann nach seiner Rückkehr aus dem Orient schon 1843 von Muskau aus auf Wunsch des Prinzenpaares den Park nach seinen Ideen zu gestalten.

Pückler hat über seine Tätigkeit in Babelsberg einen anonymen Artikel geschrieben. In ihm berichtet er, daß neuerdings, das heißt nach der Lennéschen Zeit, Bäume gepflanzt worden seien, denen nicht die Äste beschnitten worden und die daher gut angewachsen seien. Ferner sei der Pleasureground deutlich vom eigentlichen Park getrennt worden, anstatt auch in diesem Zierstauden und Blumenbeete anzubringen.

Sodann erwähnt er die Anlage des goldenen Gartens auf der neugebauten Terrasse, die an die Stelle der früheren, »stets von der Sonne verbrannten, steilen Rasenböschung in Form eines Teichdammes« gesetzt worden sei. Er erwähnt die Pflanzung von zwanzig Meter hohen Bäumen im Vorder- oder Mittelgrund von Ausblicken, wodurch die Bildwirkung der Landschaft erhöht worden sei. Zur Vorbereitung solchen Pflanzens war der magere Babelsburg mit fruchtbarer Erde zu überdecken gewesen. Außerdem hätten junge und alte Bäume von guter Qualität von weither beschafft werden müssen. Eine Voraussetzung für das Gelingen sei der Bau zweier Pumpstationen gewesen, die eine Bewässerung der Anlage möglich machten. Schließlich wird der sogenannte Goldgarten genauer beschrieben mit der von ihm erdachten Blumenfontäne. Die Erwähnung Kindermanns als verantwortlichem Gärtner läßt darauf schließen, daß der Artikel um 1855 verfaßt worden ist. Seit diesem Jahr hat sich Pückler auf die Arbeit am Erweiterungsteil des Branitzer Parks mit den Pyramiden und den dazugehörigen Seen konzentriert und sich allmählich von der Arbeit in Babelsberg zurückgezogen.

Zu diesem Artikel ist zu bemerken, daß er eine deutliche, aber sachliche Kritik der Arbeit Lennés enthält. Pückler hat sich unendliche Mühe mit dem Babelsberger Park gegeben und den an sich vorzüglichen Entwurf von Lenné wesentlich verbessert.

Wie sich seine Arbeit in Babelsberg abgespielt hat, geht aus Tagebuchaufzeichnungen des Jahres 1846 hervor. Sie erstrecken sich über die Zeit vom 10. April bis 3. Juli.

132

»Seit 6 Tagen bin ich in Potsdam wegen des Babelsberges, dessen Anlagen ich mich in der Tat mit Selbstverleugnung widme. Die Spazierritte in der Umgebung sind ganz anmutig und die Einsamkeit im teuren Gasthof ›zum Einsiedler‹ ganz anmutig.«

Am 18. April: »Nun schon 14 Tage in Potsdam, sehr einsam, aber angenehm gelebt, auch recht wohl. Täglich mehrere Stunden zu Pferde, dito auf dem Babelsberg pflanzend und die Anlagen inspizierend.«

Am 6. Mai war er in Branitz, um Lucie zu besuchen. Bei der Rückkehr legte er mit vorausbestellten Kurierpferden die achtzehn Meilen (hundertfünfunddreißig Kilometer) in neun Stunden zurück. Dann arbeitete er fleißig auf dem Babelsberg und vermied gesellschaftlichen Verkehr, außer beim Prinzen.

Am 26. Mai: »In Babelsberg endlich der liebenswürdigen, schönen Herrin die neuen Anlagen gezeigt und viel Beifall und freundliche, gnädige Worte gelöst. Es wird auch sehr hübsch, denn es wird kein Geld geschont, und ich habe plein pouvoir. Dies kompensiert reichlich die Dürftigkeit der Natur, während in Ettersburg und Meiningen auch un peu das Gegenteil viel schwerer zu bemeistern ist, nämlich eine herrliche und üppige Natur, aber weder Geld noch freie Hand.«[14]

Das angenehme Verhältnis zu dem Prinzenpaar von Babelsberg erleichterte Pückler zweifellos seine Tätigkeit. Er widmete sich diesem Werk mit einer Hingabe, als ob es sein eigener Besitz wäre. Hier fand er für seinen Schaffensdrang einen Ersatz für Muskau. Lucie dachte, daß er sie zugunsten der »hohen Frau von Babelsberg« vernachlässige. Er aber engagierte sich so stark, daß er keine Anstrengung, kein schlechtes Wetter und keine Erkältung, an der er so leicht litt, scheute.[15] Dabei machte er als Künstler, dem seine Kunst Gewissenssache war, keine Kompromisse. Als er gelegentlich bemerkte, daß man während seiner Abwesenheit Abänderungen an seinen Plänen gemacht hatte, erklärte Pückler, der keine Unterwürfigkeit gegen Fürstlichkeiten kannte, kategorisch, daß diese Arbeiten entweder beseitigt werden müßten oder eine Tafel mit der Inschrift, daß er an dieser Geschmacklosigkeit unschuldig sei, angebracht werden müsse.

Ein anderes Mal hatte der Prinz von Preußen nach Muskau geschrieben und für besondere Arbeiten um die Entsendung eines Gärtners gebeten. Dieser wurde ihm gemeldet, und es erschien Pückler selbst in grüner Schürze, um bei der betreffenden Arbeit zu helfen. Das Abstecken für zu pflanzende Einzelbäume und Gruppen ließ er sich nicht nehmen.[16]

Nach seiner langen Reise im Sommer nach Norditalien, von der er Lucie jenen Brief schickte, in dem er seine Entscheidung für Branitz kundtat, war Pückler im Herbst auch wieder auf dem Babelsberg zum Abstecken der Pflanzungen. Sein freundschaftliches Verhältnis zum Prinzen und zur Prinzessin von Preußen festigte sich immer mehr. Das Tagebuch vermittelt den Eindruck der Verehrung für die Prinzessin, die fast regelmäßig »liebenswürdig« genannt wird.

Als der Prinz im Verfolg der achtundvierziger Revolution von allen Seiten angegriffen wurde, hat Pückler ihn »aus Gerechtigkeitsliebe sowie aus persönlichem Attachement« in mehreren Zeitungsartikeln verteidigt.[17]

Aus seinen Tagebüchern ergibt sich, daß Pückler sich lange Jahre intensiv um den Babelsberger Park bemüht hat. Heute ist es fast unmöglich, zu unterscheiden, was von ihm, was von Lenné gemacht wurde. Dr. Günther schreibt: »... daß unsere geringen Unterlagen sich in der Hauptsache auf Wegeführungen beziehen; angedeutet sind Baum- und Strauchgruppen in einheitlicher Darstellung, so daß nicht unterschieden werden kann, ob es sich um Sträucher, als große Büsche gehaltene Eichen oder um Bäume handelt.«[18] Die Wege wurden, wie er meint, hauptsächlich von Lenné, das Terrain von Pückler bearbeitet.

Im März 1850 hatte der Prinz von Preußen, der von den Liberalen nach der Unterwerfung des badisch-pfälzischen Aufstands »Kartätschenprinz« genannt wurde, als Militärgouverneur am Rhein und in Westfalen das Koblenzer Schloß als Wohnsitz bezogen. Augusta empfand die Übersiedlung als Wohltat. Ihr lag das Altpreußisch-Friderizianische in Potsdam und Berlin nicht. Besser gefielen ihr die abwechslungsreiche Rheinlandschaft und die dortige liberale, von katholischem und französischem Geist geprägte politische und menschliche Atmosphäre. So sammelte sie um sich einen Kreis von liberal denkenden Menschen, von denen nur Moritz August von Bethmann-Hollweg, Alexander von Schleinitz, Robert Graf von der Goltz und der später hinzugekommene Franz von Roggenbach erwähnt seien. Als Organ für ein Wirken in die Öffentlichkeit gründete der Kreis das »Preußische Wochenblatt« als Gegengewicht gegen die »Preußische Kreuzzeitung«. Sie war das Organ der streng konservativen Gruppe um Friedrich Wilhelm IV., die die »Kamarilla« genannt wurde, in der Leopold von Gerlach, der Generaladjutant des Königs, den maßgebenden Einfluß hatte.

Als Wilhelm 1858 wegen der unheilbaren Krankheit seines Bruders zum Regenten ernannt wurde, entließ er dessen reaktionäres Ministerium und berief ein liberales, dem aus dem Koblenzer Kreis Bethmann und Schleinitz angehörten. Jedoch enttäuschte er Augusta. Um sich ihren ständigen Versuchen, politisch auf ihn Einfluß auszuüben, zu entziehen, wies er ihr nach wie vor Koblenz als Wohnsitz an und machte ihr klar, daß die Politik seine ureigene Sache sei, die er allein vor Gott und seinem Gewissen zu verantworten habe. Sie ihrerseits dachte nicht daran, sich an seine Ermahnungen zu halten.

Kennern der Szene, zu denen natürlich auch Pückler gehörte, blieb es nicht verborgen, daß das Ehepaar, nachdem der Thronfolger Friedrich Wilhelm und seine Schwester Luise, die spätere Großherzogin von Baden, die einzigen Kinder geblieben waren, nebeneinanderher lebte. Mit Wilhelm verband ihn Freundschaft, die dieser immer wieder durch Gunstbeweise bestätigte. Augusta verehrte er als königliche, wenn auch unerreichbare Frau. Es scheint, daß sie ihn als politischen Gesprächspartner nicht ganz ernst genommen hat. So ist es erklärlich, daß sie ihm bei seinem Besuch 1858 – durch ihre Enttäuschung reizbarer als sonst – einen schlechteren Platz als gewöhnlich bei der Tafel anweisen ließ.[19]

Dies veranlaßte ihn zu dem folgenden Brief:

»Madame,

es ist mir ein Bedürfnis, Sie um Vergebung zu bitten, und ich flehe Sie deshalb an, mir für einen Augenblick zu erlauben – mich nicht nur an die Fürstin, sondern vor allem an die Frau zu wenden, die höher als alle anderen Frauen steht und die ich wie eine Halbgöttin auf Erden verehrt habe, seit ich sie, der Kindheit entwachsen, kenne.

Eure Königliche Hoheit besitzen zuviel Geist, um nicht im tiefsten Grunde meines Herzens lesen zu können; Sie werden dort nichts finden, was ein so erhabenes Wesen, so gütig und gerecht, wie Sie es sind, verletzen könnte – und doch muß ich mir vorwerfen, mich in den letzten Tagen ein wenig töricht aufgeführt zu haben. Haben Sie Nachsicht mit irgendwelchen unbeabsichtigten Fehlern! Gewähren Sie mir die Genugtuung, Ihnen in aller Aufrichtigkeit auseinanderzusetzen, was ich zu meiner Entschuldigung vorzubringen habe. Ich war so beglückt, mich in Koblenz – und nicht in dem langweiligen Berlin – in der Nähe Eurer Königlichen Hoheit (meiner wahren Herrin) zu finden, und es hatte mir die größte Freude bereitet, wieder – wie ich es früher fast täglich tat – bei Tisch den Platz an Ihrer Seite einzunehmen, wo ich beglückt von der liebenswürdigen, wohltuenden Ausstrahlung, die von Ihnen ausgeht, wo immer Sie sind, in Ihren Augen den hinreißenden Ausdruck des Wohlwollens wahrnehmen durfte, der das Herz eines alten Mannes ebenso erquickt wie das eines Kindes, so daß ich wahrhaft andächtige Ehrfurcht empfand – als ich durch Ihren Befehl unvermittelt aus Ihrer Nähe verwiesen wurde.

Zuallererst saß ich wie zu Boden geschmettert an meinem neuen Platz, ohne zu wissen, warum, und dann, ich muß es gestehen (da war es, als meine Verwirrung begann), überfiel mich ein glühender Zorn auf Sie, den ich mir, weiß Gott, nie zugetraut hätte, und der – ich muß es zugeben – lange Zeit angehalten hat.

Da ich Sie kaum jemals allein sehen konnte, wußte ich mir keinen anderen Rat, meinen unsinnigen Zorn offen zum Ausdruck zu bringen, als diesen lächerlichen Wortwechsel über den Verstoß gegen die Rangordnung mit dem Grafen Boos vom Zaun zu brechen, der sich keinen Vers darauf zu machen wußte, dessen Sinn Eure Königliche Hoheit sicherlich wohl begriffen und mit engelgleicher Güte und weiser Überlegenheit aufnahmen, wodurch ich schließlich zur Besinnung kam und meine Ungezogenheit bereute. Mich hat es ganz krank gemacht. Ich hoffe, daß Ihr gütiges Herz sich mit dieser Strafe begnügen und mir ohne Rückhalt vergeben wird.

Ich muß Sie freilich darauf hinweisen, Madame, daß da jetzt etwas ist, das stärker ist als ich. Falls Eure Königliche Hoheit nicht so großherzig sind, mir – wenigstens bei den ersten Gelegenheiten, wo ich diese Ehre haben könnte – wieder den Platz an Ihrer Seite zuzugestehen, dessen Verlust mich dermaßen außer Fassung gebracht hat, wie nichts anderes in meinem Leben –, dann bitte ich Eure Königliche Hoheit, mich von nun an von jeder Verpflichtung, im Schloß zu erscheinen, zu entbinden und mir zu erlauben, in dringenden Geschäften abzureisen, sobald mein Gesundheitszustand es mir möglich macht.

Ich würde in diesem Falle das Unglück Ihrer völligen Ungnade mit Resignation auf mich nehmen, ohne doch ganz die Hoffnung aufzugeben, daß es Eurer Königlichen Hoheit vielleicht eines Tages gefallen möchte, mich zurückzurufen. Im übrigen hege ich schon seit langer Zeit die sehr schmerzliche Überzeugung, daß nämlich Eure Königliche Hoheit mir niemals in ernsten und wichtigen Fragen Vertrauen geschenkt haben. Tatsächlich halten Sie mich nur zum Pflanzen von Bäumen für fähig und brauchbar – und doch sagt mir eine innere Stimme mit aller Gewißheit: wenn ich jenes Vertrauen besäße, das ich so sehr entbehre: mein Herz, mein Verstand, meine ganze selbstlose Hingabebereitschaft könnten Ihnen, sobald Sie sie in Anspruch nehmen, viel mehr dienen, als Sie glauben.

Muß ich immer noch um Vergebung für diesen Brief bitten? Ich glaube nicht. Sie sind zu groß, und ich Ihnen dafür zu ergeben. Was auch kommen mag, ich bin und werde immer in tiefster Verehrung sein Eurer Königlichen Hoheit

ergebenster, untertänigster Diener

H. Fürst von Pückler.«

Der Brief ist französisch geschrieben, denn Pückler bediente sich gern der französischen Sprache im Falle starker Emotionen.[20] Er empfand sie als geschmeidiger als die deutsche und daher geeigneter, mit Schärfe Dinge zu sagen, die auf deutsch beleidigend hätten klingen können. Seine Schwäche war, daß, wenn seine Eitelkeit verletzt war, er zu einem Tiger werden konnte. Daher der auffallende Mangel an Zurückhaltung in diesem Brief. Zu dessen Erklärung sei hinzugefügt, daß Graf Boos aus bayerischem Adel und katholisch war. Seine Position als Hofmarschall der Prinzessin, der für die Tischordnung zuständig war, verdankte er dem letzteren Umstand. Man kann wohl voraussetzen, daß er, gewohnt als Blitzableiter Zornesgewitter, die sich über dem Haupte seiner Chefin entluden, abzufangen, auch in diesem Fall seine Gelassenheit nicht verlor.

Was empfand Pückler in Wirklichkeit für Augusta? Bei der Offenheit, mit der er sich in seinen Briefen an Lucie und in seinen Tagebüchern in anderen Fällen geäußert hat, spricht alles dagegen, daß es eine leidenschaftliche Liebe war, wie die zu jener anonymen »Rosa«, die ihn im Sommer 1845 in Thüringen ergriffen hatte. Es war auch nicht die tiefe Zuneigung, die er für Lucie und Machbuba empfunden hatte.

138

Man geht nicht fehl, wenn man Pücklers Einstellung zu Augusta als Mischung von Bewunderung und Verehrung für die bedeutende Frau mit dem seiner Eitelkeit schmeichlenden Gefühl bezeichnet, sich der besonderen Gunst der demnächstigen Königin Preußens zu erfreuen.

Die Verstimmung zwischen den beiden ging vorüber. Freundschaftliche Beziehungen blieben bis zu Pücklers Lebensende erhalten. Bei ihrem Besuch in Branitz im Juli 1864 fand Pückler, Augusta sei »... froher und zufriedener, voll all ihrer eigentümlichen Grazie, und wie um 10 Jahre verjüngt« gewesen. Eine Laube wurde nach ihr benannt und die große Wiese zwischen Schloß und Schmiede erhielt den Namen »Königin-Augusta-Wiese«.[21]

Zu seinem achtzigsten Geburtstag erfreute sie ihn durch ein Telegramm mit »sehr lieben, gnädigen Worten«.

Paris und Baden-Baden

Im September des Jahres 1853 weilte Pückler in Baden-Baden, wo die Spitzen der damaligen Gesellschaft wie alljährlich versammelt waren. Sein Tagebuch enthält eine etwas dunkle Eintragung: »Zwischen Großherzogin Stefanie, Prinzessin von Preußen und dem Hause Delmar meine Zeit geteilt, was Gesellschaft betrifft.«[1]

Die Prinzessin, hat er damals geäußert, sei »fast ein Ideal für ihn«. So ist es nicht verwunderlich, daß er im Oktober an ihrem Hof in Koblenz zugegen war. In seinem Tagebuch vermerkt er, daß er auch Königin Sophie der Niederlande, Tochter König Wilhelms I. von Württemberg, und die Gräfin von Nassau, Witwe des verstorbenen Königs von Holland, kennenlernte. Nach einem Abstecher nach Weimar kehrte er nach Koblenz zurück, um – nicht in Branitz – dort das Weihnachtsfest bei der Prinzessin zu feiern.

Schon bald nach dem Jahresanfang zog es ihn von dem vornehm-bescheidenen und wegen der Begegnungen mit süddeutschen Liberalen anregenden Hof der Prinzessin von Preußen an den glanzvollsten der damaligen Zeit – nach Paris.[2] Pückler bewunderte Napoleon III. und dessen dynamische Politik. Er wurde, auch in Frankreich durch seine »Briefe eines Verstorbenen« und sein Gartenwerk berühmt, vom Kaiserpaar sehr verwöhnt. Der Kaiser fuhr mit ihm stundenlang im Bois de Boulogne umher, um ihm die Verbesserungen zu zeigen, die er angeordnet hatte und seinen Rat zu hören.

1862 war er wieder in Paris. Es verstand sich von selbst, daß er die bedeutendsten Gartenanlagen wieder aufsuchte. In seinem Tagebuch lesen wir: »Das Bois de Boulogne übertraf alle meine Erwartung, besonders die außerordentliche Erhaltung auf dem sandigen Boden, wo durch fortwährendes Arrosieren[3] vermöge unterirdischer Kanäle keine Stelle, selbst in den Waldpartien, zu finden ist, wo nicht der Rasen das üppigste Grün entfaltet und der Reichtum der Blumen wahrhaft unendlich ist.« Auch die Pflege der anderen Gartenanlagen und Parks wurde von ihm anerkannt.[4]

1860 war Pückler wieder im Sommer zu einer Badekur in Süddeutschland, diesmal in Wildbad. Außer zahlreichen Personen der internationalen großen Gesellschaft traf er den in jener Zeit berühmtesten Porträtmaler auf dem europäischen Kontinent, Franz Xaver Winterhalter (1805 bis 1873).

»Winterhalter wiedergesehen, der mich mit weißen Haaren malerischer erklärt als mit schwarzen.« (Pückler hatte erst vier Jahre zuvor aufgehört, sich die Haare färben zu lassen.)

Als er im Dezember noch einmal in Baden-Baden war, löste er das Versprechen ein, das er Winterhalter im Sommer gegeben hatte und ging während zweier Wochen täglich drei Stunden zu dessen Wohnsitz, um den Garten anzulegen. »Mit viel Trägheit und üblem Willen zu kämpfen wie gewöhnlich«, vermerkt er in seinem Tagebuch. Winterhalter hatte sich 1858 ein Grundstück gekauft und darauf eine prachtvolle Villa gebaut, die heute noch vorhanden ist.[5] In dem dazugehörigen Park sind die von Pückler gepflanzten Bäume zum Teil heute noch am Leben.

Nach seinem Aufenthalt als Gärtner in Baden-Baden verbrachte Pückler den Winter zurückgezogen lebend in Frankfurt. Auch dort war er öfters krank. An Tagen, an denen er sich wohlfühlte, machte er Spaziergänge von zwei bis drei Stunden. Solche einsamen Gänge nannte er »mein Kirchengehen«. Die Gedanken, die ihm dabei kamen und die er in seinem Tagebuch festhielt, lassen uns einen Blick in sein Inneres tun. Sie bieten d i e Erklärung für seinen unwiderstehlichen Schaffensdrang als Gartenkünstler, seine »Parkomanie«: »... denn einsam in der Natur wende ich mich immer an das Göttliche in uns, das beim gleichgültigen Alltagsleben ruht, aber beim inneren Leben, das in freier Natur bei mir immer wenn ich allein bin, von selbst sich vom Alltäglichen ablöst, erwacht, auch stets mit ihm das Religiöse (wenn auch nie Kirchliche), die Emanation Gottes in uns – wo der Egoismus aufhört, und man ohne Worte in Liebe und Dank beseligend betet zu dem unbekannten Urquell des Alls, der sich durch die Natur unserem Gefühl offenbart, und zugleich diese selbst auch ist. Das aber sind zweifellos die schönsten und reinsten Momente unserer Existenz.«[6]

Von Frankfurt fuhr er Ende Februar 1861 nach Koblenz, um einen von Königin Augusta in einem vier Seiten langen Brief erhaltenen Auftrag auszuführen. Dort widmete er sich drei Tage lang den Gartenanlagen der Königin und kehrte dann über Köln nach Berlin zurück, von wo er ihr am 3. April berichtete: »Es hat mich sehr betrübt, daß ich Eurer Majestät nicht einmal, nach meinem schwachen Vermögen, den kleinen Dienst in Koblenz leisten konnte, den Eure Majestät früher zu wünschen schienen. Denn durch die Zuziehung des Herrn Direktors Lenné und dessen Weigerung, Herrn Meyer nach

Koblenz gehen zu lassen, den einzigen Mann, auf dessen Tüchtigkeit ich mich verlassen konnte, wurden leider zehn Tage verloren, welche bei dem so ungewöhnlich früh eintretenden Frühlingswetter besonders in dem südlicher gelegenen Koblenz durchaus nötig gewesen wären, noch mit Hoffnung auf Erfolg g r o ß e Bäume losgraben lassen zu können. D i e s e sind aber das Notwendigste für die Koblenzer neue Promenade, um ihr ein stattlicheres, sozusagen erwachseneres Aussehen zu geben, während sie jetzt nur den Effekt einer jungen Baumschule macht, welche erst den Kindern der jetzigen Generation soliden Schatten zu geben verspricht. Vor dem Herbst ist also hierin nichts mehr zu tun.«[7]

Anschließend beschreibt er seine Vorstellungen über die Gestaltung des großen Schloßhofes als Anlage mit blühenden Sträuchern und Blumenbeeten, einem Springbrunnen und Vorrichtungen für Illuminationen. »Hierbei, denke ich, ist meine Imagination, über deren Umfang sich Euere Majestät zuweilen lustig zu machen geruhen, nicht zu hoch geflogen, da jeder wohlhabende Privatmann einen Garten dieser Art sehr wohl herzustellen vermöchte, was ich ja aus eigener zehnfacher Erfahrung beurteilen kann.«[8]

Zum Schluß setzt er sich für einen Gärtner namens Meyer aus Potsdam ein, den er sogar als Nachfolger Lennés empfiehlt, über den er, wohl nicht ohne Ironie, schreibt: »Sollte, was der Himmel verhüten möge, Preußen einst das Unglück haben, den großen und berühmten Künstler, von dem der hochselige König mir einst sagte: ›Das ist der Napoleon der Gartenkunst‹ – Euere Majestät erraten, daß hier nur von dem Herrn Geenraldirektor Lenné die Rede sein konnte –, sollte, sage ich, dieser außerordentliche Mann nicht mehr sein, so wüßte ich keinen unter dessen Schülern, der ihn wenn auch nur annähernd besser zu ersetzen vermöchte...«[9]

Dieser Brief zeigt, daß wieder einmal zwei konkurrierende Einflüsse vorhanden waren. Lenné war anscheinend Pückler, der sich von der Königin beauftragt fühlte, bei den Gartenanlagen in Koblenz zuvorgekommen. Dies kann nur auf Befehl des Königs geschehen sein. Pücklers Schreiben klingt bei aller beherrschten Höflichkeit verärgert. Auch die Kritik an Lennés Anlage ist unverkennbar. Sollte die eigenwillige Königin hier versucht haben, ihre Absichten entgegen denen ihres hohen Gemahls durchzusetzen?[10]

Thüringen

Ettersburg

Pückler hat die thüringische Landschaft besonders geliebt. Immer wieder zog es ihn dorthin, um das abwechslungsreiche, romantische Mittelgebirge des Thüringer Waldes zu Pferde durchstreifend zugleich Naturschönheit zu genießen und seinen Gedanken nachzusinnen.

Das Herz Thüringens war ihm Weimar, von dem er schrieb: »Weimar ist nur eine kleine Stadt und doch eine Weltstadt«, weil damals mit dem großherzoglichen Hof als Kristallisationszentrum »Könige, Königinnen, Prinzen und Prinzessinnen, Herzöge und Fürsten, nebst anderen berühmten und markanten Individualitäten« dort stets mit Sicherheit anzutreffen waren.[1]

So wandte er sich nach dem Verkauf von Muskau und der Enttäuschung über den Betrug mit der Herrschaft Waldstein[2] nach kurzen Aufenthalten dort und in Berlin nach Weimar.

Über die Affäre »Waldstein« hatte er am 12. August seinem Tagebuch anvertraut: »Ich bin allerdings schmählich betrogen, mais je ne m'en vanterai pas.«

Offenbar war er, der in Gelddingen stets fair war, durch diesen Mißbrauch seiner Vertrauensseligkeit tiefer getroffen, als er nach außen zugeben wollte.

In Weimar wurde er am 20. August 1845 wie immer freundlich aufgenommen, was seine Stimmung wieder hob.

Am Tage nach seiner Ankunft war er von früh bis spät in Schloß Ettersburg bei dem Erbgroßherzog Carl Alexander (1818 bis 1901) und dessen Gemahlin Sophie (1824 bis 1897), einer Nichte des Prinzen Friedrich der Niederlande, des späteren Käufers von Muskau. Carl Alexander war der wesentlich jüngere Bruder der beiden Prinzessinnen, denen wir in Glienicke und Babelsberg begegnet sind. Pückler, zur Zeit als Gärtner arbeitslos, wurde vom jungen Schloßherrn ausgiebig wegen der geplanten Anlagen um Rat gefragt und umhergefahren.

Seit 1844 war Petzold hier als Gärtner tätig. Ihm war die Aufgabe gestellt worden, die nächste Umgebung des alten »Jagd- und Landschlosses«, das dem jungen, seit 1842 verheirateten Paar zum Wohnsitz überlassen war, gärtnerisch zu gestalten. Doch hatte er schon daran gedacht, den formalen Garten am Haus mit der großartigen Umgebung in Einklang zu bringen. Dieses lag nämlich auf einer Höhe, von der man einen Rundblick hatte, dessen Hauptziel der nach Süden jenseits eines Wiesentals gelegene Ettersberg war. Der Berg war mit einem dichten Buchenwald bewachsen, durch den zehn Schneisen strahlenförmig zu seiner Höhe führten, deren eine dem Schloß direkt gegenüberlag. Carl Alexander und Petzold erkannten das ästhetisch Unbefriedigende dieses Anblicks, aber waren sich, als Pückler zu Besuch erschien, noch nicht darüber klar, was zu tun sei. Petzold mag erkannt haben, daß nur ein großzügiger Eingriff in den Buchenbestand die Lösung sein würde, konnte aber als junger, untergeordneter Angestellter nicht wagen, einen solchen der konservativen Forstverwaltung zuzumuten. Pückler sah sofort die große Chance, durch einen im Talgrund breit angelegten und sich nach oben verjüngenden Kahlschlag mit weit aus- und einschwingenden Rändern unter Stehenlassen einzelner schöner Bäume eine großartige Vedute zu schaffen. Kein anderer hätte das Vertrauen des Großherzogs gehabt, das die Voraussetzung war, um eine solche Maßnahme zu genehmigen.

144

Man nannte sie daher später den »Pückler-Schlag«. »Der Fürst wütet in unserem Ettersburger Wald«, schrieb ein Zeitgenosse, »er hat die Lisieren des Waldes weit zurückgerückt, die grade Allee zu einer krummen geschaffen, die majestätischen Bäume und schönen Gruppen sichtbar gemacht. Ich finde schön, was er leistet, doch gibt es auch Gegner.«[3]

Die Fläche, die freigelegt worden war, betrug zehn Hektar.[4] Carl Alexander sah sich Angriffen wegen der »Waldverwüstung« ausgesetzt und ließ daher Petzold eine Rechtfertigungsschrift verfassen.

In einem Brief an Petzold vergleicht Pückler seine Arbeit in Babelsberg und Ettersburg: »Ich bin hier so fortwährend mit dem Babelsberg beschäftigt gewesen, daß ich nicht fortkonnte. Die Natur ist zwar hier weit undankbarer als bei Ihnen, dagegen wird kein Geld geschont, und ich habe vollständig plein pouvoir. Daher kann hier weit eher etwas Tüchtiges geleistet werden, als bei Ihnen. Auch ist jetzt schon das Resultat überraschend für jedermann, vielen unbegreiflich, meine Erwartung sehr übertreffend. In Ettersburg fürchte ich nach den gemachten Erfahrungen, daß nichts Gescheites zustandekommen kann und bedaure unter uns gesagt außerordentlich, daß ich in diese Sache im geringsten eingegangen bin. Ich werde nun noch einmal, weil ich es versprochen, hinkommen, Ihnen genau meine Ansichten mitteilen, den begonnenen Hieb für die Schloßaussicht vollends aushauen (wenn es gestattet wird) und dann den Rest Ihnen überlassen, wo alles in den besten Händen ist. Gott schaffe Ihnen nur Geld, denn ohne dies ist alles Übrige umsonst. Also, der Himmel und Plutus sei mit Ihnen!«[5]

Pückler kam Ende September 1846, Petzold profitierte vom Umgang mit seinem Lehrmeister, und die Geldschwierigkeiten konnten – entgegen der pessimistischen Vorahnung Pücklers – behoben werden.

Der kühne, ästhetisch so vorteilhafte Eingriff in den ungegliederten Waldbestand hatte für die plötzlich der Sonne

145

und dem Wind ausgesetzten Bäume schädliche Folgen. Rindenbrand verursachte das Eingehen vieler Bäume. So änderte sich das ursprüngliche Bild schon bald. Petzold berichtet: »... hierdurch hat aber die Totalansicht keinen Eintrag gelitten, es haben sich im Lauf der Zeit neue Pflanzungsränder gebildet, die Konturen sind aber in ihrer Entschiedenheit dieselben geblieben, und es ist gewiß von Interesse, zu sehen, wie sich jener bedeutende Aushau... nach Verlauf von 43 Jahren (das ist bis zum Jahr 1888) immer vollkommener in seinen großen Linien herausgebildet hat.«[6]

Aus letzter Zeit berichtet ein Besucher: »Der Pückler-Schlag macht den Eindruck, als liefe die Wiese vom Grunde aus in den Wald hinein, um sich in ihm zu verlieren, ohne daß man ihre Grenzen überall deutlich erkennt. Die von Pückler über die Hangwiese verteilten Baumgruppen sind heute leider nicht mehr vorhanden, so daß sich die Wiesenfläche größer und zusammenhängender darstellt.«[7]

Belvedere

Ganz gewiß war Pücklers Einschlag bei Ettersburg seine spektakulärste Tat in der Umgebung Weimars. Dennoch hat er sich am längsten mit den Gartenanlagen des Schlosses Belvedere beschäftigt. Schon 1826 ist er, als er auf dem Weg nach England in Weimar Station machte, zu Besuch bei dem Erbgroßherzog Karl Friedrich und seiner Gemahlin, der Großfürstin Maria Pawlowna in Belvedere gewesen. Damals wurde der Garten von Karl August zu einem der artenreichsten botanischen Gärten in Deutschland aufgebaut. Karl Friedrich führte die Pflanzensammlung Pückler mit Stolz vor. Dieser war aber nicht beeindruckt, denn, so schrieb er an Lucie: »Du weißt, daß ich auf die bloße Seltenheit wenig Wert lege und auch in der Pflanzenwelt mich nur an dem S c h ö n e n ergötze.«[8]

1834/35 hatte der Botanische Garten den Höhepunkt seiner

Entwicklung erreicht und war für die deutschen Naturforscher ein sehr beachtlicher Anziehungspunkt.

Nach dem Tod Karl Augusts 1828 hatte Großherzogin Maria Pawlowna immer mehr die Umwandlung der weimarschen Gartenanlagen in Landschaftsgärten, bei pietätvollster Bewahrung der Erinnerung an die klassische Zeit, in die Hand genommen. Der in Belvedere wirkende Hofgärtner Eduard Sckell berichtet 1842 im Vertrauen auf die Wirkung der Autorität Pücklers in Gartendingen, daß dieser geraten habe, man möchte den Versuch, den Possenbach zu einem Teich anzustauen, aufgeben und statt dessen den kleinen, vorhandenen Graben als Bach in natürlichen Windungen durch den Talgrund fließen lassen.[9]

Pückler hielt sich nach seiner Orientreise 1842 einige Zeit am weimarischen Hofe auf, besichtigte die von Petzold in Tiefurt und Sckell in Belvedere eingeleiteten Umgestaltungen und gab künstlerische Ratschläge, die, von beiden 1843 bis 1850 ausgeführt, noch in unseren Tagen das Bild bestimmen.

Bei seinem nächsten Besuch war Pückler, wie wir wissen, am 19. August 1845 in Weimar angekommen und dinierte am 20. bei Maria Pawlowna im Schloß Belvedere. Die neuen Anlagen im Park, die nach seinem »vor drei Jahren gegebenen Rat« ausgeführt waren, fand er »vorzüglich gelungen«. »Der Platz mit sehr ähnlichen Büsten von Goethe (ganz jung und schön wie ein Apollo), Schiller, Herder und Wieland, ein tief anregender Ort, ein anderer mit einer vortrefflichen Büste des unvergeßlichen Mäzens dieser Genien, an einen Schirm von rankenden Gewächsen gelehnt und mit Rosen umgeben, reizend.«[10]

Pücklers Angaben in seinen Tagebüchern über sein gartenkünstlerisches Wirken sind stets ungemein lakonisch. Darum dürfen wir hier annehmen, daß er, wenn auch nicht persönlich eingreifend wie in Ettersburg, doch wesentlich ins Einzelne gehendere Vorschläge gemacht hat, als in Tiefurt, das er im Tagebuch gar nicht erwähnt hat.

147

Ein besseres Bild vermittelt die folgende Beschreibung:
»Der von Anna Amalia angelegte und später vergrößerte Teich, der unter ständigem Wassermangel gelitten hatte, verschwand; der schmale Bach lief wieder in leichten Windungen, von Buschgruppen begleitet, durchs Wiesental. Der Nordhang, der bis dahin waldartig bepflanzt war, wurde umgeschaffen zu dem schönen Wiesenhang, auf dem sich Eichen, Buchen (z. T. seltener Art), Nadelbäume zur höchsten Pracht ihres Wuchses entfalten konnten. Die kleinen Denkmäler und Anlagen aus den zwanziger Jahren schrumpften zusammen in diesem Talraum mit seinen großen und edlen Naturgeschöpfen; wo eine Riesenfichte so hoch und feierlich aus dem Grunde aufsteigt, vergißt man die Spielereien, die übrigens alle dem Verfall preisgegeben sind. Am Südhang des Tales wurde durch geschickte Gestaltung des Gehölzrandes der Übergang aus der Parklandschaft in den nur durch Wege erschlossenen Hainbergwald bewerkstelligt. Auf Durch- und Fernblicke ins Ilmtal, von beiden Abhängen her, wurde Wert gelegt, weil der Park nicht als fest umgrenzter, der freien Landschaft enthobener Bereich empfunden werden sollte.«[11]

Der eigentliche Weimarer Park war zusammen mit denen von Belvedere und Tiefurt schon von Maria Pawlowna, aber auch von ihrem Sohn Carl Alexander als Teil einer großen, Weimar umgebenden Parklandschaft, in die sogar die Ettersburger Anlagen einbezogen werden sollten, gedacht. Dieser großzügige Plan ist jedoch nicht ausgeführt worden, weil eine vernünftige Finanzwirtschaft die Einkünfte des Großherzogtums, die in keinem Verhältnis zu seiner kulturellen Bedeutung standen, nicht überfordern sollte.

Tiefurt

Pücklers Autorität in Parkangelegenheiten war in Weimar, wie sein Wirken in Ettersburg gezeigt hat, groß, aber nicht so fraglos, wie er es sich gewünscht hätte. Ende 1850 schimpfte

er in einem Brief an Petzold: »[Bei einem Wiedersehen] ...
besprechen wir, was in Ettersburg getan werden kann, einmal
in künstlerischer und zweitens in staatlich konstitutioneller,
vermaledeiter Hinsicht, damit man uns nicht wieder wegjagt,
wenn wir im besten Fortschritt sind.«[12]

Petzold hatte schon sehr bald nach seiner Anstellung erkannt, daß er, wollte er die von ihm als künstlerisch notwendig erkannten Maßnahmen ergreifen, sich auf Pücklers
Autorität stützen mußte. Die Großherzogin Maria Pawlowna
(1786 bis 1859), die Pückler als große Persönlichkeit bewunderte und verehrte, hatte sich die Entscheidung in allen
gartenkünstlerischen Angelegenheiten in Weimar und den
Schlössern Tiefurt und Belvedere vorbehalten. Sie hatte die
Tendenz, die Anlagen, in denen sich die Heroen der klassischen Zeit ergangen hatten, möglichst so zu erhalten, wie sie
damals ausgesehen hatten. Unvermeidlich war, daß die sich
verändernde Natur dies auf die Dauer nicht zuließ. Die Erhaltung eines Parks nach Art eines Museums, in dem kein
Bild, kein Stuhl von seinem Platz bewegt werden darf, ist
eben nicht möglich. Im einzelnen hat Maria Pawlowna sicher
dies eingesehen, aber wie vielen alten Menschen fiel es ihr
schwer, sich von einem Baum zu trennen.

Die sich daraus ergebenden Widerstände waren nicht leicht
zu überwinden. Der Park von Tiefurt war einst der Lieb-
lingsaufenthalt Anna Amaliens und ihres Kreises. Seit jener
Zeit waren je eine Reihe Pappeln und Erlen entlang der
Ilm so hoch gewachsen, daß sie das Landschaftsbild des
Ilmtales in zwei Hälften zerschnitten. Petzold berichtet
in seinen »Erinnerungen«: »Bereits während meiner Anwesenheit in Weimar im Winter und Frühjahr 1840/41 hatte
ich in meinen Berichten an den Großherzog es ausgesprochen,
daß für die Regeneration des Parkes in Tiefurt etwas geschehen müsse, da derselbe vollständig überwachsen war.
Aber ohne Erfolg. Bei der diesmaligen Anwesenheit des Fürsten Pückler wurde auch die Umgestaltung dieser Anlage an-

geregt und auf seine Autorität von mir begonnen. Bis zum Jahr 1850 wurde dieselbe fortgesetzt und beendet.«[13]

Über die Durchführung schreibt Petzold: »[Die Pappeln und Erlen] sind entfernt, und es ist ein bedeutender Aushau in dem gegenüberliegenden, die Anhöhe bekleidenden Laubwald ausgeführt worden...«[14] Durch die Freilegung der Wiesenfläche und Öffnung des Blicks auf malerische Baumgruppen und das bewaldete »Hügelig-Abwechselnde« im Hintergrund erhielt die Landschaft wieder einen freundlichen, lichtdurchflossenen Charakter. Pückler erkannte die Leistung Petzolds, bei der er im Gegensatz zu Ettersburg nicht Vater sondern Pate gewesen war, an. »Seine glänzende Umwandlung der sehr mangelhaften Anlagen in Tiefurt, wo große Schwierigkeiten zu überwinden waren, kann... als ein wahres Meisterstück angesehen werden...«[15]

Und er schrieb am 12. Dezember 1851 an Lucie: »Hinsichtlich der Anlagen hat Petzold meine ihm hier gegebenen Ideen im Park und in Tiefurt ganz meisterhaft ausgeführt, und aus dem geschlagenen Holz 4000 Taler gelöst. Trotzdem sieht man jetzt mehr Bäume als vorher nebst weiten, früher unbekannten Rasenflächen.«[16]

Da es uns leider heutzutage sehr schwergemacht wird, die erwähnten Orte selbst in Augenschein zu nehmen, sei ein Zeitgenosse aus dem anderen Teil Deutschlands zitiert, um sie zu beschreiben: »Die Idee des Tiefurter wie des Weimarer Parkes, dessen Betreuung ihm [Petzold] 1848 ebenfalls übertragen wurde, sah er in dem Idealbild eines von Höhen flankierten Flußtals, in dem ›Hügelig-Abwechselnden‹, wie es Goethe genannt hatte, und dieser Idee widersprach es nach seiner Meinung, daß hochgewachsene Bäume, vor allem Pappeln, im Talgrund standen und dadurch die Niveauunterschiede zwischen Talsohle und Uferhöhe, die möglichst stark in Erscheinung treten sollten, verwischten.«[17]

Wilhelmsthal

Ganz besonders liebte Pückler in Thüringen die Umgebung von Eisenach. Die die Stadt überragende Wartburg regte seine romantische Phantasie an, und die Landschaft bot jene Abwechslung, die er in jeder Hinsicht für sein psychisches Wohlbefinden brauchte.

Im Spätsommer 1845, während seines Aufenthaltes in Weimar und Ettersburg, war er nach Gotha gefahren, um die Königin von England zu sehen. Dort hatte sich die Familie Sachsen-Coburg-Gotha versammelt, um den Geburtstag des Prinzgemahls Albert zu feiern. Pückler beschreibt die Königin als »sehr klein, recht englisch, ganz ohne vornehme Tournüre, sieht aber sonst ganz aufgeweckt aus«, den Prinzgemahl als »très-joli garçon« und wie ein »souffre-douleur«. Mit der Königin und dem ebenfalls anwesenden König Leopold I. von Belgien wechselte er nur nichtssagende Höflichkeitsfloskeln. Damit war seine Neugier befriedigt, und er fuhr noch in der gleichen Nacht nach Weimar zurück.

Einige Tage später fuhr er wieder über Gotha nach Eisenach, um dort die Wartburg ausgiebig zu besichtigen und zwei von Petzold und einem anderen Muskauer Gärtner angelegte Gärten anzusehen.[18] Mit Befriedigung konnte er feststellen, daß dort – wie auch an anderen Stellen in Deutschland – die Anregungen, die von seinem Gartenwerk ausgingen, Frucht getragen hatten. »Uns gehört nur wahrhaft an, nicht sowohl, was wir getan, als was wir gewollt.«[19] Er denkt dabei daran, daß die Schöpfungen seiner Kunst wegen der ihnen innewohnenden Veränderlichkeit entarten können, daß aber die Idee der ästhetisch überhöhten Naturlandschaft bleiben würde. Was er damals nicht erwartete, ist eingetreten – die noch andauernde Hochschätzung seines Gartenwerks.

Damals besuchte er auch das sachsen-weimarische Lustschloß Wilhelmsthal, das in einem tiefen Talgrund lag, am Rande ausgedehnter Wiesen, die von Laub- und Nadelwald malerisch umgeben waren.

Kein Geringerer als Goethe hatte den Anfang zu diesem Park durch Umwandlung des früheren formalen Gartens gemacht.

Auf der anderen Seite gab es einen See, in dem sich zu Pücklers Entzücken der Himmel spiegelte.[20] Er konstatierte, daß »kein Tal des Gebirges so passend zu einer der großartigsten Anlagen im Fach der Landschaftsgärtnerei zu benützen [sein würde], als diese Gegend«. Gleiches hatten vor ihm Goethe und die Großfürstin Maria Pawlowna empfunden.

1853 kehrte er dorthin zurück und notierte in seinem Tagebuch, daß er »eine Woche sehr emsig, mit äußerst günstigem Resultat gearbeitet« habe.[21]

Als Petzold ihm 1854 von seinen Maßnahmen zur Auflockerung kompakter Bestände in holländischen Parks berichtete, teilte er ihm mit: »Meine wenigen Veränderungen in Wilhelmsthal bestanden hauptsächlich im Wegnehmen des abscheulichen Buchenvorhanges am Damm, die jetzt ein zweites, fast schöneres Tal und zwei sich abstufende Bergzüge mit der alten Anlage vereinigt haben . . .«

»Sehr notwendig ist auch eine Veränderung der Seeform, und die Pflanzungen vor dem Fichtensaume sollten theilweise wenigstens mit großen Bäumen gemacht werden, da die Durchbrechung der Fichten, welche nur noch vorn Äste haben, mir nicht mit Vorteil ausführbar schien.«[22] Seine Pläne sind offenbar nicht ausgeführt worden; denn 1857 schreibt er an Petzold: »Eine Veränderung der Seeform (in Wilhelmsthal) hat der Großherzog mit 800 rth. zu teuer gefunden, . . . die . . . unverständige, kleinliche Ökonomie, die in Weimar herrscht, . . . läßt keine vernünftige Ausführung zu und habe ich mich gänzlich davon losgesagt.«[23]

Diese unbeherrschten Worte waren nicht berechtigt. Die Sparsamkeit der großherzoglichen Verwaltung war ein Zeichen verantwortungsvollen Wirtschaftens, gewiß nicht eine der starken Seiten von Pückler.

Altenstein

Pückler reiste im Sommer und Herbst 1845 monatelang zu
Wagen und zu Pferd kreuz und quer durch den Thüringer
Wald. Mehrmals hielt er sich im meiningenschen Bad Liebenstein auf. »Das Hübscheste, was ich noch hier gesehen habe.«
Unter einer geschickten und großzügigen herzoglichen Verwaltung muß das Bad damals auf der Höhe gewesen sein.
Noch vor dem Ersten Weltkrieg machte es mit einer schönen,
doppelten Allee als Mittelachse und den Villen der Fürstlichkeiten im klassischen Stil einen freundlichen Eindruck. Von
Liebenstein aus besuchte Pückler den Herzog und die Herzogin von Meiningen auf dem nahegelegenen Schloß Altenstein.[24]

Bei seinem zweiten Besuch machte er mit der Herzogin zusammen Pläne für eine Verbesserung des Parks. Es handelte
sich darum, kranke Obstbäume aus einem Tal zu entfernen
und dadurch die bewegte Form des Geländes zur Geltung zu
bringen. Die Herzogin half selbst beim Abstecken. Pückler
empfand es im gegebenen Fall als schmeichelhaft, in dieser
Weise zu Rate gezogen zu werden, aber auch als ein wenig
lästig, wenn ihm dies öfter widerfuhr.

Ähnlich stöhnte er drei Wochen später: »In Ettersburg gearbeitet. Es war eine gutmütige Dummheit aus reiner Gefälligkeit, dies mühsame, kolossale Werk zu übernehmen, und
ich werde im Anfang gewiß wenig Dank dafür haben.«[25]
Aber aus Liebe zur Kunst tat er es!

Auch im nächsten Jahr war er wieder in Altenstein, um
dem Herzog den versprochenen Gartenplan zu bringen.[26] Er
war jetzt in einem Alter, in dem er es vorzog, durch eine
künstlerisch inspirierte Führung der Axt in kurzer Zeit schöne
Landschaftsbilder zu schaffen. »Die Axt, wenn sie mit Geschmack und Kenntnis geführt wird, kann oft in einem Monat
mehr Wirkung, mehr schöne Naturszenen hervorbringen, als
dies junge Pflanzungen in fünfzig und mehr Jahren imstande
sind.«[27]

Pückler hat die Erneuerung des Altensteiner Parks nicht zum Abschluß gebracht.[28] Auf seinen Rat wurde Petzold hiermit beauftragt. Dieser hat dann einen umfassenden Plan geliefert und die Ausführung geleitet. Es war für Petzold eine sehr dankbare Aufgabe, denn von der beherrschenden Lage des Schlosses und des umgebenden Parkes hat man eine herrliche Aussicht auf das Werratal und die Rhön.[29]

In Griechenland: Kyparissia

Das Auge des leidenschaftlich für die Landschaftsverschönerung Begeisterten wird überall die Möglichkeiten zur Schaffung eines Kunstwerkes erkennen. Es wäre geradezu verwunderlich, wenn es Pückler auf seinen Reisen anders ergangen wäre. König Otto von Griechenland hatte Pückler, als dieser 1836 sein Land bereiste, eine große Besitzung nicht weit von Sparta, bei Kyparissia, mit der Bedingung zum Geschenk angeboten, daß Pückler dreißigtausend Drachmen darauf verwenden solle. Sofort schreibt Pückler an Lucie: »Während dieser Zeit ist auch mit mir eine Veränderung vorgegangen. Ich bin Fürst von Kyparissia geworden, einem der elysischsten Punkte der Erde, den mir König Otto geschenkt und wohin ich Dich einlade, sobald ich mit Rehder, für den heute meine Instruktionen abgehen, ein wenig Dein Lager daselbst weichgemacht habe.« Zwei Monate später läßt er einen Brief aus Sparta folgen, in dem er voll Enthusiasmus beschreibt, wie er, bezaubert von der »wunderbaren, romanhaften Schönheit« des Ortes, angefangen habe, die Positionen der geplanten Pflanzungen abzustecken. Zwar fehlten noch zehn Meilen an der Landstraße von Athen, aber das störte den Enthusiasten nur wenig. Er schwärmte: »Ganz Lakonien ist entzückt über meine Ansiedlung ...« In seiner Vorstellung sah er schon den Park vor sich, der etwa die Hälfte des Mus-

154

kauschen erreichen sollte. Es blieb ein »Luftpark«, denn die dreißigtausend Drachmen, die dort vergraben und verpflanzt werden sollten, besaß er natürlich zur Zeit nicht.[1]

Pückler in Salzburg

1849 reiste Pückler mit Lucie, nachdem sie den Sturm der Revolution in Dresden überstanden hatten, um sie wegen des Todes ihrer Tochter, der Fürstin Adelheid zu Schönaich-Carolath, zu trösten, nach Gastein. Auf dem Rückweg hielt er sich 14 Tage in Salzburg auf und machte viele Ausflüge in die Umgebung. Besonderen Gefallen fand er an Schloß Neu-haus. Er notierte in seinem Tagebuch: »Etwas Schöneres wie Schloß Neuhaus und Umgebung mochte in Hinsicht auf Scene-rie kaum in Europa, gewiß nicht in Deutschland, gefunden werden. Kaufaufträge gegeben.«[1]

Näheres konnten wir kürzlich aus dem veröffentlichten Tagebuch des Salzburger Künstlers Georg Pezolt erfahren. Er berichtet in dem Jahre 1871: ». . . ist auch aus den Projekten des Fürsten Pückler-Muskau, der eine Riesenanlage unter-nehmen wollte, leider nichts geworden, so war der Veran-lasser doch ein Mann von Geist und Geschmack. Es war 1849, als er hierher kam, solches Projekt auszuführen. Er wendete sich an mich, um malerische Situationszeichnungen zu erhalten und an Doctor Stieger, um die Grundstücke zusammenzukau-fen. Es war soweit, daß Stieger um Vorschuß zu Drangeldern bitten mußte. Der Fürst bot seinen sinaischen Creditbrief[2] auf 50 000 Fl.; der Hotelier Pauernfeind eilte zum nahen Wechselhaus Matthias Gschnitzer, um darauf 20 000 Fl. zu er-heben. Gschnitzer getraute sich jedoch nicht, auf »solchen« Wechsel die verlangte Summe auszuzahlen, worüber der Fürst entrüstet von mir die Expensare verlangte und tags darauf maßleidig Salzburg verließ. Ungeachtet ich noch längere Zeit mit dem Fürsten korrespondierte, war er doch nicht mehr zu bewegen, mit Salzburgern in Verkehr zu treten ... Die Abende, welche ich mit Stieger bei diesem Fürsten zubrachte, gehörten zu den geistreichsten Unterhaltungen in meinem Leben.«[3]

Man sieht, Pückler verfuhr nach der gleichen Methode, nach der er in Muskau mit Schinkel und Schirmer zusammengearbeitet hatte. Zunächst Zeichnungen machen zu lassen, um dann zu entscheiden, durch welche Veränderungen in der Landschaft er eine seinen Ideen entsprechende Verschönerung erreichen könnte. Denn es war ihm mit diesem Projekt ernst. Er beabsichtigte nicht nur, das Schloß Neuhaus in einen wohnlichen Zustand zu versetzen, um sich mit Lucie dort niederzulassen, sondern auch einen Park etwa in der halben Größe des Muskauers um das Schloß herum anzulegen. Dabei hat er ganz gewiß auch die entferntere Landschaft mit ihren Wiesen, Dörfern und dem Blick auf die Hochalpen in die sich vom Schloß aus bietenden Bilder einbeziehen wollen.

Aber wieder scheiterten Pücklers hochfliegende Pläne. Sei es, daß der biedere Matthias Gschnitzer erfahren hatte, daß er sich mit dem Muskauer Park ruiniert hatte, sei es, daß ihm das griechische Bankhaus in Wien für die Einlösung des Kreditbriefs nicht sicher genug erschien – es gab kein Geld. Pückler, nicht daran gewöhnt, wegen einer so verhältnismäßig kleinen Summe eine Ablehnung zu erhalten, reagierte empfindlich wie eine Primadonna. Der ganze, in seiner leicht entzündlichen Phantasie so schön erscheinende Plan freute ihn nicht mehr, und so gab er ihn abrupt auf. Vielleicht sind ihm dadurch andere Enttäuschungen erspart geblieben. Denn ob die hartschädligen Bauern des Salzburger Landes ebenso leicht geneigt gewesen wären, ihm Grundstücke zu verkaufen, die er für seine Anlagen gebraucht hätte, wie die Muskauer und die Wenden, dürfte zu bezweifeln sein.

Eine weitere Enttäuschung hätte ihm bevorgestanden. Wo sich bei seinem ersten Besuch im Westen von Neuhaus ein

156

Blick auf Felder und Wiesen bot, in denen verstreut einzelne Bauernhöfe, kleine Weiler und Sommervillen in gepflegten Gärten vor den großartigen Bastionen der »Neustadt« Salzburgs standen, begannen seit 1861 große Veränderungen. Die Bastionen wurden geschleift, und Salzburg begann, sich in Richtung auf Neuhaus auszudehnen. Schlimmer noch: häßliche Bahnanlagen mit den dazugehörigen Schuppen und Werkstätten prägten das Bild des entstehenden großen Eisenbahnknotenpunkts. So hätte Pückler das Paradies, das er auf dem Niederlausitzer Sand zu schaffen im Begriff war, gegen eine Industrielandschaft eingetauscht. Ein gütiges Geschick hat ihm dies erspart.

Als er 1861 wieder in Salzburg war, bemerkte er: »Schloß Neuhaus, das ich vor 9 Jahren für 4000 Gulden ... kaufen konnte, ist jetzt von Graf Thun requirirt, und als wirkliches Schloß hergestellt worden, aber liederlich gebaut und ohne Geschmack. Ich liebte es weit mehr in seiner anspruchslosen Verfallenheit, doch ist der den Berg sich emporschlingende Weg mit seinen prächtigen, stets abwechselnden Aussichten verdienstlich, obgleich auch nur oberflächlich hergestellt und zu eng.«[4] Dieses absprechende Urteil wurde sonst nicht geteilt. Die Trauben waren eben sauer geworden.

Ausklang in Branitz

Wenden wir uns ein letztes Mal dem Helden unseres Berichts zu. Er ist jetzt ein einsamer, alter Mann. Die Menschen sind tot, die er in seiner großen Zeit, als er mit Geldnöten kämpfend den Muskauer Park schuf oder Europa und den Mittelmeerraum bereiste, liebte und schätzte. Sein treuer Helfer Rehder hatte ihn schon lange verlassen, sein Rivale Lenné, seine Freunde Schefer, Varnhagen, »Pitt« Arnim und viele andere. Die treueste Gefährtin seines Lebens, Lucie, war ihm schon lange ins Jenseits vorausgegangen. Ebenso Machbuba, die entzückende kleine Abessinierin, die er im Sudan auf einem Sklavenmarkt gekauft und auf seiner Weiterreise bis nach Muskau mitgenommen hatte, wo sie an einem Lungenleiden starb.

Die Gartenkunst, die er, auch nachdem er Muskau verlassen hatte, als ihr berühmtester Exponent unter den Zeitgenossen, in Branitz unermüdlich ausübend, andernorts beratend betrieben hatte, war schon sehr bald unter Epigonen von der Höhe der Klassik hinabgesunken.

Diese Kunst war trotz des flüchtigen, schriftstellerischen Ruhmes, trotz eines unwahrscheinlich umfangreichen Briefwechsels, den er mit mehr oder weniger tiefgehenden philosophischen Überlegungen anzureichern verstanden hatte, sein eigentlicher Lebensinhalt gewesen. »Es ist schon wahr, daß ich nur künstlerisch schaffend in meinem wahren Elemente bin. Dies ist mein mir von der höheren Macht über uns bestimmter Beruf, wie ich immer mehr einsehe«, schrieb er in einer ruhigen Stunde in Branitz. »Immer mehr überzeuge ich mich, daß mein Beruf auf dieser Welt die Kunst ... ist. Nur ihre Übung gewährt mir ein reines Glück, das heißt wohltuende, durch nichts gestörte Befriedigung.«[1]

In dieser Weise von Kunst zu sprechen, ist eine Generalisierung. Später einmal wird Pückler konkreter. In seinem Tagebuch, in dem er nicht wie in den Briefen einen bestimmten Eindruck auf den Leser erstrebt, schreibt er: »... die landschaftliche Verschönerungskunst, die Landschaftsmalerei mit dem Material der Natur selbst, bemächtigt sich meiner wieder nach wenigen Tagen, so daß ich sehr fleißig arbeite (da der Winter gelinde ist) bis zum Ende des Jahres, wo ich leider an starker Grippe wieder erkrankte.«[2]

Nicht zufällig wählte er zum Motto für seine »Andeutungen über Landschaftsgärtnerei« den Vers von Lessing: »Wenn Kunst sich in Natur verwandelt, so hat Natur und Kunst gehandelt.«

158

Landschaft zu verschönern, aus einer »Sandwüste« eine grüne, blühende Oase zu schaffen, trotz aller Schwierigkeiten und Nachteile des Ortes einen ästhetischen Traum Wirklichkeit werden zu lassen: das war sein innerstes Streben. Es war ein Streben, das, bedingt durch die nicht genau vorauszuberechnende Weise der Entwicklung der pflanzlichen Kreaturen, mit denen er seine Schöpfungen bildete, letzten Endes nur zeitweise Verwirklichung erreichen konnte. An seinen eigensten Schöpfungen wird dies deutlich. In Muskau ist Pücklers Meisterschüler und Nachfolger bei der Ausgestaltung des Parkes, Petzold, von dem rein ästhetischen Prinzip Pücklers durch das Einschlagen der botanischen, wissenschaftlichen Richtung abgewichen. In Branitz hat er selbst durch zu dichtes Pflanzen die Grundlage für eine Überfüllung der Bestände geschaffen, die von seinen Besitznachfolgern aus falsch verstandener Pietät nicht ausreichend korrigiert worden ist.

Um die Bilder Wirklichkeit werden zu lassen, die ihm in der Phantasie vorschwebten, griff er als Gärtner »im eigentlichen Sinne« (Jäger) praktisch zu. Gärtnern fühlte er sich in besonderer Weise innerlich verbunden. Petzold und Jäger bezeugen, daß er sich ihnen gegenüber als »Kollege« bezeichnet hat.[3]

Aufschlußreich dürfte es sein, daß der einzige Mensch, neben dem er begraben sein wollte, Rehder war, sein treuer Garteninspektor, der seine Intentionen in Muskau intuitiv verstanden und ausgeführt hatte.

Verkleidungen lassen oft einen Blick in das Unterbewußtsein des Betreffenden tun. So war es wohl mehr als ein lustiger Einfall, daß Pückler mit umgebundener grüner Schürze wie ein Gärtner in Babelsberg beim Prinzen Wilhelm erschien, um sich selbst an der Lösung eines gärtnerischen Problems zu beteiligen.

An diese Episode knüpft sich noch ein anderer Gedanke. Die Kunst der Landschaftsgärtnerei setzte ungewöhnlich ausgedehnten Grundbesitz voraus. Der war großenteils in der

Hand der Fürsten und einzelner Privatleute. Zugleich hatten die Besitzer volle Verfügungsfreiheit über ihr Eigentum. In Deutschland verband sich bei Fürsten, die unter dem Einfluß der Aufklärungsideen standen, mit der Begeisterung für die Gestaltung schöner Landschaftsgärten die patriarchalische Fürsorge für die Bürger. Pückler, dessen Standesherrschaft oft einem kleinen Fürstentum verglichen worden ist, erwartete, daß die Ausführung seines Parkplans ». . . jedem von ihnen [den Einwohnern Muskaus] gleichfalls zum Vergnügen und jetzt sowohl als mehr noch in der Folge zum wahren Nutzen gereichen muß«.[4]

Mit diesen sozio-ökonomischen Voraussetzungen entstanden in der zweiten Hälfte des 18. und ersten des 19. Jahrhunderts die schönsten Parks in Deutschland, die eigentlich alle dem Publikum geöffnet, wenn nicht sogar ausdrücklich für es geschaffen waren.

Schon zu Pücklers Lebzeiten hatte die Landschaftsgartenkunst ihren Höhepunkt überschritten. Nicht nur durch das sich ausbreitende dendrologische Interesse, auch durch die sich anbahnenden gesellschaftlichen Veränderungen entstanden neue geistige Grundlagen, die neue Leitgedanken für die Gartenkunst hervorbrachten. Pückler war im Sinne des »Ausschöpfens letzter Möglichkeiten des Landschaftsgartens« (Hoffmann) zu seiner Zeit Vollender dieser Kunst.[5]

Der vierundachtzigjährige, immer häufiger kranke alte Mann in Branitz war nur noch selten imstande, das Haus zu verlassen. Doch hat er soviel als möglich seine »Verschönerungsanlagen fortwährend fleißig dirigiert«.[6]

In dieser peinvollen Einsamkeit waren für ihn Besuche alter Freunde und Freundinnen die größte Freude. Darum vermerkte er 1869 in seinem Tagebuch, daß die Prinzessin Maria von Preußen ihn aufgesucht hatte.

Seine Tagebucheintragungen wurden, verursacht durch seine körperliche Schwäche, wehleidig und voll bitteren Argwohns gegen seine Umgebung. In dieser Verfassung setzte er,

160

da er dem Fideikommißerben Branitz hinterlassen mußte, seine Nichte, Marie von Pachelbl-Gehag, als geborene Gräfin Seydewitz eine Tochter seines Halbbruders, zur Erbin seines Barvermögens ein.[7] Sein größter Wunsch war nun ein schmerzloser Tod. Mit dem Gedanken an den Tod hatte er, der keine Todesfurcht kannte und acht Duelle ausgefochten hatte, sich schon lange auseinandergesetzt. Sein unorthodoxer, eklektizistischer Glaube ließ ihn öfters die Erwartung einer Wiedergeburt äußern. Jedoch berichtet Laube: »Alle ersinnlichen Vorstellungen über unseren Zustand nach dem leiblichen Tode besprach er mit Vorliebe, aber zu entscheiden wußte er sich für keine. ›Gott ist groß‹, sagte er, ›er wird uns überraschen.‹«[8] Ein schönes Wort.

1870 hatte der fast Fünfundachtzigjährige wieder versucht, sich freiwillig zur Teilnahme am Kriege im Hauptquartier seines Königs zu melden. Dieser konnte nicht anders, als ablehnen.[9] In seinem Tagebuch finden sich in diesem Jahr nur zwei Eintragungen, eine im Januar über das Wetter, das ihn ins Haus zwang, wo er viel Philosophie las. Die letzte im Dezember lautete: »Kunst ist das Höchste und Edelste im Leben, denn es ist S c h a f f e n z u m N u t z e n d e r M e n s c h h e i t. Nach Kräften habe ich dies mein langes Leben hindurch im Reiche der Natur geübt.«[10]

In einer frostklaren Februarnacht des Jahres 1871 tat dieses ruhelose Herz dann seinen letzten Schlag – ein Leben voll Arbeit und Anstrengung, aber auch voll Abwechslung und Abenteuer war beendet. Karl von Holtei, der schlesische Landsmann und Freund, hat ihm den Nachruf gewidmet: »Noch der dahinsterbende Greis war vom Totenbette eifrig besorgt und tätig bedacht, daß gepflanzt und grün geschmückt werde, was er als dürren Sand übernommen, daß frisch rieselnde Bäche den scheinbaren Tod in blühendes Leben verwandelten. Er, dessen Leben bereits fast abgelaufen, der nicht mehr hoffen durfte, reinen, vollen Genusses sich künftig zu erfreuen. Für wen hat er, der Kinderlose, es getan, für wen hat er seine längst geschmälerten Einkünfte fortwährend noch auf kostbare, vielen armen Arbeitern guten Verdienst bringende Anlagen verwendet? Für die Idee, für die Schönheit der seinem Geiste vorschwebenden Ideale hat er es getan! Er ist daher auch ein ›Frommer‹ gewesen, ein Naturfrommer, welcher Gott in seinen lieblichsten Offenbarungen – durch die Natur – gekannt, verehrt, geliebt und ihn opfernd gedient hat.«[11]

Soweit der Freund und Dichter. Doch hören wir Pückler selbst:

»Lektüre und Nachdenken haben mich gelehrt, Gott nicht mehr als außer der Natur stehend, aber auch nicht als eine bewußtlose Kraft zu denken, sondern als die höchste geistige Intelligenz, wie die höchste Liebe alles durchdringend, in allem wohnend, dessen Körper sozusagen die Welt, dessen Geist ihre Seele ist.«[12]

Hier ertönt die Melodie von Shaftesburys religiösem Naturhymnus. Aber aus der Ferne klingt das Motiv der kosmischen Religiosität Chinas mit. Man könnte meinen, daß der Pantheismus, der eigentlich nur ein Wort für Vorstellungen ist, deren Umrisse im Unbestimmten verschwimmen, die eigentliche Weltreligion ist. Unter dem Dreigestirn der großen Landschaftskünstler des 19. Jahrhunderts ist Pückler der einzige, der uns einen Blick in die Tiefe des Religiösen tun läßt, aus der er den geistigen Stoff für seine Landschaftsgestaltung nimmt. Grade das Schöpfen aus dieser Quelle hat ihn in den Stand gesetzt, mit den einfachsten Mitteln größte Wirkungen zu erreichen, mit Licht und Schatten, der Tiefe des dreidimensionalen Raumes und der heimischen Pflanzenwelt jene Ruhe und Harmonie zu schaffen, die noch heute den Besucher beeindruckt.

So wenig greifbar wie sein pantheistischer Glaube ist auch seine Persönlichkeit. Menschliche, ja allzumenschliche Schwächen wechseln mit liebenswerten Eigenschaften ab. Laube, mit dem er nächtelang diskutiert und philosophiert hat,

162

meint: »... er war keineswegs herzlos, wenn auch oft nur der Ehrenpunkt die Ursache herzlicher Handlung bei ihm war. Sein Verhältnis zur Fürstin, seiner Frau, zum Beispiel ist ein Beweis treuer und aufopfernder Hingebung.«[13]

Andererseits hat er sich einmal gegenüber der Gräfin Oriola, einer Tochter Bettinas von Arnim, geäußert, daß er eigentlich nur für sich selbst Interesse habe und daß ihm mit ganz wenigen Ausnahmen die Menschen furchtbar gleichgültig seien.[14] So kennzeichnet er sich selbst als vollendeter Egozentriker.

Zuletzt hat er zu Laube vor der Pyramide im Branitzer Park gesagt: »Wenn ich hier aufgebraucht liege und zerstäube, dann werden Sie mich der Welt beschreiben, so freundlich wie möglich, aber auch so wahr wie möglich. Wir nützen der Welt nur durch Wahrheit. Nicht wahr?«[15]

Man möchte hier mit Pilatus fragen: »Was ist Wahrheit?« Wer sich länger mit der Person Pückler-Muskau beschäftigt hat, ist fasziniert. Aber sie verschwimmt vor seinen Augen, so daß zuletzt nur der Eindruck bleibt: Er war ein Phänomen.

Die Erhaltung von Pücklers Werk

Die Erhaltung des Parks unter den Grafen Arnim

Die Zeit Rudolf Lauches

Wenden wir uns wieder dem Muskauer Park zu. »Petzold war es, der zur rechten Zeit eingriff und den Park in einem frühen Stadium vor dem Untergang bewahrte. Und hätte dann im Anfang der neunziger Jahre der Park nicht in Direktor Lauche den richtigen Mann erhalten, so wäre er nach Petzolds Tod... doch noch dem Verfall geweiht gewesen. Erst, wer die Geschichte des Parks kennt, wer die Perioden des Aufgangs und Niedergangs verfolgt hat, versteht, was das heute bedeutet und was die Ausgestaltung einer solchen Anlage für Anforderungen stellt.«[1]

Schrefeld war ein qualifizierter Gärtner, der in den ersten drei Jahren alleiniger Verantwortung noch unter den Augen des interessierten Prinzen der Niederlande zu arbeiten hatte. Vielleicht hat das Interregnum, das zwischen dem Tod des Prinzen und dem Erwerb der Herrschaft durch Traugott Hermann Graf von Arnim im Mai 1883 bestand, Auswirkungen auf die Arbeit am Park gehabt. Im Grunde ist an dem Verständnis meines Großvaters für die Bedeutung dieses Kunstwerks nicht zu zweifeln. Er kannte das Wirken Lennés im Park seiner Heimat Boitzenburg und besaß bereits in Blumberg einen schönen Park, der von Lenné und einem seiner Schüler angelegt war. Das erklärt, daß er nach dem plötzlichen Tode Schrefelds im Winter 1891 nicht den ersten besten, sondern den durch seinen bisherigen Berufsweg als hochqualifi-

ziert ausgewiesenen Rudolf Lauche als Parkdirektor engagierte. Dieser hatte, nachdem er die berühmte, von Gustav
Meyer gegründete königliche Gärtnerlehranstalt in Wildpark
bei Potsdam durchlaufen hatte, auch international in Belgien,
England und Frankreich Erfahrungen gesammelt. Für den
Zweiunddreißigjährigen wurde der Muskauer Park zur Lebensaufgabe. Auch er begann wie Petzold damit, die großen
und kleinen Bestände durchzuarbeiten. Denn die Aufgabe,
die ihm gestellt war, lautete, den Park im Sinne seines Schöpfers zu erhalten. Die Anleitung hierzu konnte er in den »Andeutungen über Landschaftsgärtnerei« finden; weniger in
den Tafeln des Bildwerks von Schirmer, die schon damals
von der Entwicklung der Baumbestände überholt waren. Aus
seiner Heimat Berlin brachte er Anregungen von den Schöpfungen Lennés mit. Die Anforderungen, die mein Großvater[2]
an ihn stellte, waren nicht gering. Der temperamentvolle
Mann pflegte, wenn er in Muskau war, fast täglich auszu-
reiten oder mit dem Pferdegespann zur Inspektion seiner Unternehmen zu fahren, wobei er immer durch den Park mußte.
Auch die vielen Besucher waren zum Teil selbst Besitzer großer Schlösser und Parks. Mit ihnen wurden stets Spazier-
fahrten durch den Park unternommen, wobei sein Zustand
sachverständig beurteilt wurde. Meine Großmutter Caroline
Arnim war eine begabte Malerin. Es gab im Schloß einen
großen Kasten mit ihren Aquarellen vom Park, von denen
leider nur sehr wenige gerettet werden konnten. Lauche, ein
guter Fotograf, auch selbst ein Maler, hat mehrere Alben mit
Aufnahmen aus dem Park hinterlassen.

Kalamitäten unterbrachen immer wieder das Gleichmaß
der Arbeit. Die größte war das Hochwasser des Jahres 1897,
das den ganzen Unterpark überschwemmte, so daß man von
der Schloßtreppe aus einen Kahn benutzen mußte. Wege
wurden aufgerissen, Bäume entwurzelt, Wiesen mit Fluß-
kies bedeckt. Die Ausbesserung der Schäden hat viel Mühe
gekostet. Ein starker Schneefall in einem Frühjahr ließ

168

wieder einmal den ganzen Bestand an der Berglehne zwischen englischem Haus und goldener Höhe zusammenbrechen. Lauche plünderte die Baumschule aus und pflanzte einen Mischbestand aller vorhandenen Laubhölzer dorthin. Das Laub der Buchen, Birken, Silberpappeln, Roteichen, Ahorne und Linden ergab im Frühjahr, besonders aber im Herbst, eine Farbensymphonie. In dieser Jahreszeit war hier einer der Höhepunkte des Parks, der nur noch von der Farbenpracht der Eichen, Buchen und Linden am Eichsee übertroffen wurde. Lauches Wirken fand unter Fachgenossen viel Anerkennung. Anläßlich der Besichtigung Muskaus durch die Deutsche Dendrologische Gesellschaft im Jahr 1909 heißt es im Bericht: »... Herrn Lauche wurde einhellig die größte Anerkennung ausgesprochen für die geradezu mustergültige Unterhaltung der herrlichen Anlagen.«[3]

Die Organisation der Verwaltung der Standesherrschaft war für Lauches Wirken günstig. Er unterstand unmittelbar dem Besitzer. Kein beratendes Gremium mußte gehört werden, keine bürokratische Hierarchie war an der Planung beteiligt. Auf dieser Stellung hat Lauche mit Hartnäckigkeit bestanden. Die Besitzer der Herrschaft wiederum waren in der Gestaltung des Parks vollkommen frei. Ihre Entscheidungen haben sie aus dem Verantwortungsgefühl heraus getroffen, die grundlegenden künstlerischen Gedanken Pücklers im Park zur Geltung zu bringen. In Lauche hatten sie den Mann, der nicht nur künstlerisch geschult, sondern auch mit dem zu verwendenden Pflanzenbestand und dem handwerklichen Können vertraut war.

Drei große Neugestaltungen hat Lauche auf Anweisung meines Vaters, Adolf Graf von Arnim, der den Besitz im Januar 1919 erbte, ausgeführt. Die erste war 1920 die Säuberung einer bedeutenden Fläche am sogenannten Vogelherd von einem verwilderten Bestand von Birken, Akazien, Aspen und anderen wertlosen Gehölzen. Übrig blieben mehrere uralte Eichen, einige kanadische Pappeln, die Pückler gepflanzt

169

hatte, um die Höhe von weitem zu betonen, und ein Buchen-hain. Die freigewordene Fläche wurde mit Gras besät und eingezäunt. So entstand eine weite Fläche, von der Udo von Alvensleben später schrieb: »Englischen Parks am ähnlich-sten wirken die Koppeln..., die mit ihren alten Eichen, unter denen Weidevieh steht, für meinen Begriff zu den schönsten Teilen gehören.«[4]

Die zweite war, etwa 1924, die Entfernung alter Fichten, die den entlang der Hermannsneiße gepflanzten Eichenhain verdunkelten. Unter dem Schirm der Eichen wurde Rasen angesät und Gruppen von Rhododendron gepflanzt. Es ent-stand eine Erweiterung des von Pückler angelegten Pleasure-grounds.

Die dritte bedeutende Veränderung, die Lauche noch im letzten Jahr seiner Tätigkeit im wesentlichen durchführte, war die bereits erwähnte Lichtung im Arboretum. Sie eröff-nete einen neuen, landschaftlich wertvollen Blick vom Herren-berg nach Osten als Einleitung für eine neue Gestaltung des Arborets.

Lauche fand in meinem Vater, dem zweiten Besitzer der Standesherrschaft, dem er als Parkdirektor diente, einen Brotherrn, der ihm mit künstlerischem Empfinden die Auf-träge für die drei erwähnten Maßnahmen gab. Von ihnen ist heute nur noch die Rhododendronanlage im Herrengarten ein Zeugnis für das Zusammenwirken der beiden im Park.

»Ja dieser ist eigentlich erst, seitdem Adolf von Arnim Muskau übernahm, völlig das geworden, was er heute dar-stellt: die klassische Parkanlage Deutschlands... Die großen Grundlinien, die Pückler im Park und in der verschönerten Umgebung festlegte, bewahrt und wieder herausgearbeitet zu haben, ist ein Verdienst von Petzold und Lauche... Muskau läßt uns erkennen, was ein Park ist, was das Wort Land-schaftsgestaltung bedeutet.«[5]

Es ist eine durch die Erfahrung immer wieder bestätigte Tatsache, daß der Landschaftsgärtner sich im Alter immer

170

schwerer von den Bäumen, mit denen er lange Jahre gelebt hat, trennen kann. So ist es Pückler ergangen, so nach den Äußerungen Petzolds zu schließen, Schrefeld und auch Lauche. In seinen letzten Jahren »entfiel die früher musterhaft geführte Axt seiner Hand«. Wir möchten in Anbetracht seiner früheren ausgezeichneten Leistungen diese Feststellung nicht als Tadel aufgefaßt wissen. Blicke wuchsen zu, Gesträuch breitete sich am Rande mancher Baumgruppen aus, und in den größeren Beständen wurden die herrschenden Bäume nicht mehr freigestellt, so daß Stangenhölzer sich zu entwickeln begannen.

So war es verständlich, daß mein Vater seinem Wunsch nach Pensionierung nach siebenunddreißigjähriger Tätigkeit 1928 entsprach.

Im Ruhestand wohnte Lauche in Bonn und starb hochbetagt dort 1940. Die Dendrologische Gesellschaft widmete ihrem früheren Vizepräsidenten einen Nachruf, in dem es über sein Wirken in Muskau heißt: »Wer Muskau in den letzten Jahrzehnten gesehen hat, wird bezeugen können, daß die genannten großen Landschaftsgestalter [Pückler und Petzold, d. Verf.] in Rudolf Lauche einen würdigen, allen Anforderungen gewachsenen Nachfolger gefunden haben.«[6]

Im selben Jahr wurde im Muskauer Park eine Eiche zur Erinnerung an ihn bei der goldenen Höhe gepflanzt.

Die Pflege des Parkes seit 1928

1922 wurde als Ersatz für das Familienfideikommiß, das gemäß dem preußischen Gesetz von 1919 aufgelöst werden mußte, die Waldgutstiftung Standesherrschaft Muskau gegründet. In der Satzung dieser Stiftung wurde als ihr Zweck die Erhaltung des Parks bezeichnet. Die Gründung der Waldgutstiftung schien unter den damaligen Umständen nach menschlichem Ermessen die beste Möglichkeit zu sein, das Kunstwerk von einmaligem Rang zu erhalten. Freilich bedeutete der Entschluß für meinen Vater den Verzicht auf die unbeschränkte Verfügung über das große, in der Standesherrschaft vorhandene Vermögen. Sein Verantwortungsgefühl für seine Familie und den ihm überkommenen kulturellen Schatz bestimmte ihn dazu. Aus dem Interesse der Allgemeinheit, der Voraussetzung für eine solche Stiftungsgründung in Preußen, folgte, daß der Park stets jedermann frei- und offenstehen sollte. Dies war in der Satzung festgelegt. Zum Schutze des Parks wurde 1924 eine Polizeiverordnung des Landrats zu Rothenburg erlassen. Um eine Gewähr für die Stetigkeit der Bewirtschaftung zu erhalten, hatte das Kultusministerium angeordnet, daß ein staatlicher Parksachverständiger dem Besitzer mit Rat und Tat zur Seite stehen sollte. Da Parkdirektor Lauche als ein genügend qualifizierter Sachverständiger von der Aufsichtsbehörde anerkannt wurde, verzichtete sie zunächst auf die Bestellung eines anderen.

Die Leitung der Parkverwaltung wurde 1929 dem Oberforstmeister Walter Bruhm (1877 bis 1952) übertragen. Er nahm sich zu seiner Unterstützung einen der ihm unterstellten Forstbeamten, von dem er annehmen konnte, daß er sich in die zunächst ungewohnte Tätigkeit einarbeiten und Sinn und Interesse für die Bewirtschaftung des Parks haben würde. Revierförster Kreisel hat den an ihn gestellten Erwartungen entsprochen.[1]

Der gesamte Park setzte sich damals zusammen aus dem Hauptpark (Oberpark und Schloß- oder Unterpark) und dem Berg- und Badepark (westlich der Stadt Muskau).

Seine Größe und Ausdehnung hatte im Laufe der Zeit wesentliche Veränderungen erfahren. Aus einer Karte vom Jahr 1840 geht hervor, daß der Hauptpark etwa einhundertachtundsechzig Hektar, der Berg- und Badepark etwa neunundachtzig Hektar, der ganze Park also etwa zweihundertsiebenundfünfzig Hektar groß war. Es war beabsichtigt, in den

172

Park die Braunsdorfer Felder einzubeziehen, also ihn zu einer Ausdehnung von siebenhundertzweiundsiebzig Hektar zu vergrößern. Tatsächlich hat der Park bis zum Jahr 1861 die Größe von fünfhundertneunundneunzig Hektar erreicht. Durch Verkäufe, Abgabe an eigene Betriebe und Zukauf sind Veränderungen seiner Fläche eingetreten, so daß im Jahr 1939 das Parkgelände folgende Flächen umfaßte: Hauptpark 409,40 Hektar, Berg- und Badepark 135,96 Hektar, insgesamt also 545,36 Hektar.

Von dem Parkgelände gehörten 532,05 Hektar zur Waldgutstiftung. 13,31 Hektar, nämlich der Badepark, waren Privatbesitz des Besitzers der Standesherrschaft.

Die bereits erwähnte unerwünschte Entwicklung der Bestände in der letzten Zeit des Parkdirektors Lauche machte nun eine gründliche Durcharbeitung aller Bestände nötig. Wir können diesen Vorgang an Hand von Angaben in den jährlichen Berichten der Verwaltung verfolgen.

In den fünf Jahren von 1930 bis 1934 wurden nach einem von Bruhm ausgearbeiteten Plan insgesamt 7444 Festmeter Holz im Park eingeschlagen, das heißt im Jahresdurchschnitt 1488,8 Festmeter. In den folgenden fünf Jahren, als kein Zwang zum Nachholen mehr bestand, ging der Einschlag auf 3346 Festmeter zurück, das heißt auf einen Jahresdurchschnitt von 669,2 Festmetern. Und in den Kriegsjahren 1940 bis 1943 stieg der Einschlag auf 3883 Festmeter an, das heißt auf einen Jahresdurchschnitt von 970,75 Festmetern.

Es ist verständlich, daß die starken Eingriffe der Jahre 1930 bis 1934 unter den Muskauern eine gewisse Beunruhigung auslösten – wie dies bei solchen Maßnahmen auch anderswo geschieht. Der Verdacht mag entstanden sein, daß dieser Holzeinschlag in der großen Wirtschaftskrise aus finanziellen Gründen erfolgte. Das war nicht so. Oberforstmeister Bruhm hat in aufeinanderfolgenden Jahren durch Vorträge vor den Muskauer Bürgern sich um Aufklärung über die Bedeutung der Erklärung des Parks zum Naturschutzgebiet und

über Sinn und Notwendigkeit der Eingriffe in die Holz-
bestände bemüht. Dabei hat er ihnen das Wesen der Pflegemaßnahmen auch an einzelnen Beispielen ausführlich erklärt.
Schon damals, aber auch durch die spätere Entwicklung, hat
es sich gezeigt, daß das Verständnis der Muskauer für den
Park immer größer geworden ist.

Pückler hat in seinen »Andeutungen über Landschaftsgärtnerei« ausführlich darüber geschrieben: »Das Hauptwerkzeug des Erhaltens und Fortarbeitens ist die Axt. Sie
darf keinen Winter ruhen, oder es geht uns mit den Bäumen
wie dem Zauberlehrling mit den Wasserträgern, sie wachsen
uns über den Kopf«, und Petzold sagt in seinem Führer
durch den Park von Muskau: »Ein Kunstwerk wie das, worüber diese Zeilen handeln, bedarf einer steten Unterhaltung;
nur wenige Tage, an denen im Park nicht gearbeitet würde,
genügten, um schon die Vernachlässigung sichtbar werden zu
lassen; jeder Stillstand würde ein Rückschritt sein.«

Vielfach waren bei der Anlage des Parks zwei oder mehrere Bäume in ein Pflanzloch gesetzt worden. Aus solchen
Bäumen waren meist Zwiesel und mehrteilige Bäume entstanden, die in höherem Alter auseinanderzufallen drohten
und daher durch Ketten zusammengehalten werden mußten.
Große Faulstellen, die an alten Bäumen durch Herausbrechen
von starken Ästen entstanden waren, wurden ausgemauert,
um die Bäume so lange wie möglich zu erhalten. Die Rinde
wurde durch geeigneten Zementputz nachgeahmt und ersetzt.
Abgestorbene Äste, die das Bild störten, wurden unter Benutzung einer fahrbaren Leiter entfernt.

Den im Park verstreut stehenden alten Eichen, die ein Alter
von vierhundert bis achthundert Jahren hatten, wurde besondere Aufmerksamkeit geschenkt. Wenn sie in Beständen standen, wurden sie nach und nach freigestellt, um ihnen durch
Lichtzufuhr ein möglichst langes Leben zu erhalten.

Es wurden die bei der Anlage des Parks von Pückler geplanten Durchblicke, die zum Teil völlig verwachsen waren,

174

wieder aufgehauen, so der Durchblick von der sogenannten Wehreiche nach der Neiße hin, der Durchblick vom Schloß nach der Doppelbrücke und dem Herrenberg, der Blick an der goldenen Höhe auf die Neiße, vom englischen Haus ins Gelände, der Durchblick nach der Toreiche, ferner der Ausblick von der Kirchruine im Bergpark nach dem Hauptpark und der Stadt und andere.

Bei der Aufarbeitung der gefällten Bäume zeigte sich, daß die meisten älteren Bäume, die noch aus der Zeit Pücklers stammten, krank und vielfach morsch waren. Das Bild eines Parks wird mehr, als allgemein angenommen wird, beeinflußt durch den Zustand und die Ausdehnung der vorhandenen Sträucher und Strauchgruppen. Ihre Pflege ist daher besonders wichtig. Das Strauchwerk, das sich in Muskau in früheren Zeiten um besonders schöne Einzelbäume, zum Beispiel um die Schwarzkiefer am Herrengarten und die Einzellärche unterhalb des Pücklersteins gebildet hatte, wurde entfernt, um die Bäume besser zur Wirkung kommen zu lassen. Auf Veranlassung Potentes wurden auch alte, einzeln stehende Strauchgruppen, die die Großzügigkeit der Flächenwirkung empfindlich störten, ausgerodet, so auf der Tränenwiese vor dem Schloß, unterhalb der Gloriette, der Helminenhöhe und des Mausoleums. Auch war es immer wieder nötig, die Ausläufer der Wurzelbrut verschiedener Holzarten zu entfernen. In der Nähe des Schlosses wurden als Ersatz für die Blumenbeete, die beseitigt worden waren, buntblühende Sträucher aller Art, an denen es bis dahin gefehlt hatte, gepflanzt. Diese Blumenbeete waren bis zum Besitzantritt meines Vaters jene »Teppichgärtnerei«, die Marie Luise Gothein so hart verurteilt hat. Mein Vater ließ sie, weil sie ihm ebenfalls mißfielen, beseitigen. Später hat er, wohl aus Vorliebe für diesen Stil, ein Blumenparterre nach einem barocken Muster auf dem Rasen vor der Freitreppe anlegen lassen. Vergleicht man es mit dem von Pückler geplanten, aber nicht ausgeführten, so gewinnt dies. Das unruhige Barockmuster auf dem Rasen lenkte den Blick von der großartigen Aussicht über die Schloßwiese hinweg auf die in zwei Terrassen ansteigende Höhe im Oberpark ab, die von dem Mausoleum gekrönt wurde. Kurz, es war eine problematische Angelegenheit. Um so mehr, als die zweimalige Bepflanzung mit Blumen im Jahr sehr teuer war. So fiel mir 1931 in der Wirtschaftskrise der Entschluß nicht schwer, das Blumenparterre aufzugeben.

Nun konnte das grüne Meer der großen Wiesenfläche gegen die »absolute Treppe« und die Bucht der Rampe anbranden, ein Anblick voll erhabener Ruhe.

Meisterhaft hat Pückler die Wege im Park angelegt. Sie sollten als »die stummen Führer des Spazierengehenden« zu allen schönen Punkten hinführen, ohne allzusehr sichtbar zu sein. 1939 waren vorhanden:

	Fahrwege	*Fußwege*
im Hauptpark	25,75 km	4,55 km
im Berg- und Badepark	12,05 km	2,60 km
insgesamt	37,80 km	7,15 km;

das sind also rund fünfundvierzig Kilometer Wege.

Die Unterhaltung dieser Wege, die verhältnismäßig breit waren, verursachte viel Mühe und Kosten. Die Hauptaufgabe bei der Unterhaltung der Wege bestand in der Sauberhaltung, so daß sie immer möglichst trocken waren. Saubere Wege heben das ganze Parkbild. Ausgefahrene und nasse Wege verleiten die Besucher, sie zu verlassen und auf dem Rasen neben dem Wege zu gehen, eine Unsitte, die sofort verschwindet, wenn die Wege trocken sind.

Im Park waren vorhanden:
1. Drei Neißebrücken (sogenannte englische oder Gitterbrücke, Doppelbrücke),
2. vier Überführungen (Viadukt, Schluchtbrücke am Mausoleum, Prinzenbrücke, Überführung im Bergpark über die Berggasse),
3. sieben Brücken über die Hermannsneiße (Einlaß bei der

Papierfabrik, Karpfenbrücke, Schloßbrücke, Fuchsienbrücke, Rote Brücke, Schafbrücke, Eichseebrücke).

Wenn auch die meisten Brücken massiv gebaut waren, so verursachte doch ihre Unterhaltung ziemlich hohe Kosten.

Ein ganz wesentliches Element bei der Gestaltung des Parks sind die ausgedehnten Wiesenflächen gewesen, deren Pflege, wenn sie die von Pückler beabsichtigte Wirkung beibehalten sollten, von Wichtigkeit war. Die Wiesen wurden von jeher durch die Güterverwaltung bewirtschaftet. Seit 1928 waren im Hauptpark die großen Wiesen mit einer Fläche von insgesamt 61,35 Hektar an den Pächter des Dominiums Braunsdorf verpachtet. Sogenannte unwirtschaftliche Ecken, die durch den Baumwuchs stark beeinträchtigt waren, waren in Einzelpacht vergeben. In unmittelbarer Nähe des Schlosses und im Blauen Garten waren 3,5 Hektar als Teppichrasen angelegt und wurden durch die Parkverwaltung bewirtschaftet.

Ebenso wie die Wiesenflächen waren für die Parkgestaltung die Wasserflächen von großer Bedeutung. Wiesen und Wasser vermitteln das Licht, Bäume und Sträucher den Schatten in den Landschaftsbildern. So sind die Hermannsneiße, der Schloßteich und der Eichsee entstanden und gestaltet worden. In diesem Sinne mußten sie auch in einem Zustand erhalten werden, der der künstlerischen Absicht Pücklers entsprach. Damit der Schloßteich und der Eichsee nicht durch Wasserpflanzen zuwuchsen, wurden Schwäne und Enten eingesetzt, die die Wasserflächen sauberhalten sollten; auch trugen sie zur Belebung des Bildes bei. Um größere Uferbeschädigungen zu vermeiden, mußte die Anzahl der Wasservögel in Grenzen gehalten werden. Der Schloßteich und der Eichsee wurden zudem jährlich mit Karpfen und Schleien besetzt, die Teiche im Herbst abgefischt.

Viel Sorge bereitete der Parkverwaltung die Neiße, da durchschnittlich etwa alle fünf Jahre Hochwasser eintrat, das an den Ufern und an den Wegen nicht unbedeutenden Schaden anrichtete. Um dem Hochwasser freien Abfluß zu geben, wurden die Bestände längs der Neiße unterhalb Altköbeln und am sogenannten Bastloch oberhalb der Gitterbrücke, ebenso am Schafstall, stark durchlichtet. Diese Maßnahme hat geholfen. Die letzten Hochwasser brachten nicht mehr den starken Rückstau wie früher, obgleich sie dieselben Wassermengen führten. Aus landschaftlichen Rücksichten war es nicht erwünscht, daß die Neiße innerhalb des Parks reguliert wurde. Das wilde Ufer paßte besser zum Parkbild.

Im Herrengarten wurden die Rhododendrongruppen laufend erweitert, auch über die Hermannsneiße hinweg, in deren Wasser sich die zartrosa- und weißblühenden Büsche spiegelten.

Am Rande des Wassers gepflanzte, gelbblühende Iris trug zur Steigerung der Anmut dieser Partie bei. Ebenfalls am Herrengarten wurde auf meinen Wunsch nach meiner Verheiratung eine Nadelholzreihe gepflanzt, um ein von mir und meinen Gästen benütztes Rasenstück den Blicken der Parkbesucher zu entziehen. Die Pflanzung ist mit Recht kritisiert worden.[2] Sie wäre entfernt worden, sobald Laubholzbüsche eine genügend dichte Wand gebildet hätten. Hoffentlich ist dies schon geschehen.

Im Jahr 1936 ging der alte Friedhof des Dorfes Berg mit der Kirchenruine – der ältesten in diesem Teil der Lausitz – in den Besitz der Standesherrschaft über. Da die Ruine unter Denkmalschutz stand, wurden die notwendigen Arbeiten zu ihrer Erhaltung vorgenommen. Ihre Umgebung wurde in einen würdigen Zustand versetzt; in ihrer Nähe ein Blick über das Tal hinweg auf die Höhe östlich der Neiße geöffnet. Pückler erwähnt die Bergkirche nur kurz: »... die Ruine der ältesten Kirche der Oberlausitz..., für deren Erhaltung noch im vorigen Jahrhundert in Rom gebetet wurde. Sie ist, obgleich klein, doch in architektonischer Hinsicht nicht uninteressant, und sehr malerisch inmitten des alten, von hohen Linden beschatteten Kirchhofs gelegen.«

178

»Die im Spätmittelalter zu eng gewordene alte Bergkirche, ein kleiner Feldsteinbau mit engen Fenstern, doch
einem hoch erhabenen Turm mit drei Glocken, Wehranlage
und Gotteshaus zugleich, verlor wohl schon im 14. Jahrhundert ihre Funktion als Parochialkirche von Stadt und Land an
die wendische St. Andreaskirche in der Stadt Muskau.«[3]
Nach dem Tod des letzten katholischen Pfarrers dieser
Kirche im Jahr 1545 hielt ein Kaplan den Gottesdienst für
die katholisch gebliebene Bevölkerung in der Bergkirche, bis
auch er starb. Deshalb die Gebete in Rom. Das Kirchlein
diente danach als Begräbniskirche. Auch wurde Gottesdienst
in wendischer Sprache gefeiert, weil die St. Andreaskirche
der deutschen Bevölkerung um die Wende vom 16. zum
17. Jahrhundert vorbehalten war. Nach Erbauung der deutschen Stadtkirche 1622 wurde die Bergkirche nur bei Begräb-
nissen benützt. Dann wieder während des durch den Brand
von 1766 notwendig gewordenen Neubaus der St. Andreaskirche in den Jahren von 1766 bis 1783 auch für den wendischen Gottesdienst. Seit dem Ende des 18. Jahrhunderts blieb
sie dem Verfall überlassen.

Man fragt sich, warum Pückler diese historische Ruine, die
»das Heidentum sinken sah und den Katholizismus in dieser
Gegend überdauerte«,[4] die überdies einen schönen Blick nach
dem Oberpark bot, nicht in seine Planung einbezogen hat.

Erst nach hundert Jahren wurde durch die Erwerbung für
die Waldgutstiftung die Voraussetzung dafür geschaffen, daß
das ehrwürdige Gemäuer, an dem vielfache Erinnerungen an
die Geschichte von Muskau und dem Dorfe Berg hafteten, in
sinnvoller Weise erhalten wurde. Heute, nach der Zerstörung
der Muskauer Stadtkirche und der St. Andreaskirche, ist es
erlaubt, zu hoffen, daß das so schön gelegene Kirchlein wieder
seinem ursprünglichen Zweck zugeführt werden könnte, wenn
die Jakobskirche für die Zahl der Gläubigen zu klein geworden sein wird.

Im Arboretum wurde seit 1933 nach meinen Wünschen un-

179

ter Beratung von Potente mit der Bepflanzung der großen Fläche südlich des Lilienteichs beim Observatorium begonnen. Fremdländische Gehölze wurden nun nicht mehr bevorzugt oder ausprobiert.

Im Endeffekt wäre dadurch mit der Zeit in der Landschaft des Muskauer Faltenbogens mit ihrer typischen Abwechslung von trockenen Bodenwellen und feuchten, schmalen Tälchen in reizvollem Gegensatz zu der Auenlandschaft des Neißetals ein Parkteil mit eigenem Charakter entstanden.

Es wäre jetzt, nach vierzig Jahren, in denen die 1936 noch vorhandene große Zahl fremder Pflanzen weiterhin ihrem Gedeih und Verderb überlassen gewesen ist, interessant, festzustellen, was aus ihnen geworden ist. Manche werden ihrem Alter von über einhundert Jahren zum Opfer gefallen sein, viele wahrscheinlich vom Aufwuchs einheimischer Gehölze erdrückt. Was noch da ist, dürfte den endgültigen Beweis für seine Anbauwürdigkeit gebracht haben.

Eine andere bedeutende, von mir geplante Anlage konnte nach 1940 nicht über die Vorbereitungen hinausgeführt werden. Ich hatte an ein Wiesental gedacht, das sich von dem Badepark in einer Länge von einem Kilometer bis zum Krauschwitzer Teich erstrecken sollte. Mit der Entfernung einiger Bäume war schon begonnen worden. Die Kriegszeit verhinderte die Fortsetzung der Arbeiten.

Erhaltung eines großen Landschaftsgartens bedeutet nicht nur die fortwährende Pflege seiner Bestandteile, der Wiesen, Baumbestände und Sträucher, sondern auch Erweiterungen und Änderungen an Teilen, die unfertig geblieben sind oder sich durch den Wuchs der Gehölze zu ihrem Nachteil verändert haben. Solche Maßnahmen fordern eine gewissenhafte Vertiefung in die künstlerischen Ideen des Gründers der Anlage. Schon Petzold hat in diesem Sinne gehandelt.

Kleinere Umgestaltungen wurden gelegentlich der Arbeit in den Baumgruppen vorgenommen, sie waren für das Auge des Uneingeweihten nicht erkennbar. Solche größeren und

kleineren Maßnahmen gehören zum Wesen eines Landschaftsgartens, weil seine stets wachsende und sich verändernde Materie immer wieder neue Überlegungen im Sinne der Konser-
vierung und Fortentwicklung des Kunstwerks fordert.

Selbstverständlich ist auch bei der Betreuung und Pflege
eines Parks auf die immer wiederkehrenden Schädigungen
durch tierische oder andere Lebewesen zu achten. So wurden
im Muskauer Park die Eichen fast jährlich durch den Eichen-
wickler mehr oder weniger kahl gefressen. Sie schlugen zwar
wieder aus, es trat aber Zuwachsverlust ein, auch starben
viele Äste ab. Die Ulmen zeigten in den dreißiger Jahren
die Spuren der sogenannten Ulmenkrankheit, die durch einen
Pilz hervorgerufen wird, der sich in der Rinde der Zweige
ausbreitet und die Bäume zum Absterben bringen kann.
Bruhm entschloß sich, die vom Pilz befallenen Ulmen, obgleich
sie vielfach ein kümmerliches Aussehen hatten, nicht zu schlagen, in der Hoffnung, daß sie sich wieder erholen würden.
Dies ist auch im allgemeinen eingetreten. Schäden durch Tiere
können entstehen und werden in einem Park durch das
Wild verursacht. In dem Park, der nicht nur wegen seiner
Größe dem Wild Unterschlupf bot, sondern auch an benach-
barte Forstreviere grenzte, so daß ein Hin- und Herwechseln
möglich war, gab es Rehwild, Hasen, Fasanen und Kaninchen, auch eine artenreiche Vogelwelt, die sehr willkommen
war. Kaninchen verursachten empfindliche Schäden und mußten kurzgehalten werden. Da ihre Population starken Schwan-
kungen unterlag, gab es immer wieder einige Jahre, in denen
die Schäden durch diese kleinen Nager gering waren. Lästig
fielen die Dohlen, da sie unter Naturschutz standen. Sie beeinträchtigen im Verein mit Amsel und Eichhörnchen die Ver-
mehrung der Singvögel. Die Nachtigall, die noch im vorigen
Jahrhundert und in diesem bis in die ersten Jahrzehnte vorhanden war, war um 1940 fast verschwunden.

Gelegentlich drohten dem Park auch Schäden von menschlicher Seite. Es war nicht zu übersehen, daß er die Stadt Mus-

kau völlig einschloß. Für ihre kommunalen Erfordernisse im Straßenbau, der Abwässerbeseitigung oder des Wohnungsbaus schien der Stadtverwaltung der Griff nach seinen Flächen immer wieder die nächstliegende Lösung zu sein. Die Stiftung mußte sich dem wegen ihrer Verantwortung für den Park widersetzen. Dies wurde auf zweifache Weise erreicht. Einmal durch die Gründung der Gemeinde Burglehn-Muskau, deren Fläche den Hauptpark einschloß, wodurch Einwirkungen anderer Kommunen verhindert werden konnten. Darüber hinaus für die Zukunft die Sicherung der von Pückler geschaffenen Landschaft planend, beschloß der Vorstand der Waldgutstiftung im August 1930, einen Antrag zu stellen, den Hauptteil des Parks zum Naturschutzgebiet erklären zu lassen. Am 6. Mai 1931 verfügte der Regierungspräsident in Liegnitz die Errichtung eines Naturschutzgebietes »Muskauer Park« im Umfang von zweihundertvierzig Hektar. Dabei wurde der amtlichen Erklärung eine vorher im Entwurf vereinbarte und vom Ministerium genehmigte Verordnung zugrunde gelegt, die der Stiftung hinreichend Spielraum für die Parkpflege und -bewirtschaftung ließ. Gleichzeitig wurde der Stiftung eine ebenfalls vorher vereinbarte Auflage gemacht, wonach sie künftig einen Gartendirektor als sachverständigen Berater für die Pflege des Naturschutzgeländes zuzuziehen hatte. Im Einvernehmen mit der Behörde wählte ich den Gartendirektor in Sanssouci, Georg Potente, der uns als hervorragender Pfleger jener historischen Gärten bekannt war.

Der Park hatte, wie Pückler es gewünscht hatte, nicht nur für die Muskauer eine große Anziehungskraft, sondern auch für Besucher aus der weiteren Umgebung und aus größerer Entfernung. Der Besuch stieg, nachdem der Bestand an Kraftwagen sich nach dem Ersten Weltkrieg stark vermehrt hatte, von Jahr zu Jahr. Sowohl wissenschaftliche als auch gesellige Vereine, Schulen, Betriebe und viele Ausflügler besuchten diese berühmte Anlage. An den Hauptausflugstagen, wie Himmelfahrt und Pfingsten, oder an Herbsttagen zur Zeit der Laubfärbung kamen an die tausend Besucher. Die Führung von Fach- und wissenschaftlichen Vereinen durch den Park erfolgte durch die Parkverwaltung und ausgebildete Führer vom Verkehrsverein Muskau.

Allein im Jahr 1936 wurde der Park von folgenden Gruppen besucht:

Am 22. Mai von der Forstlichen Hochschule zu Tharand,

am 5. Juni vom Verein für deutsches Kunstgewerbe in Berlin,

am 13. Juli von der Industrie- und Handelskammer, Görlitz,

am 29. Juli von der Deutschen Dendrologischen Gesellschaft mit etwa zweihundertfünfzig Teilnehmern und

am 17. Oktober von der Staatlichen Versuchs- und Forschungsanstalt für Gartenbau in Pillnitz.

Abgesehen von den Spuren des Massenverkehrs waren größere Beschädigungen durch die Besucher nicht zu beklagen, welches gewiß auch eine Folge der Polizeiverordnung für die Benutzung des Parks und der Naturschutzverordnung war.

Die Kosten des Parks, die erheblich waren, trug die Waldgutstiftung. Obwohl der Park der Allgemeinheit zugänglich war, erhielt die Stiftung von keiner Seite Mittel zu seiner Bewirtschaftung; Eintrittsgelder wurden nicht erhoben. Hierin wurde die von Pückler begonnene Tradition bis zuletzt fortgesetzt. Eine Anlage von diesem Umfang und bei so intensiver Pflege, wie sie in Muskau durchgeführt wurde, war nicht ohne eine beträchtliche Zahl von Angestellten und Arbeitern möglich. Während noch zur Zeit von Traugott Hermann Arnim die Zahl der Arbeiter zwischen dreißig und vierzig Personen schwankte, zu denen der Parkdirektor und zwei bis drei Parkaufseher kamen, wurde später die Zahl der Arbeiter immer geringer, weil die Entlohnung teurer wurde und durch die Entwicklung der Industrie in und um Muskau immer weniger Arbeitskräfte in dem Beruf eines Forstarbeiters tätig sein wollten. Mit dem Ende der Arbeitslosigkeit seit 1933 wurde es immer schwieriger, die notwendigen Arbeitskräfte zu erhalten. Zum Beispiel wurden im Herbst 1931 im Park ein Förster, zwei Aufseher, vier männliche und vier weibliche Arbeiter, im Laufe des Winters bei den Holzfällungen fünfzehn männliche Arbeiter, vom April bis August durchschnittlich zwölf männliche und acht weibliche Arbeitskräfte und am Jahresende wieder vier männliche und vier weibliche Arbeiter beschäftigt. Bei Ausbruch des Krieges 1939 waren die genannten Angestellten, zehn Männer und zehn Frauen, beschäftigt. Es war uns bewußt, daß diese Zahl ungenügend war. Ende des Krieges waren nur noch zwei Parkaufseher, ein Hilfsaufseher, vier deutsche Parkarbeiter, eine deutsche Parkarbeiterin, vier männliche Ausländer und vier Ausländerinnen beschäftigt. Es ist klar, daß mit diesen wenigen Arbeitskräften nur die allernotwendigsten Arbeiten im Holzeinschlag erledigt werden konnten und daß unter den herrschenden Umständen an eine sorgfältige Pflege des Parks, wie sie bis dahin üblich gewesen war, nicht mehr gedacht werden konnte.

Ich habe mich, seitdem ich 1931 die Leitung der Standesherrschaft übernommen hatte, mit wachsendem Engagement der Pflege des Parks gewidmet. Das geschah nicht nur bei den alljährlichen Besprechungen mit dem sachverständigen Gartendirektor Potente, den ich mit der Zeit fachlich und menschlich immer höher schätzen lernte, sondern auch dadurch, daß ich bei den alljährlichen Holzungen die zu entfernenden Bäume selber bezeichnete und auch sonst ins Detail gehende Anweisungen gab. In der 1975 von K. H. A. Kurland herausgegebenen Schrift »Der Muskauer Park – seine Geschichte und künstlerische Bedeutung« wird die Zeit von 1878 bis 1945 kurzerhand als eine Periode der Vernachlässigung bezeichnet. Dem Verfasser waren nicht nur die Schrift von Oberforstmeister Bruhm über »Die Bewirtschaftung des Muskauer Parks in den Jahren von 1929 bis 1938«, sondern auch sicherlich sämtliche Verwaltungsberichte der Waldgutstiftung, in denen ausführlich über alle Arbeiten im Park berichtet worden ist, zugänglich.

Die abqualifizierende Bemerkung Kurlands in seiner Schrift über den Muskauer Park, daß zum einhundertjährigen Bestehen des Parks keine Publikation erschienen sei, ist irreführend.[5] Das 1935 im Auftrag der Pückler-Gesellschaft von Paul Ortwin Rave herausgegebene Buch »Fürst Hermann Pückler-Muskau« enthält neun Beiträge von namhaften Autoren, von denen vier dem Parkschöpfer, die anderen dem Menschen und Schriftsteller gelten. Die Fürst-Pückler-Gesellschaft hat außerdem in den Jahren 1930 bis 1940 durch Mitteilungen und Flugblätter, besonders auch durch den Neudruck der »Andeutungen über Landschaftsgärtnerei« für die Neubelebung des Wissens über Pückler, seine Gartenkunst und ganz allgemein für die Bestrebungen zur Landschaftsverschönerung gewirkt.

Außer dem Schloß, das jetzt eine Ruine ist, dem Theater (Kavalierhaus), und dem Amtshaus, das auch »altes Schloß« genannt wird, waren etwa zwanzig Wohngebäude im Park vorhanden.

Von Pückler wurde 1820 das englische Haus errichtet.

Der Besitznachfolger, Prinz Friedrich der Niederlande, ließ das Schloß in den Jahren 1864 bis 1866 durch die Architekten Wentzel und Strasser umbauen.[6] Es wurden ein altes Mansardengeschoß ausgeführtes Stockwerk auf den Mittelbau und die Seitenflügel und eine neue Haube auf den Südwestturm aufgesetzt. Durch den Umbau wurde der frühere, in der Oberlausitz übliche, schlichte Charakter eines Renaissancebaus in etwas mißglückter Nachahmung nordwesteuropäischer Renaissance verändert. Die glatte Dachlinie wurde durch aufgesetzte Schmuckgiebel und Figuren aufgelöst und dadurch ein gewisser Gleichklang mit den malerischen Konturen der Vegetation der Umgebung erreicht.

Auch das Amtshaus erhielt ein neues Dach mit Mansardenfenstern.

Im Park wurde der an ein Festungstor erinnernde, zinnengeschmückte Viadukt über den neuen Weg zur Baumschule 1863 errichtet.

Der Prinz der Niederlande konnte nicht das Bedürfnis nach einer Grabstätte in Muskau empfinden, weil er seiner Beisetzung in seiner Heimat gewiß war. So blieb es meinem Großvater, Traugott Hermann, vorbehalten, an der von Pückler vorgesehenen Stelle ein Mausoleum für seine Familie zu errichten; unerwartet schnell, bedingt durch das tragische Ende seiner ersten Frau Laura geborene Freiin von Lotzbeck[7], im Jahre 1888. Er gewann den sehr bekannten Architekten Julius Raschdorff (1823 bis 1914) für diese Aufgabe.[8]

Der neugotische Bau aus grauen Granitbruchsteinen »war Ausdruck der Trauer um die geliebte Frau und des Dankes an sie, die aufopferungsvoll zum Erwerb des stolzen Besitzes beigetragen hatte«.[9]

Das Innere barg zwei bedeutende Kunstwerke, ein gotisches Fenster in Glasmalerei aus dem 15. Jahrhundert, das ursprünglich für eine Kirche in Boppard am Rhein gemacht worden war, und einen Marmorsarkophag des damals in Berlin berühmten Bildhauers Reinhold Begas (1831 bis 1911). Auf ihm war die Leiche der verunglückten Laura Arnim in fließendem Wasser liegend nach einer bei ihrer Auffindung gemachten Fotografie abgebildet. Was aus diesem Sarkophag geworden ist, ist nicht bekannt.[10]

Geht man von dem Plan D des Pücklerschen Atlasses zu den »Andeutungen« aus, auf dem die Orangeriehäuser und die Betriebe der Gärtnerei dargestellt sind, so ergibt sich, daß der Zustand von 1945 völlig verschieden war.

Die erste Orangerie mit dem Salon, für die Schinkel seine Umbauentwürfe gemacht hatte, existiert nicht. An ihrer Stelle stand und steht noch ein Beamtenwohnhaus, das durch einen Verbindungsbau zwei ältere Barockgebäude zusammenfaßt und neugotische Formen hat. Auf der Westseite steht ein Kutscherwohnhaus mit anschließenden Ställen und Schuppen und auf der Ostseite sind ebenerdige Wohnhäuser mit ausgebautem Dachgeschoß für Angestellte mit einer Tordurchfahrt, die zur Gärtnerei führt. Auf der Südseite vervollständigte Traugott Hermann den Bauhof durch eine hohe Wagenwaschhalle, an die sich auf der einen Seite ein als Einstellraum für zehn Kutschwagen dienender Flügel, auf der anderen Seite der Stall für acht Kutsch- und vier Reitpferde anschlossen. Die großzügige Anlage erhielt durch vier Roßkastanien in ihrer Mitte eine malerische Note.

Der nach dem Park zu auf dem Plan eingezeichnete schmale Gartenschuppen fiel völlig weg, erhalten geblieben ist die zweite Orangerie, die nach einer Zeichnung von Gottfried Semper von dem Baumeister Strasser errichtet worden ist. Desgleichen sind auch die Wein- und Ananashäuser erhalten geblieben.

1902 ließ mein Großvater im Bereich des Parks eine Schule für die im »Burglehn« wohnenden Kinder bauen.

Als im Jahr 1921 Adolf Arnim mit Hilfe des Architekten Alfred Breslauer (1866 bis 1954) den inneren Umbau des Schlosses durchführte, erkannten sie, daß die Begrenzung des Schloßteiches dort, wo er unmittelbar an das Schloß herankam, nicht befriedigte. Es war eine schmale Grasfläche, geschmückt mit einem Blumenbeet, vorhanden, auf der auch noch eine hohe Platane stand, die mit ihrem Laubdach die halbe Westfront verdunkelte. Diese mußte auf jeden Fall entfernt werden. Der hohe Baukörper des Schlosses forderte nun eine klare architektonische Abgrenzung gegen das Wasser. Sie wurde durch eine Mauer mit einem aufgelegten Band von hellem Stein geschaffen, wodurch eine Terrasse von in den Proportionen angemessener Breite entstand.

Außerdem wurde dem Schloß auf der Nordseite ein Küchenanbau mit einem Renaissancegiebel und einem kleinen Turm hinzugefügt.

Im Bergpark wurden zur Zeit meines Vaters zwei, später von mir ein drittes Haus für leitende Beamte errichtet.

Am Weinberg gab es ein Haus für den Aufseher, der bei Waldbrandgefahr auf dem dort errichteten Feuerturm zu wachen hatte.

Im Badepark waren aus Pücklerscher und niederländischer Zeit Kur- und Badehaus sowie mehrere Gästehäuser vorhanden, die nach 1918 als Wohnungen für Angestellte eingerichtet wurden.

Schließlich gab es noch in Altköbeln fünf Arbeiterhäuser, der Rest des von Pückler auf das Westufer versetzten Dorfes.

Dann ist noch ein Schafstall im Unterpark zu erwähnen, der aber nur noch als Scheune für das Heu der Schloß- und Schafwiese verwendet wurde.

Wo Pückler den Tempel der Beharrlichkeit, ein Bauwerk im Geschmack der vorklassischen Zeit, errichten wollte, das Huldigung an den König Friedrich Wilhelm III. wohl mit der Anspielung auf eigene Wesensart verbinden sollte, da ließ Traugott Hermann einen mächtigen Granitfindling aufstellen.

Der »Pücklerstein« war nun eine Huldigung für den Erschaffer dieses herrlichen Landschaftskunstwerks und Markierung eines prominenten Aussichtspunktes.

Zugleich erinnerte der in der Nähe gefundene, durch den riesigen Gletscher aus Skandinavien hierher transportierte Urgesteinsklotz an die Entstehung dieser Landschaft in der Vorzeit. Unweit dieser Stelle wurde 1936 anläßlich des Besuchs der Deutschen Dendrologischen Gesellschaft zur Erinnerung an Rehder eine Eiche gepflanzt.

Nach dem Ersten Weltkrieg ergab es sich, daß umfangreiche Bauvorhaben durch die Standesherrschaft zu bewältigen waren. Als organisatorische Voraussetzung hierfür erweiterte mein Vater Adolf das Bauamt und stellte als Leiter den Architekten Herbert Lehmann an. Von diesem wurde 1920 auf Parkgelände nächst der Papierfabrik ein Wohnhaus für deren Direktor und nicht weit davon 1922 bis 1923 im Anschluß an den Marstallhof im Barockstil eine Reithalle ge-

baut, um unserer Familie mit reitpassionierten, heranwach-
senden Kindern sowie dem Personal auch bei ungünstigem
Wetter das Bewegen der Reitpferde zu ermöglichen. Auch die
beiden erwähnten Beamtenwohnhäuser im Bergpark waren
Lehmanns Werk.

Im Jahr 1939 hatte Professor Hermann Junker ein Reiter-
bild von mir gemalt, nachdem er vorher ein Porträt meines
verstorbenen Vaters geschaffen hatte. Im Verlauf der sich entwickelnden freundschaftlichen Beziehung bot er mir einen
einmaligen Gegenstand zum Kauf an: den Bronzeabguß vom
Kopf mit halbem Hals des herrlichen Pferdes der Amazone
von Tuaillon. Er hatte ihn als Geschenk des befreundeten
Bildhauers erhalten. Ich war seit langer Zeit von dem berühmten Kunstwerk begeistert und kaufte daher den aus-
drucksvollen, überlebensgroßen Pferdekopf.[11] Meine Absicht
war, ihn auf der Stele eines Brunnens im Marstallhof auf-
zustellen. Daraus ist wegen der Kriegszeit nichts geworden.
Was aus dem Pferdekopf geworden ist, habe ich, nachdem ich
Muskau verlassen mußte, niemals erfahren.

Das Ende

Am 16. April 1945 überschritten die Russen die Neiße. Sie hatten vorher ihre Front in Braunsdorf zwei Monate lang angehalten, um die letzte Offensive vorzubereiten. Schloß, Kirchen und Häuser in Muskau wurden durch das Artilleriefeuer beschädigt, desgleichen viele Parkbäume. Wann der große Brand stattfand, der viele Häuser sowie die St. Andreaskirche in Asche legte und das Innere des Schlosses zerstörte, ist schwer festzustellen. Es muß etwa einen Monat nach der Eroberung gewesen sein. Wer ihn anlegte, wird offiziell verschwiegen.

Das Schloß ist seitdem eine Ruine, die das Ende der siebenhundertjährigen Geschichte der Standesherrschaft Muskau symbolisiert. Im Erdgeschoß sieht man den Himmel über sich, weil der Dachstuhl und die Zwischendecken verbrannt sind. Die Kuppeln der Türme sind zu Boden gestürzt. So wirkt es, nun eine »echte« Ruine, als Sinnbild der Vergänglichkeit. Pückler hatte bei seiner im Grunde optimistischen Einstellung zum Leben nicht daran gedacht, ein derartiges Versatzstück des romantisch-sentimentalen Gartenstils in seinem Park anzubringen. Statt dessen sollte das Mausoleum als »Memento mori« an einen mit heiterem Gleichmut erwarteten Tod erinnern. Dieses ist später, ebenso wie das englische Haus, bis auf den Grund zerstört worden.

Es wäre aber auch sonst nicht mehr zu sehen, denn die sich

selbst überlassene Natur hat östlich der Neiße die freien Flächen mit einem Schleier wild aufgewachsener Gehölze überzogen. Vom Schloßpark aus sieht man keine schön gegliederte Wald- und Hügellandschaft mehr. Der Vorhang ist vor den berühmten Bildern gefallen. Endgültig? Es scheint so; denn von den wiederholt verkündeten Absichten einer west-östlichen Rekonstruktion ist bisher nichts zu bemerken.

Das westliche Neißeufer soll vermint, ein alter Parkarbeiter, Jurk, von einer Mine getötet worden sein. Das sind Auskünfte, die ich bei meinem letzten Besuch in Muskau im Juli 1945 erhielt. Man konnte sich damals nur vorsichtig der Neiße nähern, da polnisches Militär das Ostufer bewachte und niemanden hinüberließ. Die Brücken waren abgerissen. Am 11. Juli 1945 erklärten die Bürgermeister der Städte Muskau und Weißwasser die ganze Standesherrschaft als enteignet. Einen Rekurs dagegen gab es nicht. So geriet der Park unter die Verantwortung der Stadt Muskau. In ihr waren in der nächsten, noch von Unsicherheit wegen der großen politischen Umwälzung geprägten Zeit Menschen tätig, die sich für die Erhaltung des Parks in dem nach der Abtrennung des Teils östlich der Neiße verbliebenen Umfang einsetzten. Das Ergebnis war der Beschluß der Stadtverordneten vom 20. August 1948, in dem es heißt: »Die demokratische Bodenreform bereitete der Herrschaft des feudalen Besitzes ein Ende. Der Park mit den Bauwerken ging durch die Zuweisung an den Bodenfonds in die Hände des Volkes über. Muskau ist durch Kriegshandlungen sehr stark zerstört. Erhalten geblieben ist der Park, welcher die Grundlage für den Wiederaufbau gibt. Muskau soll als Kur- und Badestadt wiedererstehen, wodurch die ehemaligen gräflichen Anlagen von der Allgemeinheit genutzt werden sollen... Muskau, das durch das große Kunstwerk seines Parkes in die Kulturgeschichte eingegangen ist, will nichts aufgeben. Die Stadt will in die Zukunft bauen.«[1]

Das heute in Muskau vorhandene ist nicht mehr Pücklers

Park. Die großartige Komposition der Einbeziehung der Höhen östlich und westlich des Neißetals in dessen Auenlandschaft ist durch die Verwilderung im östlichen Teil zerstört. Unterpark und Bergpark sind nur noch Rudimente, die, wenn gut gepflegt, ihre Schönheit haben können, aber keine Beziehung zueinander mehr haben.

Der Dresdner Gartendirektor Schüttauf schrieb im Jahre 1965 aus Anlaß des einhundertfünfzigjährigen Bestehens des Muskauer Parks sachlich, ohne polemische Ausfälle gegen die früheren Besitzer jedoch: ohne ein Wort über die Abtrennung des größeren Teils östlich der Neiße und die Bedeutung dieses Verlustes: »Frei von allen kleinlichen Zutaten, frei von unnötigem Busch- und Strauchwerk, frei von Umgürtelungen der Baumpflanzungen repräsentieren sich die Baummassive, die monumentalen Baumgruppen und Einzelbäume. Die Großräumigkeit und Wohlabgewogenheit in der Komposition seiner Schöpfungen, die Freiheit und Weite, die mit Hilfe großer Wiesenflächen in gutem Maßstab zu den Baummassen gesetzt wurden, beeindrucken uns heute, in einer Zeit, in der Bäume und Baumgruppen in höchster Entwicklung stehen, stärker als je zuvor.«[2]

Also nichts von Verwahrlosung! Inwieweit die optimistischen Äußerungen über die Arbeit der Parkverwaltung gerechtfertigt sind, möchten wir dahingestellt sein lassen. Andere Unterlagen als Fotografien und Berichte von Besuchern haben wir nicht. Diese rechtfertigen unsere früher gemachten Bemerkungen.

Wie man in der DDR im allgemeinen über die Pflege der kunstgeschichtlich bedeutsamen Gärten und Parks denkt, machen folgende Sätze deutlich: »Wir gehen sorglos durch die Gärten und Parks, die heute Allgemeinbesitz sind und genießen deren Schönheit. Diese Schöpfungen bedürfen jahraus, jahrein liebevoller, sachkundiger Pflege ... ihre Erhaltung hat gerade heute, da man nicht mehr für einzelne wenige, sondern für die Gesamtheit plant und schafft, mehr denn je

192

Sinn und Zweck: sie sollen als Zeugen alter Kultur erhalten werden und den Menschen der Gegenwart dienen.«[3]

Damit hatte in Muskau eine Entwicklung ihr Ende erreicht, die mit Pücklers in herrischem Ton gehaltenem Brief vom 1. Mai 1815 begonnen hatte. Seine dort geäußerte Absicht, die Landschaft des Neißetals zu verschönern, hatte zu dem Entstehen eines wohl auch von ihm selbst in dieser Vollendung nicht vorausgeahnten Landschaftskunstwerks geführt. In einem Brief an Petzold aus dem Jahre 1850 heißt es: »Wenn ich mir denke, daß ich zum Beispiel den Muskauer Schöpfungen hundert Jahre vorstände, so bin ich überzeugt, daß am Ende dieses Säculums ein von dem jetzigen total verschiedenes Bild, eine gänzlich veränderte Anlage da sein würde...«.[4]

Pücklers Werk wurde durch die Gunst des Schicksals über hundert Jahre hinweg gefördert. Zunächst dadurch, daß ein Angehöriger eines der reichsten Fürstenhäuser Europas seinen hervorragendsten Schüler bei der Fortsetzung seiner Absichten walten ließ. Dann dadurch, daß eine Familie in drei Generationen den Park pflegte, in der sich die Freude an der Schönheit der Natur mit tatkräftigem Handeln und Verantwortungsgefühl für den vorhandenen Kulturwert verbanden. Dabei ist der ursprüngliche Standpunkt des Herrentums des Besitzers, das sich in dem großen Werk verwirklichen sollte, immer mehr von dem Bewußtsein abgelöst worden, mit der Erhaltung des Parks ein Vermächtnis zu erfüllen und der Allgemeinheit dadurch zu dienen.

Wie wird es weitergehen?

Die Anlagen der klassischen Zeit Sckells, Lennés und Pücklers haben ein Alter erreicht, in dem nur die langlebigen Baumarten noch eine Zukunft haben.

Die Regeneration der Bestände stellt jetzt an das Einfühlungsvermögen der Verantwortlichen höchste Ansprüche. Nur wenn diesen genügt wird, können die Parks als lebendige Kunstwerke, im Sinne ihrer Schöpfer erhalten bleiben. So dienen sie den Besuchern auf dreifache Weise: als Stätte der Erholung, zur Befriedigung des Naturgefühls[5] und als Zeugnis der Kultur ihrer Entstehungszeit. Carl Friedrich von Weizsäcker nennt Schönheit eine »Mitwahrnehmung des Lebensnotwendigen, aber indirekt, ohne das Pathos der Notwendigkeit«.[6] Wir verstehen ihn so, daß er meint, ohne Schönheit wäre Leben nur ein Vegetieren.

Die Verjüngung ist heute das große Problem der meisten, wenn nicht aller Parkanlagen – nicht nur in Deutschland, sondern auch in anderen Ländern. Diese sind um die Wende vom 18. zum 19. Jahrhundert geschaffen worden und haben daher einen Baumbestand, der bei den meisten Arten das Alter der Reife erreicht oder überschritten hat.

Der Wert dieser Anlagen besteht gerade darin, daß das Naturgefühl der Besucher ohne Reflexion über die Kunst, mit der sie erschaffen sind, befriedigt wird. Im Durchwandern derselben von Bild zu Bild erlebt der Besucher an einer oder der anderen Stelle Assoziationen oder Empfindungen, die ihn innerlich bereichern.

Denken wir an Muskau, so erkennen wir, daß dieses Städtchen wie wenige in das Grün eingebettet ist. Pückler hat dies vorwiegend aus ästhetischen Motiven gewollt. Uns Heutigen erscheint dieser Umstand besonders wertvoll als Gegensatz zur materiell-industriellen Zerstörung der Umwelt an anderer Stelle.

Möge der Park als Insel der Naturschönheit erhalten bleiben – oder vielleicht sogar in vollem Umfang wiederhergestellt werden.

Und mögen die Worte Leopold Schefers vom August 1849 noch lange wahr bleiben:

»Für Muskau auf Kind und Kindeskind bleibt der Park und das reizend angelegte Bad mit seinen in Wahrheit heilsamen M o o r b ä d e r n ein sehr großes Geschenk, ein dankbar erkannter Nachlaß. . . .«

Anhang

Anmerkungen

Einleitung, Seite 11-18

1 Zitiert nach Kammerer, Zur Geschichte des Landschaftsgefühls, S. 1.
2 Vgl. Lee, Kunstgeschichte des Fernen Ostens, S. 254 ff.
3 »Ein Bild ist ein gemaltes Gedicht«, chinesisches Zitat aus Gothein, Geschichte der Gartenkunst, Band 2, S. 330; vgl. auch Preetorius, Vom Wesen ostasiatischer Malerei, S. 10 f.
4 Taoismus: Lehre vom Weg, eine Philosophie, die dem sagenhaften Weisen Lao-Tse zugeschrieben wurde;
Konfuzianismus: Moral- und naturgesetzliche Lehre des Konfuzius.
5 Zitiert nach dem »Chung-Yung« von Lee, Kunstgeschichte des Fernen Ostens, S. 343.
6 Ebd. S. 254, 343.
7 Gothein, Geschichte der Gartenkunst, Bd. 2, S. 326.
8 Arnim, Fernöstliche Reise, S. 136 f. Ming-Dynastie: 1368 bis 1644.
9 Zitiert nach Gothein, Geschichte der Gartenkunst, Bd. 2, S. 330.
10 Ebd. S. 322.
11 Zitiert nach Hoffmann, Der Landschaftsgarten, S. 16; vgl. Buttlar, Der Landschaftsgarten, S. 10 f.
12 Vgl. Hussey, English Gardens and Landscapes, S. 274.
13 St. Simon, Memoiren (deutsch von Loheisen Bd. 2, S. 89), zitiert nach Elias, Die höfische Gesellschaft, S. 338 f.
14 Briefe eines Verstorbenen, Bd. 3, S. 272.
15 Vgl. Buttlar, Der Landschaftsgarten, S. 64 ff.
16 Stroud, Capability Brown, S. 202 (Übersetzung vom Verfasser).
17 Zitiert nach Hallbaum, Der Landschaftsgarten, vgl. Buttlar, Der Landschaftsgarten, S. 79 f.
18 Hirschfeld, Theorie der Gartenkunst, Bd. 1, S. 37.
19 Ebd. S. 145.

20 Goethe, Wahlverwandtschaften, 2. Teil, S. 517.
21 Pückler, Andeutungen, S. 159.

Gründung des Muskauer Parks, Seite 21-27

1 Seit 1776 Superintendenz an der Stadtkirche.
2 Vgl. Boelcke, Muskau, S. 179 f.
3 Briefwechsel, Bd. 2, S. 1.
4 Ebd. S. 46.
5 Ebd. S. 71 f.; wegen Sckell vgl. Petzold, Pückler, S. 57.
6 Briefwechsel, Bd. 2, S. 113.
7 Vgl. Boelcke, Muskau, S. 142.
8 Vgl. Wolff, Merkwürdige Begebenheiten, 29. Januar 1811.
9 Vgl. Boelcke, Muskau, S. 148 und Schefer, Der Park von Muskau, in: Illustrierte Zeitung, S. 87.
10 Vgl. ebd. 30. Oktober 1814; vgl. Boelcke, Muskau, S. 153.
11 Wolff, Merkwürdige Begebenheiten, 5. September und 27. Oktober 1814.
12 Pückler, Andeutungen, S. 159.
13 Vgl. Boelcke, Muskau, S. 142-218.
14 Pückler, Andeutungen, S. 178.

Die Anfänge des Parks, Seite 27-51

1 Petzold, Pückler, S. 55.
2 Pückler, Briefwechsel, 9. Bd., S. 19 ff.; und Wolff, Merkwürdige Begebenheiten, 1. Mai 1815.
3 Vgl. Vogel, Versuch einer Schilderung von den natürlichen Schönheiten in der Gegend Muskau.
4 Pückler, Andeutungen, S. 177.
5 Pückler, Andeutungen, S. 177.
6 Ebd.
7 Prinz Friedrich der Niederlande konnte die Durchschneidung durch eine Eisenbahnlinie verhindern, Adolf und Hermann Arnim die Eingemeindung in die Stadt.
Vgl. auch Blüthgen, Muskau und die Landschaft des Muskauer Neißedurchbruchs, S. 167-169, 171, 210 f.
8 Sühnel, Der Park als Gesamtkunstwerk des englischen Klassizismus am Beispiel von Stourhead, S. 7 und 8; vgl. auch Sedlmayr, Verlust der Mitte, S. 20, der von einem »Übergesamtkunstwerk« spricht.
Wenn in England die Parkkonzeption vom Liberalismus-Programm der

Whigs beeinflußt war, so war bei Pückler die Gartenkunst von einer Gesellschaftsstruktur bestimmt, die noch dem aufgeklärten Absolutismus angehörte.

9 Vgl. Boelcke, Muskau, S. 175 f.
10 Grundmann im Band »Schlesien« des Werks über Karl Friedrich Schinkel, S. 10; das Folgende nach den Seiten 20 bis 45.
11 Pückler, Andeutungen, S. 38 f.
12 Ebd. S. 39.
13 Hoffmann, Der Landschaftsgarten, S. 225.
14 Pleasureground – nach »Pareys Illustriertem Gartenbaulexikon« von 1890 unübersetzbar, ein feinsinnigstes Kunstverständnis (Krosigk) forderndern Schmuckgarten in Hausnähe.
15 Pückler, Andeutungen, S. 194.
16 Die Muskauer Orangenbäume müssen noch in der Zeit der Callenbergs angeschafft worden sein. Sie wurden später im Frühjahr auf die Rampe und im Herbst wieder in das Orangeriehaus gebracht. Zuletzt könnten sie etwa zweihundert Jahre alt gewesen sein, als sie im Winter 1945/46 erfroren.
17 Schinkels Plan mag dem Gleichgewicht zwischen Schloß und Park besser entsprochen haben, als der seit 1865 vorhandene Bau. Doch wird man es mir, der jahrzehntelang in diesem gewohnt hat, nicht verdenken, wenn ich mich nicht der Ansicht mancher Verfasser anschließen kann, die bedauern, daß die Entwürfe Schinkels nicht ausgeführt worden sind.
18 Pückler, Andeutungen, S. 41.
19 Grundmann, Schlesien, S. 40.
20 Vgl. Arnim, Muskau, S. 369 und 546.
21 Alles spricht dafür, daß die Burg, die den Zollplatz Muskau schützen sollte, in der Nähe der Brücke, an der der Zoll erhoben wurde, im Talgrund gestanden hat. Vgl. Boelcke, Muskau, S. 21 und 282 f.
22 Vgl. Prochnow, Muskau, seine Kuranstalten und Umgebungen, S. 28.
23 Pückler, Andeutungen, S. 51.
24 Pückler, Andeutungen, S. 159.
25 Grundmann, Die Briefe Schinkels an Pückler, S. 80 f.
26 Ebd. S. 83.
27 Ebd.
28 Mörbe, Ausführliche Geschichte und Chronik von der Stadt und der freien Standesherrschaft Muskau, S. 151 f.
29 Schefer, Der Park von Muskau, S. 89.
30 Schrubber = shrubs (Baumgruppen).
31 Laube, Erinnerungen, S. 5 f.
32 Petzold, Pückler, S. 16.
33 Pückler, Briefe eines Verstorbenen, Bd. 4, S. 164.

34 Auf dem Kapellenberg stand später das Sanatorium von Dr. Halter.
35 Vgl. Boelcke, Muskau, S. 207.
36 Benannt nach Pücklers englischer Übersetzerin S. Austin.
37 Vgl. Boelcke, Muskau, S. 207.
38 Schefer, Der Park von Muskau, S. 90.
39 Gottfried Semper hat damals in Dresden das Hoftheater, die Synagoge und die Gemäldegalerie geschaffen, später auch das Opernhaus.
40 Petzold, Pückler, S. 19.

Die Kosten des Parks, Seite 51-57

1 Petzold, Pückler, S. 19.
2 Vgl. Boelcke, Muskau, S. 217.
3 Nürnberger, Bad, Schloß und Park zu Muskau, Originalien, 1824, Nr. 132 bis 134.
4 Vgl. Boelcke, Muskau, S. 157 f.
5 Vgl. Assing, Pückler, S. 137 ff.
6 Vgl. Assing, Pückler, S. 159 f.
7 Ebd. S. 161.
8 Eine Abessinierin, die Pückler auf einem Sklavenmarkt im Sudan gekauft hatte und mit sich führte. Machbuba wurde seine große Liebe.
9 Assing, Pückler, S. 154.
10 Schefer, Der Park von Muskau, S. 88.
11 Rehder, The making of a botanist, in: Arnoldia 1972, Nr. 4.
12 Pückler, Briefe eines Verstorbenen, Bd. 3, S. 193.
13 Pückler, Briefe eines Verstorbenen, Bd. 3, S. 106.
14 Vgl. Boelcke, Muskau, S. 116.
15 Assing, Pückler, S. 217 f.; vgl. Petzold, Pückler, S. 67.
16 Vgl. Rehder, The making of a Botanist, in: Arnoldia, July 1972, S. 145.

Pücklers Abschied aus Muskau, Seite 58-59

1 Vgl. Boelcke, Muskau, S. 217 f. Nach Abzug der Schulden von sechshunderttausend Talern und dem Verlust aus der Übernahme von Waldstein verblieben Pückler etwa fünfhunderttausend Taler.
2 Assing, Pückler, S. 214.
3 Ebd. S. 217.
4 Ebd. S. 214.

1 Prinz Carl an Pückler, 14. Juli 1832, in: Briefwechsel, Bd. 7, S. 422.

1a Für die Ausführung des Parks gibt es drei authentische Quellen:
   – Pücklers »Andeutungen über Landschaftsgärtnerei«, das einzige Buch,
   das er unter seinem Namen erscheinen ließ. Es ist ein ernsthaftes Sach-
   buch, in dem er in zwei Teilen über die Anlage von Parks im allgemeinen und über den Muskauer Park im besonderen schreibt. Er will
   damit Interessierten »Anleitung und Handbuch zur Ausführung eigener Anlagen« geben. Das lehrreiche und geistvolle Buch erschien zuerst 1834 und wurde im Frühjahr 1978 zum vierten Mal neu heraus-
   gebracht.
   – Die zweite Quelle ist das Büchlein von Eduard Petzold »Der Park von
   Muskau« in dem dieser Schüler und Nachfolger Pücklers als Schöpfer
   des Parks dessen Entstehung und Wissenswertes über Stadt und Herrschaft »für Freunde der Landschaftsgärtnerei und den Fremden zum
   Wegweiser« schildert. Es erschien 1856 und ist nicht mehr erhältlich.
   Vom Jahr 1819 ab werden die jährlichen Arbeiten am Park auf
   Grund der hierüber geführten Rechnungen im Einzelnen angegeben.
   – Die dritte ist Eduard Petzold: »Erinnerungen aus meinem Leben«.
   Dieses Buch ist 1890 »für die Familie als Handschrift gedruckt« erschienen. Es enthält überwiegend persönliche Erinnerungen. Dazwischen wichtige Aussagen über sein Verhältnis zu Pückler. Von 1852 ab,
   als Petzold die Stellung in Muskau angetreten hatte, sind die ausgeführten Arbeiten jedes Jahres aufgezählt bis zu seinem Ausscheiden.

2 Vgl. Rosenberg, Die Berliner Malerschule, S. 326 ff. Schirmer hatte an
   der Berliner Akademie studiert und war dort von Schinkel gefördert
   worden. Dreimal machte er Studienreisen nach Italien. Auf der ersten
   (1827 bis 1830) lernte er auch Turner kennen, dessen Lichteffekte Eindruck auf ihn machten. Für sein Können bei der Darstellung des Re-
   flexes der Sonne und des Mondes auf dem Wasser ist er bekannt geworden. 1839 wurde er Blechens Nachfolger in der Landschaftsklasse
   der Akademie.

3 Grundmann, Die Briefe Schinkels an Pückler, S. 84.

4 Grundmann, Die Briefe Schinkels an Pückler, S. 85.

5 Die lithographischen Arbeiten wurden an drei Künstler vergeben: Hermann, Mützel und Tempeltei. Auf einer Auktion hat ein Exemplar un-
   längst neunundzwanzigtausend Mark gebracht.

6 Hallbaum, Pückler und der Muskauer Park, S. 49.

7 Vgl. Schepers, Zu den Anfängen des Stilpluralismus im Landschaftsgarten, S. 86.

8 Vgl. Andeutungen, S. 159 f.: »Ebenso könnte man vielleicht die höhere

Gartenkunst mit der Musik vergleichen, und wenigstens ebenso passend, als man die Architektur eine g e f r o r e n e Musik genannt hat, sie eine v e g e t i e r e n d e Musik nennen.«

9 Pückler, Andeutungen, S. 17.
10 Vgl. ebd. S. 74.
11 Vgl. ebd. S. 54 f.
12 Vgl. Pückler, Andeutungen, S. 70 bis 73.
13 Ein Park war in England im Mittelalter ein eingezäuntes, mäßig groß gehaltenes Gelände, in dem Wild gehalten wurde, von dem bei Bedarf ein oder mehrere Stücke für die Reitjagd ins Freie gelassen wurden.
14 Pückler, Andeutungen, S. 48.
15 Vgl. Petzold, Pückler, S. 38 ff.
16 Vgl. Pückler, Andeutungen, S. 158.
17 Vgl. Arnim, Ein europäisches Kunstwerk vor der Vernichtung?, in: Mitteilungen der Deutschen Dendrologischen Gesellschaft, Nr. 56, S. 59 bis 63.
18 Vgl. Stoitscheff, Die Landschaft von Muskau, S. 60 f.
19 Sedlmayr, Verlust der Mitte, S. 24.
20 Vgl. Brucksch, Der Pückler-Park in Muskau – heute, in: Das Gartenamt 9/1974, S. 519.
21 Krosigk, Anmerkungem zum Pleasureground, in: Das Gartenamt 28, 1979 (Juli), S. 443 f.
22 Zu Nationaltrust vgl. Karin Beate Voigt-Karbe, Sie sammeln das alte England, in: Frankfurter Allgemeine Zeitung vom 28. September 1979, S. 25.
23 Petzold, Pückler, S. 55.
24 Gothein, Geschichte der Gartenkunst, Bd. 2, S. 412.
25 Petzold, Pückler, S. 29.
26 Petzold, Pückler, S. 32 bis 47.

Zeitgenossen Pücklers über den Muskauer Park, Seite 73-87

1 Briefwechsel, Bd. 3, S. 3 bis 5.
2 Briefwechsel, Bd. 3, S. 16.
3 Vgl. Nürnberger, Bad, Schloß und Park zu Muskau, in: Originalien, Jg. 1824, S. 1050-1052, 1061-1063 und 1066-1069.
4 Hierfür und für das folgende vgl. Hinz: Pückler und Peter Joseph Lenné, S. 67 bis 76.
5 Hoffmann, Der Landschaftsgarten, S. 203.
6 Petzold, Pückler, S. 50.
7 Hinz, Fürst Pückler und Peter Joseph Lenné, S. 73.

8 Petzold, Pückler, S. 6.
9 Boelcke, Muskau, S. 173.
10 Petzold, Pückler, S. 58; Hinz, Pückler und Peter Joseph Lenné, S. 74, gibt zu, daß Pücklers Tadel nicht unbegründet war.
11 Petzold, Pückler, S. 56.
12 Förster hat unter anderem 1828 in drei Bänden die Korrespondenz zwischen Wallenstein und Hans Georg von Arnim-Boitzenburg veröffentlicht.
13 Briefwechsel, Bd. 6, S. 19 f.; 34.
14 Briefwechsel, Bd. 6, S. 27 f.
15 Vgl. Mundt, Fürst Pückler, in: Deutsches Taschenbuch auf das Jahr 1837, S. 24.
16 Vgl. Lepennies, Melancholie und Gesellschaft, S. 99 f.
17 Briefwechsel, Bd. 1, S. 125 f.
18 Briefwechsel, Bd. 3, S. 169.
19 Vgl. Boelcke, Muskau, S. 216; vgl. Lepennies, Melancholie und Gesellschaft.
20 Briefwechsel, Bd. 3, S. 168.
21 Schefer, Der Park von Muskau, in: Illustrierte Zeitung, S. 87 bis 90 und 107 bis 109.
22 Phaeton: offener Wagen mit aufklappbarem Verdeck.
23 Cicerone: Fremden- oder Kunstführer.
24 Zit. nach Irrgang, Bemerkenswerte Parkanlagen, S. 95.

Fortsetzung der Arbeiten am Park, Seite 88-97

1 Petzold, Erinnerungen aus meinem Leben, S. 141 bis 181. Auf diesem Werk mit genauen Angaben über die von Jahr zu Jahr ausgeführten Arbeiten beruht die weitere Darstellung der Vollendung des Parks.
2 Das »Schluß« bedeutet hier, daß sich artenspezifische Baumkronen und Unterholz entwickelten, aus dem zukunftsträchtige Exemplare ausgewählt und gefördert werden konnten.
3 Später »Prinzenbrücke«.
4 Vgl. Bloch-Grzimek, Das klassische Berlin, S. 309 f. und Tafel 193.
5 Vgl. Petzold, Erinnerungen, S. 169 bis 172.
6 Petzold, Erinnerungen, S. 179.
7 Ebd. S. 180.

1 Vgl. Bauer, Konflikte um Landschaftsgärten.
2 Vgl. Petzold, Arboretum Muscaviense, Teil I, S. 7 bis 8.
3 Petzold, Arboretum Muscaviense, S. 5. Das 1864 veröffentlichte Buch zählt 2 789 Arten und Formen von Gehölzen auf.
4 Vgl. Das Germanische Nationalmuseum Nürnberg 1852 bis 1977, S. 127, Anm. 1, und Petzold-Kirchner, Arboretum Muscaviense, S. 5.
5 Petzold, Erinnerungen, S. 156.
6 Rehder, The making of a botanist, in: Arnoldia, Jahrgang 1971, S. 141 ff.
7 Beißner, Reiseerinnerungen, S. 132 f.; vgl. Anhang, Verzeichnis der erwähnten Bäume und Sträucher.
8 Beißner, Jahresversammlung, S. 230.

Andere Anlagen von Pückler, Seite 109-123

1 Assing, Pückler, S. 215.
2 Ebd. S. 239.
3 Vgl. Rippl, Der Branitzer Park, S. 21.
4 Assing, Pückler, S. 245.
5 Petzold, Pückler, S. 59.
6 Pückler an Assing, 28. Mai 1867.
7 Pückler an Assing, 17. Oktober 1859.
8 Assing, Pückler, S. 266.
9 Briefwechsel, Bd. 8, S. 111 f.; Friedrich Wilhelm IV. an Pückler, 10. Oktober 1854.
10 Assing, Pückler, S. 273.
11 Assing, Pückler, S. 273.
12 Ebd. S. 279.
13 Briefwechsel und Tagebücher, Bd. 9, S. 345.
14 Rippl, Der Branitzer Park, S. 37.
15 In Muskau wollte diese Eisenbahnbaufirma bekanntlich ebenfalls die Strecke entlang der Neiße durch den Park legen. Wahrscheinlich hat Prinz Friedrich der Niederlande auch dort die Intervention des Königs, seines Vetters, herbeigeführt.
16 Rippl, Der Branitzer Park, S. 49; vgl. auch Pückler, Andeutungen, S. 128 bis 134.
17 Assing, Pückler, S. 246.
18 Ebd. S. 281 f.
19 Vgl. Jäger, Gartenkunst und Gärten, S. 364 f.

20 Zahn, Fürst Hermann von Pückler-Muskau als Gartenkünstler. S. 100.
21 Petzold, Pückler, S. 23.
22 Hoffmann, Landschaftsgarten, S. 245.

Neuhardenberg, Seite 123-126

1 Fontane, Wanderungen durch die Mark Brandenburg, Bd. 2, S. 133.
2 Briefwechsel, Bd. 5, S. 330.
3 Ebd. S. 337.
4 Hinz, Pückler und Peter Joseph Lenné, S. 71. Lenné hat zwei Pläne für die Gestaltung des Neu-Hardenberger Parks gefertigt, aber es ist nicht nachgewiesen, daß sie ausgeführt wurden.

Babelsberg, Seite 126-139

1 Prinz Carl von Preußen an Pückler, 11. Oktober 1831.
2 Pückler an Prinz Carl von Preußen, 7. November 1831.
3 Prinz Carl an Pückler, 14. Juli 1832.
4 Vgl. Bissing, Sein Ideal war der absolut regierte Staat, S. 137.
5 Vgl. Bissing, Sein Ideal war der absolut regierte Staat, S. 131.
6 Vgl. ebda. S. 135.
7 Vgl. Kopisch, Die königlichen Schlösser und Gärten in Potsdam, S. 139 f.
8 Günther an Arnim, 12. Februar 1980.
9 So war der Name seit der Inbesitznahme durch den Prinzen geändert worden.
10 Hinz, Peter Joseph Lenné und seine bedeutendsten Schöpfungen in Berlin und Potsdam. S. 92.
11 Vgl. Bismarck, Gedanken und Erinnerungen, S. 133.
12 Vgl. Herre, Kaiser Wilhelm I., S. 136 f.
13 Vgl. Laforgue, Berlin, der Hof und die Stadt, S. 34 bis 43.
14 Briefwechsel und Tagebücher, Bd. 9, S. 186 bis 189.
15 Assing, Pückler, S. 237.
16 Ebd. S. 217 f., S. 224.
17 Briefwechsel und Tagebücher, Bd. 9, S. 264.
18 Günther an Arnim, 12. Februar 1980.
19 Vgl. Herre, Kaiser Wilhelm I., S. 227, 239, 244 f., 263 f.
20 Der Brief lautet im Original:
»Madame,
Je sens le besoin d'implorer votre pardon, et je vous supplie à cet effet de me permettre un seul instant – de ne pas m'adresser uniquement à la Princesse, mais de préférence à la femme si supérieure aux autres,

que, je l'ai toujours révérée comme une demie divinité parmis les hommes, depuis que je la connais sortie de l'enfance.

Votre Altesse Royale a trop d'esprit, pour ne pas lire au fond de mon âme, et vous n'y trouverez jamais rien qui puisse effleurer une nature aussi elevée, bonne et juste comme la vôtre – cependant je dois m'accuser d'un brin de folie en action durant ces derniers jours. A tout péché involontaire miséricorde! Veuillez donc m'accorder la satisfaction de vous expliquer en toute sincérité ce que je puis alléguer pour mon excuse.

Je me sentais si content de me retrouver auprès de Votre Altesse Royale, (meiner wahren Herrin) à Coblence, au lieu de ce triste Berlin, et je m'étais fait particulièrement une telle joie d'occuper derechef, comme autrefois presque tous les jours, cette place auprès de vous à table, où magnétisé de près de cette atmosphère suave et bienfaisante, qui émane de vous partout où vous paraissez, si heureux de contempler cette séduisante expression de bienveillance dans vos yeux, qui raffraichit l'ame d'un vieillard aussi bien que celle d'un enfant, que j'en, ressentais une véritable émotion de piété inspirée – lorsque par votre ordre je fus brusquement relégué loin de vous.

D'abord je restais comme atterré à ma nouvelle place, ne pouvant m'en expliquer la raison, et puis je l'avoue (et voilà le commencement de ma folie) je me sentis envahi d'un ressentiment profond contre vous, mon Dieu! donc je ne m'aurais jamais cru capable, et qui a duré longtemps, je m'en confesse.

Ne vous voyant presque jamais seule, je ne trouvais d'autre moyen pour donner une expression ouverte à ma folle colère, que de mettre sur le tapis cette ridicule discussion de rang lézé avec le Comte Boos, qui n'y a vu que du feu, mais que Votre Altesse aura sans doute trèsbien comprise, et pourtant reçue avec cette angélique bonté et cette supériorité de sagesse, qui m'a enfin ramené à la raison et au repentir de ma sottise. J'en, suis devenu malade, et j'espère que votre bon cœur se contentera de cette punition, en m'accordant mon pardon sans arrière-pensée.

Cependant je vous préviens, Madame, qu'il y a maintenant une chose plus forte que moi. Si Votre Altesse Royale n'a pas la générosité de me rendre cette place auprès de vous, dont le refus m'a tellement bouleversé, que je n'ai jamais rien ressenti de semblable de ma vie, au moins les premières fois que je pourrais avoir cet honneur, je prie Votre Altesse de me dispenser désormais de tout ordre de paraître au château, et de me permettre de partir pour affaires urgentes, aussitôt que l'état de ma santé m'en laissera la faculté.

J'accepterais alors le malheur d'une disgrâce complète avec résigna-

206

tion, sans perdre tout-à-fait l'espoir qu'il plaira peut-être un jour à Votre Altesse Royale de me rappeler. D'ailleurs, il y a en moi, depuis longtemps, une persuasion bien triste. C'est que Votre Altesse Royale n'a jamais voulu m'accorder une véritable confiance, étendue aux choses sérieuses et importantes. Le fait est qu'Elle ne me croit capable et utile qu'à planter des arbres – et pourtant une vois intérieure me dit peremtoirement, que si je possédais cette confiance que je regrette, mon cœur et mon esprit, ainsi que ma franchise tout-à-fait désintéressée, dès que vous demanderiez en faire usage, pourraient peut-être mieux vous servir que vous ne pensez.

Dois-je encore demander pardon de cette lettre? Je ne le crois pas. Vous êtes trop grande et moi trop dévoué pour cela. En tout cas je suis et serais toujours avec la plus profonde vénération de Votre Altesse Royale

le très-humble et très-soumis serviteur

H. Prince de Pückler.«

21 Briefwechsel und Tagebücher, Band 9, S. 345.

Paris und Baden-Baden, Seite 139-143

1 Briefwechsel und Tagebücher, Bd. 9, S. 300.
2 Vgl. Assing, Pückler, S. 267 f.
3 arrosieren = bewässern.
4 Briefwechsel und Tagebücher, Bd. 9, S. 340 f.
5 Es handelt sich um die Villa zwischen Winterhalterstraße-Friedrich-straße–Fremersbergstraße. Winterhalter hatte die Villa 1858 gekauft und 1862 verkauft. (Auskunft des Stadtarchivs Baden-Baden vom 20. Mai 1980.)

Das jetzt zur Villa »Trinanon« gehörende Grundstück ist nur noch halb so groß wie zur Zeit Pücklers, da das Stallgebäude mit den Angestelltenwohnungen verkauft wurde. Die Villa liegt auf dem das Oostal begrenzenden Hang. Wahrscheinlich hat Pückler, der Fernsichten liebte, den Blick über das Oostal auf die gegenüberliegenden Höhen benützen wollen. Jetzt ist er zugewachsen.

An bemerkenswerten Bäumen, die nach ihrem Alter zu urteilen von ihm gepflanzt sein können, stehen noch:

außerhalb des Tors ein Tulpenbaum (Liriodendron tulipifera),

neben dem Tor eine eng gepflanzte Gruppe orientalischer Fichten (Picea orientalis),

auf der Südseite des Hauses ein Zwiesel von Platanen, die vor einigen Jahren geköpft worden sind, weil ihr Schatten störte, eine große Eiche, eine Blutbuche, ein zweiter, sehr hoher Tulpenbaum und als Begrenzung zur höhergelegenen, jetzt nach Winterhalter benannten Straße eine Rhododendronhecke.

6 Briefwechsel und Tagebücher, Bd. 9, S. 315.
7 Briefwechsel und Tagebücher, Bd. 8, S. 119 ff.
8 Briefwechsel und Tagebücher, Bd. 8, S. 119 ff.
9 Ebd.
10 Vgl. Bär, Aus der Geschichte der Stadt Koblenz 1814-1914, S. 275; der Verfasser erwähnt Pücklers Einfluß auf die Anlage, ohne eine Quelle anzugeben. Wir halten dies für eine Vermutung, die durch das zitierte Schreiben widerlegt wird.

Thüringen, Seite 143-154

1 Briefwechsel und Tagebücher, Bd. 2, S. 290 f.
2 Ebd. Bd. 9, S. 161; ihm war bei dem Angebot der Herrschaft als Teilzahlung für Muskau ein Holzbestand von fünfzigtausend Klaftern zugesichert worden. Graf Nostitz hatte im Jahr vorher neunzehntausend Klafter einschlagen lassen (eine Menge weit über dem normalen Einschlag), so daß Pückler nur einen Holzbestand von etwa dreißigtausend Klaftern vorfand.
3 Gresky, Eduard Petzold in Ettersburg und Weimar, S. 29; vgl. Petzold, Erinnerungen, S. 107, 110.
4 Gresky, Eduard Petzold in Ettersburg und Weimar, S. 32.
5 Ebd. S. 30 f.; Pückler an Petzold, 26. Mai 1846.
6 Petzold, Die Landschaftsgärtnerei, 2. Aufl., 1888, S. 179.
7 Huschke-Vulpius, Park um Weimar, S. 65.
8 Pückler, Briefe eines Verstorbenen, Bd. 3, S. 19.
9 Vgl. Sckell, 200 Jahre Belvedere, S. 80 f.
10 Briefwechsel und Tagebücher, Bd. 9, S. 165.
11 Huschke-Vulpius, Park um Weimar, S. 69.
12 Pückler an Petzold, 17. Dezember 1850, abgedruckt bei Gresky, Eduard Petzold als Hofgärtner in Ettersburg und Weimar, S. 107; vgl. Petzold, Erinnerungen, S. 111 f.
13 Gresky (wie Anm. 12), S. 63 und Petzold, Erinnerungen, S. 111.
14 Petzold, Die Landschaftsgärtnerei, S. 183.
15 Gresky (wie Anm. 12), S. 64.
16 Assing, Pückler, S. 265.
17 Huschke-Vulpius, Park um Weimar, S. 67 f.
18 Die in Muskau ausgebildeten Gärtner Leubner und Arlt waren dort tätig. Letzterer war später Gartendirektor in Sondershausen.

19 Vgl. Briefwechsel und Tagebücher, Bd. 2, S. 304.
20 Vgl. ebd. S. 308.
21 Vgl. Briefwechsel und Tagebücher, Bd. 9, S. 301.
22 Vgl. Briefwechsel und Tagebücher, Bd. 9, S. 10.
23 Gresky (wie Anm. 12), S. 107 f.
24 Briefwechsel und Tagebücher, Bd. 2, S. 177 und 290 bis 368.
25 Vgl. Briefwechsel und Tagebücher, Bd. 2, S. 360 f.; Bd. 9, S. 178.
26 Vgl. Briefwechsel und Tagebücher, Bd. 9, S. 228.
27 Ebd. S. 181.
28 Petzold, Die Landschaftsgärtnerei, S. 173.
29 Petzold, Erinnerungen, S. 133.

In Griechenland: Kyparissia, Seite 154-155

1 Assing, Pückler, S. 67 ff.; vgl. Hering, Ein großer Herr, S. 272 ff.

Pückler in Salzburg, Seite 155-157

1 Briefwechsel und Tagebücher, Bd. 9, S. 293.
2 Creditbrief des griechischen Bankhauses Simon G. Sina in Wien.
3 Moy, Fürst Pückler und Salzburg, in: Mitteilungen der Gesellschaft für Salzburger Landeskunde 1980. Ich danke Johannes Graf Moy für die Erlaubnis zur Veröffentlichung dieses Zitats. Die Pläne Pücklers in und um Salzburg sind bisher in der Literatur noch nicht erwähnt worden.
4 Briefwechsel und Tagebücher, Bd. 9, S. 323.

Ausklang in Branitz, Seite 157-163

1 Briefwechsel und Tagebücher, Bd. 9, S. 265; 287.
2 Ebd. S. 364.
3 Vgl. Jäger, Gartenkunst und Gärten, S. 365.
4 Briefwechsel und Tagebücher, Bd. 9, S. 19 ff.
5 Hoffmann, Der Landschaftsgarten, S. 272.
6 Briefwechsel und Tagebücher, Bd. 9, S. 366.
7 Mein Vater kannte den Sohn von Marie von Pachelbl-Gehag. Bei einem Besuch auf dessen Schloß in Pommern entdeckte er in einem Hundekorb eine Decke, die sich bei näherem Zusehen als ein zusammengefalteter Gobelin herausstellte. Leider war er schon beschädigt, aber nicht so stark, daß mein Vater ihn nicht gekauft hätte und die heilen Stücke zusammenfügen ließ.

Es stellte sich heraus, daß dieser Gobelin zur Feier der Hochzeit von Ludwig Reinicke I. von Callenberg mit Ursula zu Dohna gewebt worden war; er enthielt in der Mitte die Darstellung eines Reitergefechts im Dreißigjährigen Krieg, und auf dem Rand waren ringsherum die Wappen der beiderseitigen Eltern und Großeltern angebracht.

Mein Vater ließ für ihn einen Tisch für Mappen anfertigen, der so bemessen war, daß die mittlere bildliche Darstellung die Oberfläche bedeckte, während die Ränder mit den Wappen herabhingen.

Leider habe ich es versäumt, das schöne und historisch wertvolle Stück auf der Flucht aus Muskau mitzunehmen. Es dürfte mit anderen Dingen, die in dem Raum waren, verbrannt sein.

 8 Laube, Erinnerungen, Bd. 14, S. 21.
 9 Assing, Pückler, Teil 2, S. 287 f.
10 Briefwechsel und Tagebücher, Bd. 9, S. 367.
11 Zitiert nach Rave, Gärten der Goethezeit, S. 140 f., und Kalwa, Fürst Hermann von Pückler als Mensch, in: Zahn/Kalwa, Fürst Pückler-Muskau als Gartenkünstler und Mensch, S. 208.
12 Briefwechsel und Tagebücher, Bd. 9, S. 296.
13 Laube, Erinnerungen, S. 15.
14 Assing, Pückler, S. 272.
15 Laube, Erinnerungen, S. 21.

Die Zeit Rudolf Lauches, Seite 167-171

 1 Schneider, Herbsttage in Muskau, S. 21.
 2 Vgl. Arnim, Muskau, S. 346.
 3 Vgl. Mitteilungen der Deutschen Dendrologischen Gesellschaft, Jahrbuch 1909, S. 238 f.
 4 Alvensleben, Besuche vor dem Untergang, S. 219.
 5 Schneider, Herbsttage in Muskau, S. 217.
 6 Mitteilungen der Deutschen Dendrologischen Gesellschaft, Jahrbuch 1940, S. XVI.

Die Pflege des Parkes seit 1928, Seite 171-188

 1 Die in der Literatur bei Stoitscheff und Kurland auftauchende Angabe, daß Kreisel in der gleichen Weise wie Bruhm an der Planung der durchzuführenden Maßnahmen zur Erhaltung des Parks beteiligt gewesen sei, beruht auf einem Irrtum von Stoitscheff. Mag sein, daß Kreisel bei der Besichtigung des Parks diesem einen solchen Eindruck zu vermitteln

versucht hat. Tatsache ist, daß Kreisel nur die ins einzelne gehenden Anweisungen von Bruhm und mir, das Ergebnis unserer Beratungen mit Potente, in der Praxis auszuführen hatte. Das umfaßte zum Beispiel die Aushaltung des Holzes bei den jährlichen Einschlägen, sowie seine Behandlung bis zum Verkauf, der durch das Oberforstamt erfolgte. Ferner gehörte zu seinen Aufgaben die Einteilung und Entlohnung der Parkarbeiter. Auch nach dem Ausscheiden Bruhms im Jahr 1939 wurden Kreisels Kompetenzen nicht erweitert, weil durch die kriegsbedingten Umstände die Arbeiten im Park eingeschränkt werden mußten. Es war daher meine Absicht, nach Beendigung des Krieges wieder einen diplomierten Parkinspektor anzustellen.

2 Vgl. Stoitscheff, Die Landschaft von Muskau, S. 46.
3 Vgl. Pückler, Andeutungen, S. 257; Boelcke, Muskau, S. 70 f.
4 Mörbe, Ausführliche Geschichte und Chronik von der Stadt und freien Standesherrschaft Muskau, S. 127.
5 Vgl. Kurland, Der Muskauer Park, S. 21.
6 Vgl. Sophie Arnim, Bilder aus Muskaus Vergangenheit, Bd. 3, S. 74 f.
7 Vgl. Arnim, Muskau, S. 333 f.
8 Professor Raschdorff hatte unter anderem das Walraff-Richartz-Museum in Köln und die Technische Hochschule in Charlottenburg gebaut, später auch den Dom in Berlin.
9 Arnim, Muskau, S. 369.
10 Vgl. Arnim, Muskau, S. 547; Bloch-Grzimek, Das klassische Berlin.
11 Vgl. Bloch-Grzimek, Das klassische Berlin, Tafel 375 und 376.

Das Ende, Seite 189-193

1 Kurland, Der Muskauer Park, S. 22.
2 Schüttauf, zum hundertfünfzigjährigen Bestehen des Muskauer Parks und zur hundertfünfzigsten Wiederkehr des Geburtstags von Karl Eduard Petzold, in: Garten und Landschaft, Heft 4, April 1965, S. 128.
3 Lippold-Hälssig, Deutsche Gärten, S. 33.
4 Petzold, Pückler, S. 47.
5 Vgl. Buttlar, Der Landschaftsgarten, S. 218.
6 Weizsäcker, Der Garten des Menschlichen, S. 141.

Erklärung von Fachausdrücken

rigolen	Umwenden und Lockern des Bodens auf 60 cm Tiefe.
»ornamental farm«	Landgut, das durch gärtnerische »Verbesserungen« zum Garten gemacht wurde. Vorbild waren die »Leasowes« des Dichters William Shenstone (1714-1763).
»pleasureground«	ein gärtnerisch besonders gepflegter Bezirk in der Nähe des Hauses.
Nomenklatur	richtige Benennung der Pflanzen nach dem Linné'schen System der Gattungs- und Artnamen.
Gießer	talartige Mulde, die mit der Zeit als Folge der Auffaltung gefrorener Bodenschollen durch den Eiszeitgletscher im Muskauer Faltenbogen entstanden war.

212

Die Besitzer und Gärtnerdirektoren
der Standesherrschaft Muskau

Lebenszeit		Besitzzeit
1744-1795	George Alexander Heinrich Hermann Reichsgraf von Callenberg	1774-1785
1770-1850	Clementine Reichsgräfin von Pückler, geb. Reichsgräfin von Callenberg	1785-1798
1754-1811	Ludwig Erdmann Reichsgraf von Pückler	1798-1811
1785-1871	Hermann Ludwig Reichsgraf von Pückler, seit 1822 Fürst	1811-1845
	Graf von Nostiz und Grafen von Hatzfeld	1845-1846
1797-1881	Prinz Friedrich der Niederlande	1846-1881
1841-1910	Marie Fürstin zu Wied geb. Prinzessin der Niederlande	1881-1883
1839-1919	Traugott Hermann Graf von Arnim-Muskau	1883-1919
1875-1931	Adolf Graf von Arnim-Muskau	1919-1931
1903-	Hermann Graf von Arnim-Muskau	1931-1945

Die Parkdirektoren

Lebenszeit		Zeit der Tätigkeit
1790-1852	Jakob Heinrich Rehder	1817-1852
1815-1891	Eduard Petzold	1852-1878
1831-1891	Gustav Schrefeld	1878-1891
1859-1940	Rudolf Lauche	1891-1928
1877-1952	Oberforstmeister Walter Bruhm leitete nebenher die Parkverwaltung unter Beratung des Potsdamer Gartendirektors Georg Potente.	1929-1939

213

Verordnung
über das Naturschutzgebiet »Muskauer Park«
(Kreis Rothenburg Oberlausitz)

Auf Grund des § 30 des Feld- und Forst-Polizeigesetzes im Wortlaut der Bekanntmachung vom 21. Januar 1926 (GS. S. 83) wird folgendes angeordnet:

§ 1. Ein Teil des im Flußtal der Neiße gelegenen Geländes der Graf von Arnimschen Waldgutstiftung Standesherrschaft Muskau, das vom Fürsten Pückler s. Zt. als Park angelegt und seitdem als Park bewirtschaftet worden ist, wird zum Naturschutzgebiet »Muskauer Park« erklärt.

§ 2. a) Das Schutzgebiet hat eine Größe von rund 240 ha und liegt in der Gemarkung Landgemeinde Burglehn-Muskau, Kreis Rothenburg O.-L. (Kartenblätter 2, 3 u. 4.)

b) Die genauen Grenzen des Schutzgebietes sind in eine Karte grün eingetragen, die bei dem Minister für Wissenschaft, Kunst und Volksbildung niedergelegt ist. Weitere Karten befinden sich bei der Staatlichen Stelle für Naturdenkmalpflege in Berlin, bei dem Regierungspräsidenten in Liegnitz, dem Landrat in Rothenburg O.-L. und dem Amtsvorsteher in Lugknitz O.-L.

c) Zum Schutzgebiet gehören nicht die Parzellen, auf denen die Gebäude des Schlosses, des Kavalierhauses, des sogenannten Amtshauses, des Englischen Hauses und des Mausoleums errichtet sind.

§ 3. Im Bereich des Schutzgebietes ist untersagt:

a) die dort wachsenden Pflanzen zu beschädigen, auszureißen oder auszugraben oder Teile von ihnen abzuschneiden oder abzupflücken.

(Das Recht der Parkverwaltung, das Schutzgebiet nach parkwirtschaftlichen Grundsätzen zu bewirtschaften und zu nutzen, wird hierdurch nicht beschränkt.)

b) Tieren nachzustellen oder sie zu beunruhigen.

(Die rechtmäßige Ausübung der Jagd und Fischerei, sowie die Vertilgung schädlicher Tiere durch die hierzu Befugten wird hierdurch nicht berührt.)

214

c) Das unbefugte Betreten des Schutzgebietes außerhalb der Wege und das Anzünden von Feuer durch Unbefugte, ebenso das Abhalten von Umzügen innerhalb des Schutzgebietes ohne ausdrückliche Genehmigung des Wirtschafters der Graf von Arnimschen Waldgutstiftung Standesherrschaft Muskau.

(Die durch die Satzung der Eigentümerin festgelegte Zugänglichkeit des Parkes für die Allgemeinheit und die hierfür durch die jeweilige Besuchsordnung [z. Zt. Polizeiverordnung des Landrats in Rothenburg O.-L. vom 6. 3. 1924] getroffenen Bestimmungen bleiben bestehen.)

d) Das Reiten und Radfahren, sowie das Einbringen von Fahrzeugen jeglicher Art, insbesondere von Kraftwagen, soweit nicht von der Parkverwaltung hierzu besondere Erlaubniskarten erteilt sind, oder das Befahren zum Zwecke der Bewirtschaftung des Schutzgebietes oder im Interesse seiner Bewohner erfolgt.

e) Das unbefugte Einlassen von Vieh jeglicher Art (von Hühnern, Gänsen usw.). Hunde müssen innerhalb des Schutzgebietes an der Leine geführt werden, soweit nicht mit Zustimmung des Wirtschafters der Waldgutstiftung oder der Parkverwaltung Ausnahmen zugelassen sind.

f) Das Abladen von Schutt und Unrat aller Art, sowie das Wegwerfen von Papier und anderen Gegenständen.

§ 4. a) Innerhalb des Schutzgebietes dürfen neue Bauten nur mit meiner Genehmigung errichtet werden.

b) Das Verändern der Bodengestaltung, insbesondere das Betreiben von Bergbau oder das Aufschütten von Halden ist im Bereich des Schutzgebietes untersagt. Die Anlage von Wegen, soweit sie für die Erschließung des Parks und im Wirtschaftsbetrieb erforderlich ist, und Bodenbewegungen, die bei Schaffung und Ausführung neuer oder zur Erhaltung der bestehenden Parkanlagen oder bei der Regulierung und Reinigung der Flußläufe notwendig werden, bleiben gestattet.

c) Aufschriften, Bilder und Werbezeichen im Schutzgebiet anzubringen, ist nicht gestattet. Ausgenommen sind Bekanntmachungen und Tafeln, die den Schutz des Gebiets kennzeichnen oder die die Benutzung von Wegen regeln oder als Wegweiser für den öffentlichen Verkehr bestimmt sind. Das Landschaftsbild soll durch diese Ankündigungen nicht beeinträchtigt werden.

§ 5. Es ist untersagt, ungeklärte Abwässer in das Schutzgebiet zu leiten oder innerhalb des Gebietes Anlagen zu errichten, die die Klärung solcher Abwässer bezwecken. Die bestehenden Anlagen, insbesondere diejenigen, die zur Klärung von Abwässern aus den in § 2 bezeichneten Gebäuden, sowie aus den der Waldgutstiftung gehörigen, aber in anderen Gemeinden gelegenen Gebäuden dienen, werden hierdurch nicht berührt.

§ 6. Ausnahmen von den Vorschriften der §§ 3 bis 5 können von mir in besonderen Fällen genehmigt werden.

§ 7. Wer dieser Verordnung oder daraufhin ergehenden Anordnungen zuwiderhandelt, wird nach § 30 des Feld- und Forst-Polizeigesetzes mit Geldstrafe bis zu RM. 150,– oder mit Haft bestraft, soweit nicht schärfere Strafbestimmungen anzuwenden sind.

§ 8. Diese Verordnung tritt mit dem Tage nach ihrer Bekanntgabe im Regierungsamtblatt in Kraft.

L i e g n i t z , den 6. Mai 1931.

Der Regierungspräsident.

Literaturverzeichnis

Arnim-Muskau, Hermann Graf von, Einige Gedanken über Park- und Landschaftsgestaltung in: Allgemeine Forstzeitschrift, 1949, Nr. 33, S. 298-300

Arnim-Muskau, Hermann Graf von, Ein europäisches Kunstwerk vor der Vernichtung?, Mitteilungen der Deutschen Dendrologischen Gesellschaft, Nr. 56, 1950

Arnim-Muskau, Hermann Graf von, Der Muskauer Park [Vortrag]

Arnim-Muskau, Hermann Graf von, Parkpflege in heutiger Zeit, in: Allgemeine Forstzeitschrift, Nr. 1, 1947

Arnim, Sophie Gräfin von, Bilder aus Muskaus Vergangenheit, Vorzeit und Mittelalter, 1. Teil, Görlitz 1935

Arnim, Sophie Gräfin von, Bilder aus Muskaus Vergangenheit. Die drei Grafen von Callenberg. Fürst Pückler. Prinz Friedrich der Niederlande, München 1973

Arnim-Muskau, Sophie Gräfin von, Fürst Hermann Pückler-Muskau, in: Fürst Hermann Pückler-Muskau, hrsg. im Auftrag der Pückler-Gesellschaft von Paul Ortwin Rave, Breslau 1935

Arnim, Sophie Gräfin von, Goethe und Fürst Pückler, Dresden 1932

Arnim, Sophie Gräfin von, Der Landvogt von Callenberg, Görlitz 1934

Assing, Ludmilla, Fürst Hermann von Pückler-Muskau, Hamburg 1873

Bär, Max, Aus der Geschichte der Stadt Koblenz 1814-1914, Koblenz 1922

Bauer, Christian, Konflikte um Landschaftsgärten, in: Garten und Landschaft, 1960

Beißner, L., Jahresversammlung 1909, in: Mitteilungen der Deutschen Dendrologischen Gesellschaft, Thyrow/Mecklenburg 1909

Beißner, L., Reiseerinnerungen, in: Mitteilungen der Deutschen Dendrologischen Gesellschaft für das Jahr 1899

Bethge, A., Die Hohenzollern-Anlagen Potsdams, Berlin 1888

Bismarck, Otto Fürst von, Gedanken und Erinnerungen, Bd. 1-3, Stuttgart und Berlin 1928

Bissing, Wilhelm Moritz Freiherr von, Sein Ideal war der absolut regierte Staat, Prinz Carl von Preußen und der Berliner Hof, in: Der Bär von Berlin, 25, 1976

Bloch, Peter und Waldemar Grzimek, Das klassische Berlin, Die Berliner Bildhauerschule im neunzehnten Jahrhundert, Frankfurt am Main und Berlin 1978

Blüthgen, Joachim, Muskau und die Landschaft des Muskauer Neißedurchbruchs, in: Petermanns Geographische Mitteilungen, 88, 1942, Heft 5 und 6

Boelcke, Willi A. und Hermann Graf von Arnim, Muskau, Standesherrschaft zwischen Spree und Neiße, Frankfurt am Main, Berlin 1978

Boelcke, Willi A., Fürst Pückler und Stuttgart, Vortrag im Süddeutschen Rundfunk, Juni 1978

Braun, Siegfried, Die Doppelnatur des Fürsten Hermann von Pückler-Muskau, in: Gartenflora, Zeitschrift für Garten- und Blumenkunde, 1906, Heft 16

Brucksch, Theodor, Der Pückler-Park in Muskau – heute, in: Das Gartenamt Nr. 9, 1974

Bruhm, Walter, Die Bewirtschaftung des Muskauer Parks in den Jahren von 1929-1938, Muskau 1939

Burke, Edmund, A philosophical enquiry into the origin

Buttlar, Adrian von, Der Landschaftsgarten, München 1980

Clark, Kenneth, Landscape into Art, Edinburgh, 1956

Däumel, Gerd, Erhaltung und Pflege englischer Parks, in: Garten und Landschaft, 1960

Däumel, Gerd, über die Landesverschönerung, Geisenheim 1961

Deetjen Werner, Schloß Belvedere, Leipzig 1926

Dohna, Ursula Gräfin zu, Schloßpark Babelsberg, in: Das Gartenamt, August 1975

Drewitz, Ingeborg, Bettina von Arnim, Romantik, Revolution, Utopie, Düsseldorf-Köln 1969

Elias, Norbert, Die höfische Gesellschaft, 3. Auflage, Darmstadt und Neuwied 1977

Fechter, Paul, Pückler als Schriftsteller, in: Fürst Hermann Pückler Muskau im Auftrag der Pückler-Gesellschaft, hrsg. von Paul Ortwin Rave, Breslau 1935

Fischer, Otto, Chinesische Landschaftsmalerei, München 1923

Fontane, Theodor, Wanderungen durch die Mark Brandenburg, Bd. 1-5, München 1960

Fontein, Jan, Die Kunst der Chinesen, in: Propyläen Kunstgeschichte, Bd. 17, Berlin 1968

Fraenkel Ernst und Karl Dietrich Bracher (Hrsg.), Staat und Politik, Fischer-Lexikon, Bd. 2, Frankfurt am Main

Fröhlich, Martin, Gottfried Semper, zeichnerischer Nachlaß, Basel-Stuttgart 1974

218

Das Germanische Nationalmuseum Nürnberg 1852-1977, München-Berlin 1978

Gothein, Marie Luise, Geschichte der Gartenkunst, Jena 1914

Gresky, Walter, Eduard Petzold, der Geisteserbe des Fürsten Pückler, als Hofgärtner in Ettersburg und Weimar, Sonderschriften der Akademie gemeinnütziger Wissenschaften zu Erfurt, 1940, Heft 13

Gresky, Walter, Die Eisenacher Parkschöpfungen Eduard Petzolds, in: Mitteilungen des Eisenacher Geschichtsvereins, 1938, Heft 7 (Auch als Sonderdruck für die Fürst-Pückler-Gesellschaft erschienen.)

Gresky, Walter, Die Parkschöpfungen Eduard Petzolds, in: Mitteilungen der Fürst-Pückler-Gesellschaft 1938, Heft 7

Grundmann, Günther, Die Briefe Schinkels an Pückler, in: Fürst Hermann Pückler – Muskau im Auftrag der Pückler-Gesellschaft, hrsg. von Paul Ortwin Rave, Breslau 1935

Grundmann, Günther, Erlebter Jahre Widerschein, München 1972

Grundmann, Günther, Band Schlesien des Werks Karl Friedrich Schinkel, hrsg. von Akademie des Bauwesens, Berlin 1941

Grzimek, Günther, Gedanken zur Stadt- und Landschaftsarchitektur seit Friedrich Ludwig von Sckell, München 1973

Habermas, Jürgen, Strukturwandel der Öffentlichkeit, Neuwied-Berlin 1968

Hadfield, Miles, The English Landscape Garden, Aylesbury 1977

Hadfield, Miles, Gärten, Frankfurt o. J.

Hallbaum, Franz, Der Landschaftsgarten, München 1927

Hallbaum, Franz, Pückler und der Muskauer Park, in: Fürst Hermann Pückler-Muskau im Auftrag der Pückler-Gesellschaft, hrsg. von Paul Ortwin Rave, Breslau 1935

Hallier, Ernst, Grundzüge der landschaftlichen Gartenkunst, Leipzig 1891

Hebling, Hanno, Der Garten als Passion, in: »Du«, Zürich, Mai 1958

Hennebo, Dieter, Fürst Hermann von Pückler-Muskau und sein landschaftsgärtnerisches Werk in: Garten und Landschaft 1960

Hennebo, Dieter und Alfred Hoffmann, Geschichte der Gartenbaukunst, Bd. 3: Landschaftsgarten, Hamburg 1962

Hering, Gerhard F. und Vita Huber, Ein großer Herr, das Leben des Fürsten Pückler, Düsseldorf-Köln 1968

Hinz, Gerhard, Pückler und Peter Joseph Lenné, in: Fürst Hermann Pückler-Muskau im Auftrag der Pückler-Gesellschaft, hrsg. von Paul Ortwin Rave, Breslau 1935

Hirschfeld, Christian Cay Laurenz, Theorie der Gartenkunst, Bd. 1 bis 3, Leipzig 1779

Höfker, Jahresversammlung in Glogau, Sagan und Muskau, 1936, in: Mitteilungen der Deutschen Dendrologischen Gesellschaft, Darmstadt 1936

Hoffmann, Alfred, Der Landschaftsgarten, Bd. 3 der Geschichte der deutschen Gartenkunst von Dieter Hennebo und Alfred Hoffmann, Hamburg 1963

Hoffmann, Alfred, Notwendige Pflegemaßnahmen im Park Wilhelmshöhe, in: Garten und Landschaft, 1960

Hoffmann, Alfred, Park Wilhelmshöhe, Berlin 1965

Hohnholz, Jürgen, Der englische Park als landschaftliche Erscheinung (Dissertation), Tübinger Geographische Studien, Bd. 15, Tübingen 1964

Huschke, Wolfgang und W. Vulpius, Park um Weimar, Weimar 1955

Hussey, Christopher, English Gardens and Landscapes 1700-1750, London 1967

Hyams, Edward, A history of gardens and gardening, New York 1971

Irrgang, Walter, Bemerkenswerte Parkanlagen in Schlesien, Dortmund 1978

Jäger, August, Das Leben des Fürsten von Pückler-Muskau, Stuttgart 1843

Jäger, Hermann, Gartenkunst und Gärten sonst und jetzt, Berlin 1888

Jünger, Ernst, Der Baum, Essay, in: Albert Renger-Patzsch, Bäume, Ingelheim am Rhein 1962

Jünger, Friedrich Georg, Gärten im Abend- und Morgenland, München und Esslingen 1960

Kammerer, Friedrich, Zur Geschichte des Landschaftsgefühls im frühen achtzehnten Jahrhundert, Berlin 1909

Koopmann, Helmut, Das junge Deutschland, Stuttgart 1970

Kopisch, August, Die königlichen Schlösser und Gärten zu Potsdam, Berlin 1854

Krosigk, Klaus von, Anmerkungen zum Pleasureground, in: Das Gartenamt 28, 1979

Krosigk, Klaus von, Gartendenkmalpflegerische Aspekte bei der Behandlung der Wiesen und Grasflächen in historischen Parkanlagen, in: Das Gartenamt 29 1980

Kühn, Margarete, Der Park von Sanssouci, Berlin 1937

Kuphaldt, G., Die Praxis der angewandten Dendrologie in Park und Garten, Berlin 1927

Kurland, K. H. A., Der Muskauer Park, seine Geschichte und künstlerische Bedeutung, Bad Muskau 1975

Laforgue, Jules, Berlin, Der Hof und die Stadt 1887, Aus dem Französischen übersetzt und mit

220

einem Nachwort von Anneliese Botond, Frankfurt am Main 1970 (Französische Originalausgabe: Berlin, Le Cour et la Ville, 1887)

Landau, Paul, Fürst Pückler, in: Gartenschönheit, Oktober 1922

Landau, Paul, Geschichte des deutschen Gartens, in: Landau-Schneider, Der deutsche Garten, Berlin 1928

Landau, Paul, Der Park von Muskau, in: Das schöne Schlesien, Mai 1927

Laube, Heinrich, Erinnerungen, Gesammelte Schriften, Bd. 16, Wien 1882

Lee, Sherman E., Chinese landscape painting, 2. Aufl. New York 1979

Lee, Sherman E., DuMonts Kunstgeschichte des Fernen Ostens, Übertragung aus dem Englischen von Susanne B. Milczewsky, Köln 1966

Lepenies, Wolf, Melancholie und Gesellschaft, Frankfurt am Main 1969

Lippold-Hälssig, Gertraude, Deutsche Gärten, Bilder von Günther Beyer und Klaus Beyer, Dresden 1957

Lipsius, Fr., Gottfried Semper in seiner Bedeutung als Architekt, Berlin 1880

Loehr, Max, The great painters of China, Oxford 1980

Mann, Golo, Deutsche Geschichte des 19. und 20. Jahrhunderts, Frankfurt am Main 1958

Masterpieces of chinese painting in the National Palace Museum, Taipeh 1977

Mattern, Hermann, Gärten und Gartenlandschaften, Stuttgart 1960

Meyer, Alfred Richard, Pücklers lebendiges Vermächtnis, in: Fürst Hermann Pückler-Muskau im Auftrag der Pückler-Gesellschaft, hrsg. von Paul Ortwin Rave, Breslau 1935

Meyer, Gustav, Lehrbuch der Schönen Gartenkunst, Berlin 1859

Mletzko, Georg, Die deutsche Landschaft bei dem Fürsten Pückler-Muskau (Dissertation), Greifswald 1914

Mörbe, Johannes, Ausführliche Geschichte und Chronik von der Stadt und der freien Standesherrschaft Muskau für alle Freunde der Geschichte und des Alterthums nach Glaubwürdigen Quellen, Muskau 1861

Mundt, Theodor, Fürst Pückler, ein Lebensbild, in: Deutsches Taschenbuch auf das Jahr 1837, hrsg. von Karl Büchner, Berlin 1837

Moy, Johannes Graf von, Fürst Pückler und Salzburg, in: Mitteilungen der Gesellschaft für Salzburger Landeskunde, 1980

Nürnberger, Bad, Schloß und Park zu Muskau, in: Originalien aus dem Gebiete der Wahrheit, Kunst, Laune und Phantasie, Hamburg 1824, Nr. 132-134

Der Park und das Arboretum von Muskau Spremberg und Muskau 1868

Peschken, Goerd, Stadtgrün bei Autosättigung, in: Erwin Barth, Gärten, Parks, Friedhöfe, Katalog zur Ausstellung, Berlin 1980

Pinder, Wilhelm, Der deutsche Park vornehmlich im 18. Jahrhundert, Königstein und Leipzig 1926

Petzold, Eduard, Erinnerungen aus meinem Leben [Privatdruck], Hamburg 1891

Petzold, Eduard, Fürst Hermann von Pückler-Muskau in seinem Wirken in Muskau und Branitz, Leipzig 1874

Petzold, Eduard, Die Landschaftsgärtnerei, 2. Aufl., Leipzig 1888

Petzold, Eduard, Der Park von Muskau, Hoyerswerda 1856

Potente, Georg, Der Ausflug nach Kottbus und Branitz am 19. Juli 1906, in: Gartenflora, Zeitschrift für Garten- und Blumenkunde, 55, 1906, Heft 16

Potente, Georg, Über die Erhaltung alter Parkanlagen, in: Fürst Hermann Pückler-Muskau im Auftrag der Pückler-Gesellschaft, hrsg. von Paul Ortwin Rave, Breslau 1935

Preetorius, Emil, Vom Wesen ostasiatischer Malerei, Leipzig o. J.

Pückler-Muskau, Hermann Fürst von, Andeutungen über Landschaftsgärtnerei, Stuttgart 1834

Pückler-Muskau, Hermann Fürst von, Aus dem Nachlaß des Fürsten Pückler-Muskau, Reisetagebücher und vermischte Aufsätze des Fürsten Hermann von Pückler-Muskau, herausgegeben von Ludmilla Assing, Bd. 1, Hamburg 1973

Pückler-Muskau, Hermann Fürst von, Briefwechsel und Tagebücher, hrsg. von Ludmilla Assing-Grimelli, Bd. 1-9, Berlin 1873 bis 1879

Pückler, Luise Henriette Gräfin von, Der Park von Branitz, in: Der Landkreis Cottbus, Magdeburg 1933

Rave, Paul Ortwin, Die Bildnisse Pücklers, in: Fürst Hermann Pückler-Muskau im Auftrag der Pückler-Gesellschaft, hrsg. von Paul Ortwin Rave, Breslau 1935

Rave, Paul Ortwin, Gärten der Goethezeit, Leipzig 1941

Rehder, Gerhard, The making of a botanist, in: Arnoldia, Mitteilungen des Arnold Arboretum in Jamaica Plain, Mass., Bd. 32, Nr. 4, Juli 1972

Repton, Humphrey, Observation on the Theory and Practice of Landscape Gardening, London 1803

Rippl, Helmut, Der Branitzer Park Cottbus 1973

Rippl, Helmut, Erster Schritt zur Rekonstruktion des Muskauer Parkes – Abschnitt Schloßwiese, in: Landschaftsarchitektur 4, 1974

Rose, Hans, Romantischer Gartenstil: Pückler und Eduard Petzold, in: Fürst Hermann Pückler-Muskau im Auftrag der Pückler Gesellschaft, hrsg. von Paul Ortwin Rave, Breslau 1935

222

Rosenberg, Adolf, Die Berliner Malerschule 1819 bis 1879, Berlin 1879

Sayn-Wittgenstein, Franz Prinz zu, Die Wittgenstein, München 1979

Schefer, Leopold, Der Park von Muskau, in: Illustrirte Zeitung, Leipzig, Jg. 13, Nr. 319 vom 11. 8. 1849, und Nr. 320 vom 18. 8. 1849

Schefer, Leopold, Laienbrevier, 12. Aufl., Leipzig 1859

Schefold, Karl (Hrsg.), Die Griechen und ihre Nachbarn, Propyläen Kunstgeschichte, Bd. 1, Berlin 1967

Schepers, Wolfgang, Zu den Anfängen des Stilpluralismus im Landschaftsgarten und dessen theoretischer Begründung in Deutschland, in: Geschichte allein ist zeitgemäß, Lahn-Gießen 1978

Schieder, Theodor, Vom Deutschen Bund zum Deutschen Reich, in: Gebhardt, Handbuch der deutschen Geschichte, Bd. 3, Stuttgart 1973

Schlegel, Richard, Die Persönlichkeit und das Werk des großen Parkkünstlers Hermann Fürst von Pückler-Muskau, Berlin 1928

Schneider, Camillo Carl, Herbsttage in Muskau, in: Gartenschönheit, Okt. 1922, Berlin 1922

Schneider, Camillo Carl, Jedermanns Gartenlexikon, München 1933

Schüttauf, Hermann, Pflege historischer Parkanlagen in der DDR, Berlin (Ost) 1963

Schüttauf, Hermann, Zum 150jährigen Bestehen des Muskauer Parkes und zur 150. Wiederkehr des Geburtstages von Carl Eduard Petzold, in: Garten und Landschaft 1965, Heft 4 (April)

Sckell, Friedrich Ludwig von, Beiträge zur bildenden Gartenkunst, München 1818

Sckell, Otto, 200 Jahre Belvedere, Ein Rückblick auf seine Entwicklung unter besonderer Berücksichtigung seiner Gartenkunst, Weimar 1928

Scott-James, Anne und Osbert Lancaster, The Garden Pleasure, London 1977

Sedlmayr, Hans, Verlust der Mitte, 4. Aufl., Salzburg 1951

Stoitscheff, Ljuben Ivanoff, Die Bedeutung des Grüns für die Komposition der Stadt und schöpferische Momente bei der Instandhaltung, in: Landschaftsarchitektur 1972, Heft 2

Stoitscheff, Ljuben Ivanoff, Die Landschaft von Muskau; ihre Gestaltung und ihr Werden durch Pückler (Dissertation Typoskript), Berlin 1943

Stroud, Dorothy, Humphry Repton, London 1962

Stroud, Dorothy, Capability Brown, 3. Aufl., London 1975

Stürenburg, Heinrich, Landschaftliche Schönheit, Leipzig-Berlin 1926

Sühnel, Rudolf, Der Park als Gesamtkunstwerk des englischen Klassizismus am Beispiel von Stourhead, Heidelberg 1977

Veblen, Thorstein, Theorie der feinen Leute, München 1971

Vogel, Johann George, Versuch einer Schilderung von den natürlichen Schönheiten in der Gegend Muskau. (Besprechung dieser Schrift in: Lausitzisches Magazin, 24. Stück vom 30. Dezember 1769, S. 382-384.)

Vulpius, Wolfgang und W. Huschke, Park um Weimar, Weimar 1955

Weizsäcker, Carl Friedrich von, Der Garten des Menschlichen, München-Wien 1977

Wendland, Folkwin, Berlins Gärten und Parke, Berlin 1979

Wiepking-Jürgensmann, Heinrich, Fr. Fürst Hermann von Pückler-Muskau und Peter Joseph Lenné, in: Die großen Deutschen, Neue deutsche Biographie, Bd. 5, hrsg. von Willy Andreas und Wilhelm von Scholz, Berlin 1937

Wilke, Adolf, von Alt-Berliner Erinnerungen, Berlin 1930

Wolff, Ludwig Traugott Heinrich, Merkwürdige Begebenheiten der Standesherrschaft, gräflich Callenbergischen Familie und solcher, die damit Bezug haben, 1763 bis 1829 (Handschrift im Archiv Graf Arnim-Muskau)

Zahn, Fritz und Robert Kalwa, Fürst Pückler-Muskau als Gartenkünstler und Mensch, Cottbus 1928

Personenverzeichnis

225

Quellenverzeichnis der Abbildungen

Archiv für Kunst und Geschichte, Berlin 42 · Bildarchiv Preußischer Kulturbesitz, Berlin 45 · Deutsche Fotothek, Dresden 7, 41, 43 · Germanisches Nationalmuseum, Nürnberg 1 · Johann Gottfried Herder-Institut, Marburg (Lahn) 8 · Staatliche Bildstelle – Bavaria, Gauting vor München 29 · Archiv des Autors 2, 3, 4, 5, 6, 9, 10, 11, 12, 13, 14, 15, 16, 17, 18, 19, 20, 21, 22, 23, 24, 25, 26, 27, 28, 30, 31, 32, 33, 34, 35, 36, 37, 38, 39, 40, 44, 46, 47, 48, 49, 50, 51, 52, 53, 54, 55, 56, 57.

CIP-Kurztitelaufnahme der Deutschen Bibliothek

Arnim, Hermann Graf von:
Ein Fürst unter den Gärtnern : Pückler als Land-
schaftskünstler u. d. Muskauer Park / Hermann
Graf von Arnim. – Frankfurt am Main ; Berlin ;
Wien : Ullstein, 1981.
  ISBN 3-550-07492-1
NE: Pückler-Muskau, Hermann Fürst von [Ill.]